Hartmut Höll

WortMusik

Die Deutsche Bibliothek – CIP-Einheitsaufnahme

Hartmut Höll / Wortmusik -
Düsseldorf: Staccato-Verl., 2012

ISBN 978-3-932976-44-5

© 2012 STACCATO-Verlag / Carsten Dürer
Heinrichstraße 108, 40239 Düsseldorf
ISBN 978-3-932976-44-5

1. Auflage 2012

Vervielfältigung, auch auszugsweise,
ist nur mit Genehmigung des Verlages erlaubt.

Lektorat: Frank Joachim Schmitz
Umschlag: Staccato-Verlag

Gewidmet meinen Studierenden aus aller Welt
in beinahe vier Jahrzehnten

»Die Psyche unter Freunden, das Entstehen des Gedankens
im Gespräch und Brief ist des Künstlers nötig.«

Hölderlin an Casimir Ulrich Böhlendorff, um 1803

A ls ich vor einigen Jahren gefragt wurde, einen »Liedführer« zu schreiben, winkte ich ab. Solche Kompendien werden der differenzierten Materie selten gerecht. Zu oft führen sie das Publikum vom eigenen Hören und Erkennen weg; wie auch bei Einführungen in Abendprogramme wartet man, dem Angelesenen im Konzert zu begegnen, und verpasst dabei dann oft das Wesentliche.

Doch reizte es mich, Gedanken festzuhalten, die durch Konzerte und im Unterrichtsgespräch entstanden, die mich selbst beim eigenen Erarbeiten neuer Werke beschäftigen oder auf Anregungen künstlerischer Partner und Freunde zurückgehen.

Keinesfalls sollte es ein systematisiertes Buch werden. Kunst greift mitten in unser Leben hinein und hat immer mit Lebenssituationen zu tun. So spiegeln diese Aufzeichnungen auch etwas von der Vielfalt des Stoffes und von der notwendigen Vielseitigkeit der Beschäftigung damit wider. Dass es im dankbaren Bewusstsein der gewonnenen Erfahrungen zudem ein persönliches Buch voller Erinnerungen geworden ist, hat mit meinem ganz eigenen Weg zu tun.

Auf Notenbeispiele habe ich letztlich bewusst verzichtet. Denn in »Wortmusik« möchte ich ganz entschieden, soweit wie irgend möglich, musikwissenschaftliche oder musiktheoretische Begriffe vermeiden. Wer mag und der Materie kundig ist, kann selbst in den gängigen Notenmaterialien nachschlagen. Ich möchte den Leser vielmehr auf meinen Weg des musikalischen Denkens, Empfindens und Handelns mitnehmen, möchte versuchen, mit Worten die Musik innerlich vernehmbar zu machen.

Dies mag auch manche assoziativ bedingten Sprünge im Text erklären: »Wortmusik« hat keine im üblichen Verständnis definierte Form. Der erste Teil ist der eigenen Entwicklung, dem Studieren, dem Verhältnis von Empfindung und Technik, dem Konzertieren, der prägenden Begegnung mit wegbegleitenden Menschen, dem wachsenden und zunehmend vielfältigen Repertoire gewidmet. Der zweite Teil hat die Liedopera innerhalb der 108 Werkgruppen, die Franz Schubert selbst zusammenstellte, zum Thema. Diese faszinieren mich seit langem, und ich meine, dass aus der Beschäftigung mit diesen vom Komponisten selbst bestimmten Werkzusammenstellungen grundlegende Rückschlüsse auf Schuberts Denken und Komponieren getroffen werden können.

Geschrieben wurden diese Seiten in Tübingen, Karlsruhe und in manchem Hotelzimmer, zum größeren Teil aber in drei Sommern auf einer finnischen Insel, wo man in der Stille sich selbst spürt, wo es leicht ist, sich selbst zu befragen.

Wenn diese Seiten anderen Mut machen, zu eigenen Erfahrungen mit Gesang und Dichtung aufzubrechen, freue ich mich. Vor allem aber wäre es schön, der Liedkunst neue Freunde zu gewinnen.

Hartmut Höll

Kivisaari, im Sommer 2011

Inhalt

VI

*Robert Schumann-Preis der Stadt Zwickau für Mitsuko Shirai (1982) –
für Hartmut Höll mit der Laudatio von Peter Härtling (1990) • Anton Webern:
Klavierlieder – Sprachkunst in höchstem Maße • Alte Oper Frankfurt •
Elisabeth Schwarzkopf*

VII

*Alte Oper Frankfurt – Lied, canzone, mélodie • Professor in Köln: Christiane
Oelze – Eric Schneider • Schuberts »Im Freien« • Ausflug in die Klaviertechnik
• Klavierspiel: Kunst der Imagination • Phantasie ist Körperfunktion •
Erfahrungen mit dem Hammerflügel • Bayreuther Klavierbauer:
Steingraeber & Söhne • Thomas Gärtner • Die Röllchen des Josef Meingast •
Hugo Wolfs Tübinger Flügel • »Allerseelen« • »Für den, der heimlich lauschet«
• Unterrichten ist Wegbegleitung – Frankfurt, Köln, Salzburg, Helsinki,
Karlsruhe, Zürich • Gegensätze leben*

VIII

*Kunst und Politik: Jerusalemer Meisterklasse für deutsches Lied •
Schubart/Schuberts »Forelle« • »Dem geliebten Feind« • Warschau:
Karol Szymanowski • Israel Festival: Michael Stark • Südafrika •
Alfred Mombert/Alban Berg • Hanns Eisler: Hölderlin-Fragmente •
Viktor Ullmann: Theresienstadt • Stéphane Hessel • Karol Szymanowski:
»Lieder eines verliebten Muezzin« – Anne le Bozec*

IX

*Studioproduktionen: Capriccio – Tonstudio Teije van Geest • Liededition:
Von Mozart bis Webern • Hugo Wolfs Opernfragment »Manuel Venegas« •
Doppel-CD: Schuberts »Winterreise« mit Tabea Zimmermann, Peter Härtling,
Mitsuko Shirai und Hartmut Höll • »Europäisches Liederbuch« • »Quote« –
Kunst und Markt • »Das Kunstwerk im Zeitalter seiner technischen
Reproduzierbarkeit« • Musikalische Bildung • Peter Härtling/Willhelm
Killmayer: »An meine andere Stimme«*

X

*Hauskonzert im Hölderlinturm • Seoul und Bangkok • Luxus und musikalisches
Event • Persönliche Verantwortung des Künstlers • Allgegenwärtige
Tonkulisse • Vierhundert Jahre europäische Musikkultur • Weltmusik: unsere
Zukunft? • Überhaupt: Renée! • Globalisierte Musikkultur und differenzierte
Wortmusik • La Scala • Instrumentale und vokale Kammermusik • Musikalische
Partner • Freundschaft mit Tabea • Noch einmal zurück nach Bangkok*

I

Reise in ein anderes Land: Unterwegs mit Dietrich Fischer-Dieskau •
Der Dichterliebende • Zyklen • Wort und Musik • Empfindung – Technik •
bewusst-unbewusst • »Gute Reise!«

N ur ganz kurz war zu fahren von der Lindenallee im Berliner Westen zum Schauspielhaus am Gendarmenmarkt, und doch war es die Reise in ein anderes Land. Das Haus war ausverkauft, die Menschen standen, wo immer noch ein Plätzchen verfügbar war. Immer wieder verdeckte jemand auf der Suche nach besserer Sicht die Scheinwerfer, das Podium verdunkelte sich dann für Sekunden. Jahrelang hatte man in der DDR auf dieses Konzert gewartet. Am 28. Mai 1986 war es endlich so weit: Dietrich Fischer-Dieskau sang im Ostteil seiner Stadt. Heute noch spüre ich, mit welcher Aufmerksamkeit die Menschen jeden Ton aufnahmen, wie jede Nuance persönliche Bedeutung bekam, wie Sehnsüchte sich erfüllten, Träume wahr wurden und neu entstanden. Als gegen Ende des Konzertes jene Stelle erklang

Ach, jenes Land der Wonne,
Das seh ich oft im Traum
Und kommt die Morgensonne
Zerfließt's wie eitel Schaum

gefroren mir fast die Finger beim Spielen. Zu stark war die innere Gewissheit, dass hier eine poetische Zeile zum persönlichen Schmerz jedes einzelnen Hörers wurde, dass hier eine schöne Gedichtzeile gesungen und gespielt an besonderem Ort in besonderer Zeit eine ganz eigene Kraft und Bedeutung entfaltete.

Zwei Tage später wiederholten wir das Programm mit Heinrich Heines und Robert Schumanns Liederkreis op. 24 und der Dichterliebe op. 48 in der ein Jahr zuvor wiedereröffneten prachtvollen Dresdner Semperoper. Auch hier war alles ausverkauft und hoch motiviert begannen wir den Abend. Doch das Glück des Berliner Konzertes wollte sich nicht wieder einstellen. Ärgerlich, zweifelnd an der eigenen Kraft gingen wir in die Pause. Doch auch der zweite Teil brachte keine knisternde Konzentration, kein Geben und Nehmen, ließ nicht spüren, dass hier aus vertrauten Werken in lebendig-reichem Musizieren und eigen-schöpferischem Zuhören etwas Neues entstand. Normalität eben. Später hörten wir von Peter Schreier, dass die Dresdner Karten zu achtzig Prozent an Besucher aus dem Westen verkauft waren.

Ein Jahr später waren Mitsuko Shirai und ich eingeladen zu einem Liederabend am gleichen Ort. Nachdem Mitsuko 1974 den ersten Preis im Zwickauer Robert-Schumann-Wettbewerb gewonnen hatte, hatten wir immer wieder auf Burgen und in Schlössern der DDR musiziert, freuten uns an der Nähe des Publikums, an der dankbaren Aufnahme, an vielerlei Gesprächen und schönen Reaktionen. Im Schauspielhaus am Gendarmenmarkt hatten wir einen Liederabend im Kammermusiksaal erwartet und musizierten dann ebenfalls im großen Saal vor fast zweitausend begeisterten Menschen. Aus dem Westen in die gegen das »feindliche Ausland« abgeschottete DDR mitgebrachte Schallplatten wurden in diesen Jahren in Freundeskreisen als kostbare Schätze gemeinsam gehört. Kunst war Grenzüberschreitung nach innen und außen. 1989 änderte sich alles. Die Wende brachte als Erstes fliegende Händler mit bunten T-Shirts, Werbeslogans und Tabakwaren aller Art. Heinrich Schiff spielte in Weimar vor gerade noch vierzehn Zuhörern.

Die Nachkriegszeit habe ich nicht erlebt, erinnere aber die vielen Ruinen in meiner Heimatstadt. Ich bin 1952 geboren. So weiß ich nur aus dem Erzählen älterer Freunde, welch große Kraft, welchen Trost und auch Hoffnung das Singen des jungen Dietrich Fischer-Dieskau in diesen Jahren mit sich brachte. Hier begann nicht nur ein ganz junger Mensch neu. Hier entfalteten Dichtung und Musik die visionäre Kraft, die aller Kunst innewohnt, die uns in uns hineinlauschen lässt, die das Gespräch des Menschen mit sich selbst möglich macht und Ausblicke öffnet. Heute weiß ich, dass dies besonderen Ort und besondere Zeit erfordert.

Meist aber ist unsere Aufgabe, in der Beschäftigung mit Kunst das Überwintern zu sichern, mitzuhelfen, gegen alle Widerstände zu bewahren, was unserem Gedächtnis nicht verloren gehen darf. Solche Widerstände begegnen uns in vielfältiger Gestalt, heißen Marketing, Sparmaßnahmen, Effizienz, Imagepflege, internationale Kompatibilität. Wir leben mitten in Zeiten, wo alles »neu« und »besser« geordnet wird, wo man »gesellschaftlichen Notwendigkeiten« folgen muss, letzteres eines der vielen modernen Falschwörter, die ideologisch festsetzen, was erst einmal eines lebendigen Hinterfragens bedürfte. Immer weniger wird Musik als Sprache gelernt und begriffen, ist man sich solchen Reichtums bewusst. Denn jede Sprache schenkt andere Nuancierungen, Empfindungen und Gedanken, lässt Welt in immer neuen Facetten begreifen. Wenn die Inuit mittels zweihundert verschiedener Begriffe Schnee differenziert in Worte fassen, um wie viel unerschöpflicher erst ist die unsere Realität vielfach überschreitende musikalische Sprache?

Peter Gülke sprach in einer bemerkenswerten Detmolder Rede in Erinnerung an 1945 und in Sicht auf heute von »einer schleichenden Stunde null«, in der vieles leise und unbemerkt verloren gehe. Wie wird man in einigen Jahrzehnten auf unsere Zeit zurückblicken? Vielleicht wird der Verlust nicht spürbar sein, weil sogar unser Gedächtnis leer geworden ist.

Doch zurück zum Programm dieses denkwürdigen Konzertes mit Dietrich Fischer-Dieskau. Den Liederkreis op. 24 von Robert Schumann habe ich immer als ungefilterte Musik empfunden. Nichts erscheint hier geglättet, ganz unmittelbar begegnen einem die Affekte. Das Klavier begibt sich, die Singstimme vorausimitierend, noch halb vom Schlaf befangen auf die Suche nach der Geliebten:»Morgens steh ich auf und frage.« Gesang und Klavier erzählen von der Ruhelosigkeit des Liebenden – erwartungsvoll, enttäuscht, klagend, in der Nacht sich quälend, am Tag in gefährlicher Traumwelt sich verlierend. Im zweiten Lied wird dieses Hin-und-her-Gerissensein in der rhythmischen Figur, in der kurzatmigen Phrasierung, in den Intervallen der Melodie ganz zum Thema, und auch das langsamere Tempo bei

Noch wenige Stunden, dann soll ich sie schauen,
Sie selber, die schönste der schönen Jungfrauen

breitet nur die brennende Sehnsucht aus; keinesfalls kommt hier das Herz zur Ruhe. Die melodische Fügung bei »Jungfrauen« zeigt den Wunsch nach Verbundenheit und malt gleichsam einen schönen Frauenkörper. Dass diese Phrase für die meisten Sänger atemtechnisch an eine Grenze führt, unterstreicht nur, wie groß das Verlangen, die »Sucht« im Sehnen ist. In den letzten Klaviertakten dieses Liedes verbindet sich ausgreifende Gestik mit abgerissenen Akkorden, Ohrfeigen gleichsam, die den Unwillen über die träg fließende Zeit ganz plastisch machen.

Doch dann öffnet sich ein weiter Blick: »Ich wandelte unter den Bäumen«, die kurzatmige Enge des letzten Liedes löst sich in die Schönheit einer Landschaft, die auch den Wunsch des gemeinsamen Erlebens in sich trägt. Die einleitenden Takte werden selten in der von Schumann notierten Dynamik ausgeführt; in gewisser Weise erscheint es überhaupt unmöglich, die von Schumann notierte Dynamik auf dem Klavier zu verwirklichen. Meist hört man das eine große Decrescendo über dem ersten Takt unterteilt in zwei einzelne. Schwierig ist zudem, den nächsten Akkord für sich allein verklingen zu lassen, am Ende des folgenden Crescendo nochmals leise anzusetzen, um dann einen großen, am Ende sich entspannenden Bogen zu spielen, aus dem die einsetzende Singstimme gleichsam herauswächst. Was sich für den Spieler recht unbequem anfühlt, macht auch musikalisch scheinbar keinen Sinn. Diese hin- und her hüpfende Dynamik zerstückt.

Aber Schumanns Denken ist anders. Er folgt nicht der »Kompositionswissenschaft« und ihren Gesetzen. Aus literarischem Hause stammend war ihm sicherlich ganz natürlich, was auch uns vertraut ist, dass beim Lesen Bilder und Empfindungen entstehen, dass sich in uns ganz eigene Räume öffnen, in denen wir mit dem Ich der Erzählung spazieren gehen können. Wir folgen dem Wort und spüren zugleich, wenn inneres Bild und Empfindung mit dem Gelesenen nicht zusammenpassen, wenn der innere Weg Korrekturen verlangt. Wie im Film ordnet sich alles fließend. Nichts kann festgehalten werden und ist dennoch ganz greifbar. So erleben wir in uns ein ganz anderes Ich und wachsen zusammen mit einer ganz anderen Lebensgeschichte. Diesem Weg folgt Robert Schumann. Auch seine Instrumentalwerke sind von literarischen Erfahrungen motiviert und getragen. Er komponiert psychologisierend, baut Situationen und Reaktionen.

So liest sich nun die scheinbar widersinnige Dynamik anfangs des dritten Liedes aus dem Liederkreis op. 24 ganz anders. Und wie ich eingangs schrieb, ist dies hier Notierte keinesfalls eine Anweisung für den Konzertbesucher, der dem Gelesenen nachhörend verpassen würde, was in ihm selbst beim Zuhören entsteht. Ich schildere mein inneres Erleben beim Spielen, das mir allein die Umsetzung des gedruckten Textes möglich macht. Und so niedergeschrieben ist dies glücklicherweise auch nicht für alle Zeit gültig. In jedem Augenblick des Musizierens ändert sich der Weg, mischen sich eigene Erlebnisse, Verletzungen und erfahrenes Glück mit der Geschichte dieses Anderen. So entsteht Musik immer wieder neu.

Aus der Herzensenge des zweiten Liedes öffnet sich ein weiter Blick. Ein tiefer Atem, den die Schönheit dieser Landschaft schenkt, ein Aufatmen baut den ersten Akkord – und hier meint p (piano) nicht leise, sondern einfach nicht laut, aber reich genug –, der die Zerrissenheit des letzten Liedes auflöst. Als ob einer zögernd um sich blickt, kaum schon glauben kann, welche Schönheit ihn umgibt, verklingt der erste Akkord in einer schwebenden Melodie. Der nächste schnelle Atem, für diesen einzelnen, in sich selbst verklingenden Akkord unerlässlich, entsteht bei mir, indem das innere Auge nun schon viel bewusster aufnimmt, was sich ringsum ausbreitet, und jetzt löst sich zögernd, fast noch misstrauisch die Seele, macht die im ersten Takt dem eigenen Blick folgende ausschwingende Melodie zur Stimme des eigenen Verlangens, setzt scheu zögernd nochmals an, um dann in berührender Zärtlichkeit wirklich singen zu können.

Empfindungen entstehen aus tiefem Verständnis des musikalischen und des literarischen Textes. Und was ich hier versuchte aufzuschreiben, ist, was solches Verstehen bewirkt: dass in mir ein eigener Weg entsteht. Aufgeschrieben liest sich viel länger, was beim Musizieren ganz selbstverständlich und einfach ist: diesem Traumpfad treu zu folgen – bewusst unbewusst.

Ihr wollt meinen Kummer mir stehlen
Ich aber niemandem trau.

Diesen Heine'schen Widersinn, den eigenen Schmerz lieber zu pflegen als ihn sich nehmen zu lassen, vor allem aber diese Bewegung des Sich-Verschließens, hat Schumann hörbar gemacht. In der Wiederholung der letzten Worte klingen die kurzen Klavierakkorde zunächst wie eine harsche abweisende Geste, beim zweiten Mal hören wir die Klage des Nicht-Verstandenen.

Wie gefährdet dieses Ich ist, zeigt der Text spät. »Wahnsinn wühlt in meinen Sinnen«, heißt es, begleitet von sich windenden bebenden Klavierfiguren, erst im fünften Lied. Doch sollte man von Anfang an mitdenken, auf welch unsicherem Grund sich dieser Mensch bewegt. Hieraus erwächst auch die giftige Aggression, die uns in »Warte, warte, wilder Schiffmann« entgegenschlägt.

Ei, mein Lieb, warum just heute
Schaudert dich, mein Blut zu sehn?

Hohngelächter im Klavier, das Bild eines Mannes, der die Geliebte am Kopf packt und sie zwingt, ihrer Lieblosigkeit ganz ins Auge zu sehen. Mir ist kaum eine Musik bekannt, die in ihrer harmonischen Fügung, in der Kraft der Synkopen, in der atemlosen Hetze der staccatierten Oktavgänge von einer solchen Direktheit ist. Nur dass diesen von sich selbst Getriebenen allmählich die Kraft verlässt, bringt dieses Lied zu Ende.

Auch das Nachspiel des Liedes »Schöne Wiege meiner Leiden« kündet mit all seinen Akzenten, Sforzati, Crescendi, abgerissenen Tönen, seiner sich aufwärts schraubenden melodischen Wut, den tränenreichen Abgängen, der psychischen Erschöpfung im langen, im Ritardando sogar sehr langen Akkord vor dem matten Zusammenklappen von solch persönlicher Zerrissenheit. Kein Pianist sollte sich scheuen, dem allem auch Ausdruck zu geben, nicht zu glätten, was auch im Leben nicht glatt sein kann.

Das letzte Gedicht des Liederkreises bringt uns in Erinnerung, dass Heinrich Heine, der Dichter selbst, das Ich unserer Geschichte ist. Die Gedichte sind »eingesargt«, gedruckt. Es bleibt die bittersüße Hoffnung, das Buch möge einst gelesen werden, er selbst dann vielleicht doch noch – getragen vom »Geist der Liebe« – verstanden werden.

Auch das zweite Lied der »Dichterliebe« verweist auf den Poeten selbst, den Dichterliebenden.

Aus meinen Tränen sprießen
Viel blühende Blumen hervor,
Und meine Seufzer werden
Ein Nachtigallenchor

Welcher gefühlvolle Sänger, dem Lied aus Neigung zugetan, macht sich Probleme aus solchen Versen, die am wahren Leben gemessen doch einigermaßen unwahrscheinlich erscheinen? Doch gute Gedichte lügen nicht. Von Peter Härtling haben Mitsuko und ich gelernt, dass Gedichte eben nicht hübsche Dinge sind, die der angenehmen Unterhaltung dienend die Lebensränder schmücken. Wie er bei gemeinsamen Meisterklassen in Savonlinna, Salzburg, Karlsruhe und Weimar von der Unruhe Eduard Mörikes, dem Schicksal Heinrich Heines, der Wissenslust Friedrich Rückerts, den wachen Träumen Hölderlins erzählte, machte unvergesslich deutlich, wie in der Kunst immer wieder Lebenschaos, Liebesentzug, familiäre Verluste, aber auch großes, manchmal zu großes Glück mühsam in eine Fassung gebracht werden, wie in Form gezwungen wird, was kaum anders zu bewältigen ist.

Aus meinen Tränen sprießen
Viel blühende Blumen hervor.

Ich erinnere, dass Elisabeth Schwarzkopf in ihren Meisterklassen von den Sängern wenigstens ein erstauntes Wahrnehmen verlangte. Auch ich selbst habe mir damit einige Zeit im Unterricht geholfen. Überhaupt habe ich mich lange mit Schumanns »Dichterliebe« nicht leichtgetan. Immer wieder denkt man über solch schwierige Stücke nach, versucht, innere Ordnungen zu finden, prüft, ob die Musik die gefundenen Lösungen auch »mag«, das heißt, ob auf diesen Wegen der gedruckte Text wirklich zum Klingen zu bringen ist, verwirft, probiert Neues, überlegt, wie die Lieder zusammengehören, versucht, sinnvolle Übergänge zu finden. Dies alles nimmt kein Ende. Bei der »Dichterliebe« kommt für mich dazu, dass ich mich bei ihr ganz besonders schwer von der Erinnerung an den so persönlichen und reichen, dabei dem Werk ganz selbstverständlich gerecht werdenden Gesang Dietrich Fischer-Dieskaus lösen kann. Doch solche Erinnerung ersetzt ja nicht das eigene Nachdenken und Nachfühlen, wenn es gilt, die Musik selbst zu tragen oder auch mit einem anderen Partner aufs Podium zu gehen.

Schumanns »Frauenliebe und Leben« ist eine in großartiger Weise durchstrukturierte Komposition, von bewundernswerter Klarheit der Architektur im einzelnen Lied wie auch das ganze Werk betreffend. Eine solche kann ich in der »Dichterliebe« nicht finden. 1996 musizierte ich das Opus 48 mit Thomas Hampson bei den Salzburger Festspielen. Ich erinnere diesen Abend auch, weil ich mir wenige Tage zuvor in Santa Fé den rechten Knöchel gebrochen hatte, doch keinesfalls absagen wollte und dann, Hampsons Einverständnis hatte ich mir vorher telefonisch geholt, das rechte Bein auf einen Stuhl hochgelegt mit links pedalisierend das Konzert bewältigte. Pedalisieren ist offensichtlich eine Frage des Hörens, die Technik ergibt sich daraus von selbst.

Thomas Hampsons erklärte Auffassung, die »Dichterliebe« sei gar nicht von Schumann, sondern wohl vom Verleger zusammengestellt, teile ich nicht. Sicherlich ist die Quellenlage nicht eindeutig, gibt es Lieder, die Schumann zu gleicher Zeit komponierte, aber aus Gründen, die wir nicht kennen, letztendlich nicht in den Zyklus aufnahm. Doch macht seine Liedfolge Sinn und die zunehmende Verlorenheit des Dichterliebenden erzwingt das Ende. Hampson jedenfalls fügte jene zeitgleich vertonten Lieder in loser Folge ein – wie ich meine, kein notwendiges, aber durch die Schumann'sche Anlage ein vielleicht mögliches Verfahren.

In jedem Liederzyklus folgen wir einem Ich, das sich verändert, das am Ende des Werks nicht mehr das gleiche ist wie zu Beginn. Die »Winterreise« macht dies beispielhaft deutlich. So stimmt immer auch die innere Zeitenfolge. Doch in Schumanns »Dichterliebe« steht das erste Gedicht im Imperfekt, alle weiteren sind im Präsens formuliert. Auch fällt auf, dass Schumann im ersten Lied mit jedem Zeilenende des Gedichts auch den Gesang durch Pausen unterbricht.

Im wunderschönen Monat Mai
Als alle Knospen sprangen,
Da ist in meinem Herzen
Die Liebe aufgegangen.

Im wunderschönen Monat Mai
Als alle Vögel sangen,
Da hab ich ihr gestanden
Mein Sehnen und Verlangen.

Zudem sind die dritte und vierte Verszeile im Gesang mit punktierten Rhythmen vertont. Ist es die Aufgabe des Sängers, die Pausen kunstvoll zu überbrücken, stehen die Punktierungen wie so oft für Fröhlichkeit und Glück? Man kann diese Fragen leicht beantworten, indem man die Strophen einmal ohne Pausen liest. Der dann beinahe mondäne Fluss lässt spüren, wie hier ohne jede Beschwernis, beinahe leichtfertig, eine Liebeserklärung gemacht wird. Doch schon das zweite Gedicht spricht von Tränen, später heißt es dann »Muß ich weinen bitterlich«, »Löst sich auf in Tränen/Mein übergroßes Weh'«, »Strömt meine Tränenflut«. Heinrich Heine – ein Poet der Tränen; auch in diesem Zyklus ist fast in jedem Lied vom Weinen die Rede, und wo es das Wort nicht sagt, hören wir es in der Musik. Eleganz und die Tränen passen nicht zusammen.

Den Zyklus eröffnet ein einzelner Klavierton, der sich überallhin entwickeln könnte. Doch schon der zweite Ton, die Note im Bass, zieht den Hörer in schmerzliche Erinnerung hinein. Der ganze Klavierpart ist voll von solchen dissonanten Reibungen und ihren Lösungen, schwebend-zärtlichem Erinnern, schweifenden Gedanken. Schumanns Lied ist die Musik eines Zögernden, Befangenen. Nur allmählich wird wieder gegenwärtig, wie damals im Mai scheu, nach Worten suchend »Sehnen und Verlangen« »gestanden« wurden. So erklären sich die Pausen. Und die stockenden Punktierungen gäbe es nicht, wenn all dies einfach gewesen wäre.

Mehr und mehr hineingezogen in diese Erinnerungen formen sich die Worte, entstehen die Gedichte.

Aus meinen großen Schmerzen
Mach ich die kleinen Lieder

heißt es in einem anderen Gedicht Heinrich Heines, Robert Franz hat es vertont. So tritt uns nun im zweiten Lied der Dichter selbst entgegen und die anfangs kuriose Folge klärt sich ganz einfach. Heinrich Heine nennt mit berechtigtem Schöpferstolz seine Gedichte »blühende Blumen«, seine Wort gewordenen Seufzer einen »Nachtigallenchor«. Und auch auf das entstehende Buch wird verwiesen

Und wenn du mich lieb hast, Kindchen,
Schenk' ich dir die Blumen all'

So reiht sich nun Gedicht an Gedicht. Es beginnt mit einem blind-übermütig fröhlichen »Die Rose, die Lilie, die Taube, die Sonne«, gefolgt von dem glück-lichen Geständnis

Wenn ich in deine Augen seh',
So schwindet all' mein Leid und Weh.

Die hohe Gesangsversion hat Schumann nur mit dünnen Noten vermerkt. Sie einmal nicht zu singen, lässt spüren, wie wichtig es ist, in jedem Fall bei »gesund« mit ganzer Kraft anzukommen. Das Nachspiel, das sich an

Doch wenn du sprichst: ich liebe dich!
So muss ich weinen bitterlich

anschließt, wiederholt dreimal, was beim ersten Schauen melodisch nicht sehr einfallsreich erscheint – sechsmal derselbe Akkord, staccatiert, aber unter einem

Bogen, es folgt ein Quintsprung abwärts und die Auflösung zur Terz hin. Wie soll man das »gestalten«? Wieder einmal fällt es leichter, wenn man in sich entstehen lässt, was so unerwartetes bitterliches Weinen auslöst. Die Furcht, sich an den anderen zu verlieren, die Unruhe des Herzens, der Wunsch, geliebt zu werden und selbst zu lieben, das Zurückschrecken, sich selbst erklären zu müssen: aus dem Akkord, der quasi zitternd auf der Stelle tritt, erwächst in einer fallenden Quint – in vielen Liedern Schumanns eine Wendung großer Innigkeit – der scheue Versuch zu singen und wird doch im abschließenden punktierten Motiv resignativ gleich wieder aufgegeben.

Diese Takte gehören in ihrer Furchtsamkeit schon ganz zum nächsten Lied, das ich heute nach Sigmund Freud nur auf dem doppelten Boden seiner Gedanken erleben kann. Anstelle einer Tempobezeichnung schrieb Schumann »Leise«, und damit ist genau bezeichnet, dass der Wunsch nach Vereinigung niemals laut werden darf.

Ich will meine Seele tauchen
In den Kelch der Lilie hinein;
Die Lilie soll klingend hauchen
Ein Lied von der Liebsten mein.

Das Lied soll schauern und beben
Wie der Kuß von ihrem Mund,
Den sie mir einst gegeben
In wunderbar süßer Stund'.

Kleine Noten, kurz, scheu, nervös geben der traumverlorenen schwerelosen Melodie keine Basis. Erst wo die Stimme schweigt, offenbart sich ohne Wort im Strom des Nachspiels, wie groß diese Sehnsucht ist. Schluchzend geht es zu Ende. Beinahe üblich geworden ist es, die »wunderbar süße Stund'« des Kusses mit einem Ritardando noch etwas länger zu genießen. Schumann hat es so nicht geschrieben und anders gemeint. Ohne langsamer zu werden, mit der Triole auf schwankendem Boden spüren wir das Schmerzliche dieser Erinnerung, den Verlust für immer. Das große Bild des Kölner Domes und des heiligen Stromes bringt in die Realität zurück.

Ich grolle nicht, und wenn das Herz auch bricht,
Ewig verlor'nes Lieb ! Ich grolle nicht.
Wie du auch strahlst in Diamantenpracht,
Es fällt kein Strahl in deines Herzens Nacht.
Das weiß ich längst.

Ich grolle nicht, und wenn das Herz auch bricht,
Ich sah dich ja im Traume,
Und sah die Nacht in deines Herzens Raume,
Und sah die Schlang', die dir am Herzen frißt,
Ich sah, mein Lieb, wie sehr du elend bist.
Ich grolle nicht.

Böse Worte, im Affekt den Liedern aus Opus 24 nah, zeigen vorgetäuschte Kraft und höhnisches Auftrumpfen. Weh aber tut, wo die Akzente im Klavier verschwinden, wo nicht mehr gekämpft wird um Grollen und Nicht-Grollen:»Ich sah dich ja im Traume«. Auch im Folgenden stehen die meist gesungenen Noten dünn gedruckt, wenn auch kaum ein Sänger es sich zutraut, auf die Demonstration der Höhe zu verzichten. Wichtig aber ist, dass in Dynamik und Ritardando das »elend« zum Höhepunkt wird. Ein anderes Gedicht Heinrich Heines nimmt es auf. Robert Franz hat es komponiert. Ich denke diese schlimme Gemeinsamkeit beim siebten Lied der »Dichterliebe« immer mit:

Ja, bist du elend, und ich grolle nicht;
Mein Lieb, wir sollen beide elend sein!

Der Stärke folgt die Schwäche; dieser Dichterliebende ist in »seines Lebens Wildnis« wahrlich eine verquere Person. Eigentlich ist es keine Musik, eher eine zu Tönen geronnene Bewegung, die entsteht, wenn man in seiner Not nach keiner Seite hin mehr ausweichen kann, dennoch aber fliehen möchte: ein Auf-der-Stelle-Flattern.

Und wüßten's die Blumen, die kleinen
Wie tief verwundet mein Herz,
Sie würden mit mir weinen,
Zu heilen meinen Schmerz.

Jeder Pianist bemüht sich, diese Figuren möglichst glatt, klar und sauber zu spielen. Sich das hilflose Flügelschlagen zu vergegenwärtigen, macht es einfacher und bringt erst den ausdruckstragenden Klang hervor; zudem das dabei entstehende feine Rubato, das mit keinem Bleistift notiert werden kann – Zeichen der inneren Nervosität. Aus dieser klingenden Enge löst sich dann in reicherer Harmonisierung und gelassenerem Tempo der Wunsch nach Tröstung und Geborgenheit.

Immer wieder von neuem hebt diese Musik an, fern, leise, eindringlich, unausweichlich. Wenn es dem Pianisten gelingt, immer wieder im Piano dieselbe Musik entstehen zu lassen, kann man der schauerlichen Situation kaum entrinnen, die auch ein innen und außen, die Glück und Ausgeschlossensein spiegelt. Der Bass spielt fort und fort, die verminderten Akkorde zeigen das Grausen des heimlichen Beobachters, die kreisende ausschwingende Melodie der rechten Hand zeichnet das festliche Wogen im Ballsaal. Von Zeit zu Zeit öffnen sich die Türen, die Musik schlägt dem Ungeliebten laut entgegen, der Blick ist frei – schimmernde Haut nackter Schultern, weißglänzende Dekolletés, ein Auf und Ab des Hochzeitsglücks. Die Stimme stemmt sich all dem entgegen: »Das ist ein Flöten und Geigen«. Im Autograf steht – wie das kürzlich erschienene Faksimile zeigt – im Nachspiel über dem Motiv der linken Hand »Vivat hoch!«. Thomas Hemsley, der so stimmklare englische Bariton – Mitsuko und ich haben Wolfs »Italienisches Liederbuch« in der Londoner Wigmore Hall mit ihm zusammen musiziert – erzählte, dass die schluchzenden und stöhnenden »Engelein« im Kölner Sprachgebrauch für die Brautjungfern stünden. Die letzten Takte des Klaviers ziehen wieder in die Abwärtsbewegung der Tränen hinein, führen aus dem Lärm des Festes in die fatale Stille des Einsamen.

Dieses Nachspiel löst sich verklingend zu Beginn von »Hör ich das Liedchen klingen« dominantisch zur Tonika hin. Kraftlos, ohne alle Energie – kein dynamisches Ausbrechen kündet von »wildem Schmerzensdrang« – »treibt es … hinauf zur Waldeshöh«. Ganz nach innen gezogen, regungslos, erlebt der Dichterliebende sein Alleinsein. Wiederum, wie so oft bei Schumann, zeigt erst das Nachspiel ohne verdeutlichende Worte des Gesangs das »übergroße Weh'«. Das leise Lied der Liebsten klingt mehr für sich, ferner und doch deutlicher, wenn man die entsprechenden Töne in der ersten Hälfte der Melodie immer etwas früher, dann allmählich zurückführend wieder später und später spielt.

In der langen Abwärtsbewegung der letzten Klaviertakte beinahe stumm geworden, gibt die sarkastisch erzählte Geschichte des »Ein Jüngling liebt ein Mädchen« wenigstens bitteren Mut. Im strengen Nachspiel knallen die Ohrfeigen; selbst die drei Schlussakkorde geben sich gefühlsabweisend selbstbewusst.

»Am leuchtenden Sommermorgen« aber zeigt wiederum die Schwäche des »traurigen blassen Mannes«. Dabei beginnt dieses Lied mit sommerlicher Glut, doch mit musikalisch »falscher« Dynamik, die in der ersten Niederschrift noch eine »richtige« war. Alles wäre einfach, wenn das Decrescendo erst einen Takt später stünde. So aber muss sich jeder Pianist zum frühen Leisewerden zwingen, was leichter fällt mit dem Gedanken: So schön ist diese Welt; aber nicht für mich. Das ganze Lied ist ein selbstversunkenes Sich-Abwenden und ein Rückzug nach innen. Unter »Du trauriger blasser Mann« beginnt eine Musik, die starr geworden ist wie der Dichterliebende, dessen Seele sie zugehört. Erst spät findet der Gesang wieder zum Leben zurück, hält in einem schmerzlichen Akkord inne und verklingt, um dann doch nochmals anzuheben und bis zum Ende des Lieds zu tragen. Nahtlos mündet dieser Gesang in die bebende Erstarrung des «Ich hab im

Traum geweinet«, dessen Enge sich erst wieder löst im darauffolgenden »All-nächtlich im Traume seh' ich dich«.

Hier nun fehlt wieder einmal eine Tempobezeichnung Schumanns. Das ganze Lied ist von Pausen zerstückt. Die Deklamation geht in Dreierschritten: aus dem Stand einen Schritt nach vorn, einen zurück; einen Schritt nach vorn, einen zurück; aus dem Stand zwei Schritte zurück. Stockender, unsicherer geht es kaum. Dieses verwirrte Zögern ist in jedem Lebenstempo richtig. Das »freundlich« grüßend wiederholt Schumann beinahe ungläubig. Dann löst sich der Bann in einem Wortschwall

Und laut aufweinend stürz ich mich
Zu deinen süßen Füßen.

In der zweiten Zeile der dritten Strophe zeigt der rhythmische Fluss den schwan-kenden Boden, und so atemlos wie jeher endet dieses Lied abrupt. »Und's Wort hab' ich vergessen.« Dies ist für mich auch der innere Schluss der »Dichterliebe«, dieser Reihe von bitter-süßen Liebesaugenblicken.

Was nun kommt, ist etwas ganz anderes. Der Dichterliebende springt aus der täglichen Qual und malt eine Vision in phantastischen Farben und Bildern.

Aus alten Märchen winkt es
Hervor mit weißer Hand,
Da singt es und da klingt es
Von einem Zauberland.

Dass dies erkämpft, ja herbeigezwungen werden muss, spüren die Musiker in der Mühe, die es macht, die rhythmische Kraft dieses 6/8-Taktes plastisch und genau durchzuhalten. Es ist das längste Gedicht dieses Zyklus; wortreich, mit unerschöpflich neuen Einfällen entsteht die Utopie eines schmerzfreien Paradieses. Die siebte Strophe dann zeigt den Dichterliebenden außen vor

Ach, könnt' ich dorthin kommen,
Und dort mein Herz erfreu'n,
Und aller Qual entnommen,
Und frei und selig sein!

Es gibt keinen guten Grund, den Anfang dieser Strophe langsamer zu musizieren; Schumann überschreibt diesen Teil lediglich »Mit innigster Empfindung«, das Ich ist zurück in der Hoffnungslosigkeit seiner Gegenwart. Doppelpunktierten Halben folgen Achtel, wieder und wieder, im Bemühen, in Bewegung zu halten, was an innerer Kraft verliert. Auch Schuberts »Schwanengesang« durchzieht diese rhythmische Formel: Einer beinahe unbeweglichen, zu langen Note folgt eine sehr kurze; das Ich möchte sich von der drohenden Erstarrung befreien. Johannes Brahms findet mit dieser Figur in »Alte Laute« aus tiefer Depression in neue Hoffnung zurück.

Doch in der »Dichterliebe« zerplatzt der Traum in vier kurzen Zeilen:

Ach! jenes Land der Wonne,
Das seh' ich oft im Traum,
Doch kommt die Morgensonne,
Zerfließt's wie eitel Schaum.

Es bleibt das Einsargen: Erinnerungen, Gedichte, Liebe und Schmerz, alles soll im Meer für alle Zeit versenkt werden.

Während ich den letzten dünnen Klang aushalte – der »eitel Schaum« bestimmt das ganze Nachspiel –, muss in mir eine wütende Verzweiflung wachsen, damit ich den eröffnenden Akkord des letzten Liedes platzieren kann. Hier schlägt einer auf den Tisch, hier trumpft einer ein letztes Mal auf. Doch wenn alles getan ist, die Bretter besorgt, die Riesen herbeigerufen, die bitteren Stiche im Klavier bis zuletzt durchgehalten, wenn alle Aktivität zu Ende kommt – in der Stille der letzten Klänge wird die innere Stimme doch wieder vernehmbar, beginnt die Seele wieder zu sprechen, beginnt die Musik gleichsam von selbst, hebt an, verstummt, hebt wieder an, um dann endlich in bewegendem Gesang den leuchtenden Sommermorgen wieder entstehen zu lassen, traumverloren, zärtlich, trauernd, liebevoll, zuletzt aller Schmerzen dieser Sehnsucht gewahr, lange Abschied nehmend, verstummend, ungestillt.

»... beginnt die Musik gleichsam von selbst«, schreibe ich, ganz im Bewusstsein dessen, wie diese Stelle im letzten Lied der »Dichterliebe« klingen soll. Doch muss da ja einer Klavier spielen, muss die richtigen Tasten im richtigen Moment bewegen. »Es« spielt doch nicht. »Es« spielt doch nicht? Ich meine, »es« spielt immer.

Oft gebe ich meinen Studenten ein Bild. Man übt vor einer Mauer, man arbeitet, schuftet verzweifelt, manchmal auch beglückt. Man kommt der Mauer näher, meint, bald alle Schwierigkeiten überwunden zu haben, bald über die Mauer schauen zu können, um im nächsten Augenblick festzustellen, dass die Mauer wieder weit in die Ferne gerückt ist, die Arbeit von neuem beginnt. Dies nimmt kein Ende. Eines Tages aber muss man sich entscheiden zu fliegen, muss hoch hinaus über diese Mauer springen. Das erfordert Mut. Ein bißchen fliegen, mit einem Bein am Boden sich absichernd, geht nicht. Auch muss man genügend Schwung haben, was wiederum auch eine Mutfrage ist. Doch mit zu kleiner Energie, bei ängstlich langsamem Tempo stürzt man unweigerlich ab. Beim Fliegen gibt es keine Haltestellen, keine Standorte, nichts zu greifen, nur den freien Weg. Ich denke, Musizieren ist Fliegen. Nicht ins Blaue hinein, wohl vorbereitet, bewusst – unbewusst.

Gefühlvolles Musizieren ist blind. Musik folgt Gesetzen, im Lied dazu dem Wort. Ist erst einmal das Material bewältigt, sind die Noten gelernt, gilt es, Fragen an den musikalischen und literarischen Text zu stellen, ihn mehr und mehr zu ergründen. Die richtigen Fragen sind leicht zu finden, denn für jede gute Frage gibt es eine aufschlussreiche Antwort. Falschen Fragen antwortet das Material nicht.

Nie lese ich die Gedichte erst im Buch. Immer versuche ich, den Text aus der musikalischen Gestalt heraus zu verstehen. Denn die Komposition lässt uns wissen, wie der Komponist selbst das Gedicht wohl gelesen haben mag. Für Robert Schumann und für Hugo Wolf ist Eduard Mörikes »Das verlassene Mägdlein« jeweils eine völlig andere Gestalt. Hans Pfitzner, vermute ich, hat es ähnlich gelesen wie Wolf, vielleicht mit mehr innerer Dramatik. Ist nach einiger Zeit in der musikalischen Arbeit vieles schon gefunden und verstanden, wird das Lesen im Zeilenfall des gedruckten Gedichtes zusätzlich manch Neues offenbaren, aus der Musik heraus getroffene Entscheidungen bestätigen oder verändern.

Ich frage mich, was bestimmt den Charakter der Komposition, und schaue. Bei Schumann fließt im »Verlassenen Mägdlein« alles abwärts, gleichförmige Bewegung bestimmt schon das grafische Bild. Das Lied hat kaum einen Anfang, kaum ein Ende, nur ein dreimaliges Niedersinken. Alles ist hier so trostlos wie das trübe Leid, die Depression des jungen Mädchens. Bei Hugo Wolf hingegen prägt eine rhythmisch entschiedene Formel das Lied. Zwei kurze Noten, eine lange - unablässig. Die Zeit fließt mitleidlos. Mit der Morgendämmerung beginnt die Arbeit, die Nacht aber lässt wenigstens vom »treulosen Knaben« träumen. Das Mägdlein steht im Zentrum dieses kalten gefühllosen Zeitrasters, des beginnenden grauen Tages. Der Pavanenrhythmus, den Hugo Wolf hier wählt, kennzeichnet auch Schuberts »Über allen Gipfeln ist Ruh« – es ist ein Todesgedanke.

Je genauer die Szene im Lied, die psychologische Situation, die Entwicklung der Handlung erfasst sind, desto deutlicher wachsen auch die Empfindungen. Empfindungen aber haben große Kraft; sie verändern uns von Kopf bis Fuß. Jeder Körperteil reagiert, wenn wir böse sind, wenn Zorn uns die Luft nimmt, wenn wir Zuneigung empfinden oder einander mit warmem Herzen umarmen. So wird die

Sängerin sich das verlassene Mägdlein Schumanns ganz anders anempfinden als die Gestalt bei Hugo Wolf. Bis in die eigene Körperhaltung hinein findet die Gestalt ihren Ausdruck, bei Wolf »in Leid versunken«, trotzdem aber vielleicht mit geradem Rücken, bei Schumann eher leicht in sich geneigt, kraftlos. Als Pianist muss ich bei Wolf die Kälte des Zeitmotivs durchhalten: alle Klänge müssen sehr leicht sein, dabei hell mit immer gleichen hohen Resonanzen, unabhängig von der Klavierlage. Dabei müssen dissonante Töne in einzelnen Akkorden angespitzt werden, besondere Färbung bekommen. Das erfordert eine große innere Ruhe, technisch kontrollierte Präzision, eine bis in die Fingerspitzen hinein geformte Hand, einen kraftvollen, aber schwebend geführten Arm. Dabei werden alle Töne unabhängig von ihrer Dauer durch gleichmäßig runde Bewegungen verbunden. So stört keine unangemessene persönliche Reaktion diesen immer gleichen Fluss der Zeit. Ganz anders bei Schumann: aus der Erkenntnis des Abwärtsfließens ergibt sich die weichere Formung der Hände. Keinerlei Attacken sollen einzelne Töne hervorheben, eher obertonarme weiche Klänge zeigen die Ergebenheit ins traurige Schicksal.

Solche technischen Wege und Kräfte speichere ich in meinen Empfindungen. Über eine gewisse Grundlage hinaus, die für jedes Instrument natürlicherweise verschieden ist, bezeichnet Technik immer nur die persönlich erarbeitete Möglichkeit, musikalische Absichten zu verwirklichen, somit erklingen zu lassen, was beim Erfassen des Werkes wichtig geworden ist. Üben lässt die Muskulatur wachsen, automatisiert Bewegungsabläufe, ermöglicht schnelle Reaktionen und Veränderungen. Mein Körper aber muss sich immer wieder neu und dabei exakt erinnern, in welchem Moment des Werkes ich mich erlebend bewege. Dabei kann man Empfindungen nicht wie Wissensfakten festhalten. Sie sind immer in Bewegung, wollen immerzu aus seelischer Offenheit entstehen, müssen jeden Augenblick mit neuer Motivation gefüttert werden. Sonst erstarrt ein Lächeln zur Grimasse, eine Zuwendung zur Pose. Hierbei helfen mir Worte, andere Farben oder gedachte Bewegungen. Marcel Proust gewann seine Erinnerungen aus dem Geschmack einer Madeleine. Sich selbst kennenzulernen und sich auch helfen zu können, die eigene Seele zu wecken, ist eine große Aufgabe für jeden Lernenden. Empfindungen leben, sie verändern sich, sie gehen Umwege, sie springen nie direkt von Ton zu Ton. So reagiert der Körper unendlich vielfältig gerade auch zwischen den Tönen.

Ich kehre noch einmal zurück zu Schumanns »Dichterliebe«..

»Ich senkt' auch meine Liebe und meinen Schmerz hinein« – alle Bewegung ist zu Ende, die Zeit steht still. Dann »beginnt die Musik gleichsam von selbst«: Dem letzten Akkord entwachsend, steht plötzlich ein erster zager Melodieton im Raum, nicht durch persönlichen Atem vorbereitet, technisch nicht von oben in die Klaviatur platziert, sondern aus einer tiefen schwebenden Seitwärtsbewegung des Armes »unvorbereitet« getroffen. Persönlich aber ist meine Reaktion auf diesen Klang: Nicht glauben könnend, dass hier von neuem ein Singen anheben soll, lausche ich dem Verklingen dieses Tons nach, lasse alle folgenden Harmonietöne der Abwärtsbewegung leiser werdend in diesen einen verklingenden Ton hineinwachsen, überrasche mich mit dem nächsten Melodieton, gebe dann mehr und mehr persönlichen Atem in diesen wachsenden Gesang, der zunehmend mein eigener wird, zögere, weil die Kraft doch noch nicht reicht, atme den folgenden schmerzlichen Akkord des Innehaltens, setze von neuem an, nun schon mit größerer innerer Glut ...

Meine Empfindungen wissen den Weg, weisen voraus; hörend reagiere ich, überprüfe instinktiv die geschenkten Klänge, finde neue Empfindungsnuancen, feinere, genauere Wege. Nicht, was ich in der Arbeit geplant habe, wird verwirklicht, die Gestalt des Liedes selbst mit all ihrem Glück und ihrer Not sucht sich den Weg.

»Gute Reise!« Dies ist bis heute das letzte Wort zueinander vor dem Schritt aufs Podium.

II

Anfänge – Paul Buck • »Penthesilea« – Rosel Zech • Mitsuko Shirai –
Liedkunst – Kammermusik – »Liedduo« • selbstlos-selbstbewusst • Hugo Wolf •
»Liedpianist« • Was nicht in den Noten steht • Schumann/Eichendorff:
Liederkreis • Im Wettbewerb: Wien – Zwickau – Athen – 's-Hertogenbosch –
München

Noch vor dem Abitur nahm mich Paul Buck in seinen Schülerkreis auf. Wenig später studierte ich bei ihm an der Stuttgarter Hochschule Soloklavier, wurde bei der Aufnahmeprüfung sogleich der Künstlerischen Ausbildung zugeteilt, was eine heute nicht mehr vorstellbare große Freiheit in den Studien bedeutete. Alles war in die eigene Verantwortung und in die Fürsorge des Lehrers gelegt.

Paul Buck war ein warmherziger, weitsichtiger Mensch, ein wunderbarer Pädagoge. Gelassen, immer aber im Wissen um seine Verantwortung, beschützte und förderte er seine ihm anvertrauten Schüler. Er war selbstbewusst und zugleich demütig. Seine Integrität und Uneitelkeit machten ihn früh zu einem Vorbild. Im Unterricht arbeitete er sehr detailliert, forderte technische Präzision und den Aufbau eines umfassenden Repertoires, formte ganz selbstverständlich eine breite Basis des musikalischen Denkens. Das Unterrichtsgespräch umfasste den geistigen Körper des Werks ebenso wie die Vielfalt der Welt.

Die Kunst war ihm heilig, was nicht esoterisch zu verstehen ist: Alle, die durch seine Schule gingen, wurden zu Genauigkeit, Ehrlichkeit und Selbstkritik verpflichtet. Dabei war erfrischend, wie Paul Buck mitten im Leben stand. Ich erinnere Klassenausflüge zu seinem Haus im Schwarzwälder Agenbach, staunte über seine Pilzkundigkeit, genoss sein Erzählen von seinen italienischen Reiseerfahrungen. Italien, dem Land und seiner Küche, vor allem aber dieser Quelle unserer Kultur galt seine Liebe. Richard Wagner faszinierte ihn. Mit ihm beschäftigte er sich lebenslang in immer weiter führender Analyse. Aus dieser Arbeit entstanden zahlreiche Vorträge und ein Buch.

Als ich mich entschieden hatte, zu einem anderen Lehrer zu wechseln, um in bewusster Wahl einen anderen pianistischen Ansatz kennenzulernen, schlug Paul Buck mich dennoch der Studienstiftung des deutschen Volkes als Stipendiat vor. Bis heute empfinde ich seine einzigartige persönliche Freiheit, spüre seine innere Unabhängigkeit und Sicherheit in dem Wissen, dass jeder seinen Weg selbst finden muss, dass der Lehrer immer nur ein Stück weit Wegbegleiter sein kann.

Bis zuletzt waren wir in freundschaftlicher Verbindung, kam er mit seiner lieben Frau Kornelie zu meinen Konzerten. Auch im hohen Alter war jeder Tag von Lebensfreude und großem Interesse an allen Erscheinungen geprägt. Er starb 2006 kurz vor seinem 95. Geburtstag in vollem Bewusstsein und nach der eigenen Entscheidung, keine Medikamente mehr zu nehmen.

Vier Wochen zuvor hatte ich ihn im Krankenhaus besucht, hatte gespürt, wie am Lebensende geistige Kraft gegen die körperliche Schwäche rebelliert. Paul erzählte, dass er vormittags Klavier spielend sich mit Mozart erfrische, freute sich über mein Lebensglück. »Lass dich lieb nehmen« war sein Abschied.

Bei der Totenfeier waren viele seiner ehemaligen Schüler anwesend und es war gegenwärtig, wie viele Menschen er auf einen guten Weg gebracht hatte, wie viele Paul Buck in Dankbarkeit und Respekt im Herzen bewahren und die Erinnerung an ihn weitertragen. »Das höchste Ziel des Pädagogen besteht darin, sich für seine Schüler überflüssig zu machen.«

Hatte ich die umtriebigen 68er-Jahre noch auf der Schule erlebt, war mir anfangs nicht ganz wohl, so zurückgezogen täglich sechs bis acht Stunden Klavier zu üben. Vielleicht schnupperte ich auch deswegen in Tübingen in Philosophie und Germanistik hinein, ließ mich von einer Freundin in die Anatomie mitnehmen, war doch Medizin lange mein großes Interesse gewesen. Bestimmend für meine Studienentscheidung aber waren die Erfahrungen des Deutschunterrichtes meiner letzten Schuljahre und der liebevolle Rat Rolf Hackenbrachts. Sein Unterricht ließ große Freiheit, eigene Interessen einzubringen. Doch war hohe Qualität gefordert. Rolf Hackenbracht vermittelte aber nicht einfach nur Fachwissen, er schuf Querverbindungen, öffnete Türen im Kopf, erweiterte den Horizont. Ästhetik, Soziologie, Psychologie und vieles mehr waren Themen, um die bald die eigenen Gedanken kreisten. Ein Literaturkreis, Theaterbesuche mit sich anschließenden aufschlussreichen Gesprächen, Kunstausstellungen gehörten damals ganz selbstverständlich zum Leben. Um Artur Rubinstein zu hören, fuhr ich nach Basel. Noch heute erinnere ich dieses mitreißende Konzert, den so hellen, noblen Mann und seinen lebensglücklichen Klang.

Kurz vor dem Ende meiner Gymnasialzeit hatte ich Rosel Zech als Penthesilea im gleichnamigen Drama von Heinrich v. Kleist erlebt, war begeistert vom Stück, vor allem aber von ihrer körperhaften Sinnlichkeit. So schrieb ich ausführlich in der Schülerzeitung meiner Schule über dieses Aufeinanderprallen zweier ganz verschiedener Welten und Gesellschaftsordnungen, der modernen des Achilles und der archaischen der Amazonenkönigin.

»Penthesileas Vorgehen ist der dramatische Versuch eines Menschen, das Bezugssystem seines bisherigen Lebens zu wechseln, in eine völlig neue Existenzform einzugehen, angetrieben von der Urgewalt eines dionysisch-orgiastischen Lebensgefühls, das in der Subjektivität wurzelt. Dies ist für den Augenblick Selbstaufgabe; die Phase des Übergangs ist gekennzeichnet von

Preisgegebensein und Wehrlosigkeit. ... In diesem Augenblick freiwilliger Hingabe an Achill fordert er sie in spielerischer Absicht erneut heraus. Der ›Grille, die ihr heilig‹, will er genügen, ihr im Kampf unterliegen. Er glaubt, Penthesilea werde nicht blutig gegen ihn streiten. So geht er zugrunde an der aufklärerischen Leichtigkeit, mit der er die Mysterien nimmt. Was die Geliebte ihm ›zugeflüstert, hat sein Ohr mit der Musik der Rede bloß getroffen‹; aus Unverständnis entsteht das tragische Missverständnis.«

Bei einer Einladung von Elisabeth und Rolf Hackenbracht lernte ich die große Schauspielerin persönlich kennen. Rosel Zech erzählte, wie sie sich auf neue Rollen vorbereitet, wie wichtig es sei, weit über das Stück hinaus, das Umfeld des darzustellenden Menschen zu begreifen und zu erfassen, die Kleidung, die Gebräuche, den Atem der jeweiligen Zeit in sich aufzunehmen, um wirklich von innen heraus diese andere Person leben zu können. Seit dieser Begegnung saß ich bei vielen Theaterproben dabei, erlebte Spiel und Ernst. Spät erst begriff ich, wie viel eigene Kraft mir diese aufregende unruhige Zeit schenkte, wie stark mich prägte, mitzuerleben, dass hier mit Lust gearbeitet wurde, um einer Sache ganz auf den Grund zu gehen, um ein Stück in all seinen Möglichkeiten zu erfassen und auszuschöpfen. Intuitiv begriff ich, wie stark Empfindungen Menschen prägen und verändern, wie viel Genauigkeit im Erfassen eines Textes und seines inneren Raumes notwendig ist, um daraus eine gelebte Situation und eine lebendige Gestalt entstehen zu lassen.

Nicht lange zögerte ich, als Paul Buck mich im Namen von Lore Fischer, der deutschen Altistin, 1972 fragte, eine ihrer neuen Schülerinnen zu begleiten. Mitsuko kam direkt von Japan, hatte eben noch vor dem Kaiser singen dürfen. Ihre letzte Lehrerin in Tokyo war die Schweizerin Nina Nüesch. Ob sie daher schon so gut Deutsch sprach, dass ich nie über Verständigung nachdenken musste? Jedenfalls redeten wir im Anschluß an die erste gemeinsame Probe über ein Buch, das mich bis heute tief bewegt, den glücklich zu denkenden »Sisyphos« (»Le mythe de Sisyphe«) von Albert Camus.

Im Lied begegnete mir das Wort. Es war, als ob all meine Interessen sich in einem Punkt träfen: die Musik, die vielen Geschichten mit ihrer inneren Logik, das szenische Geschehen. Gemeinsam wurde studiert, Sprecherziehung, Körperschulung, Gesangsunterricht, all dies war auch für mich interessant und aufregend neu. Nur zu gut erinnere ich, wie lästig meine Nervosität bei Auftritten war, wie ich selten Klassenvorspiele gelassen und konzentriert durchstehen konnte. Kaum ein Jahr nach unserem Kennenlernen gaben wir einen ersten Liederabend mit gemischtem Programm für Amnesty International in Heilbronn. Ich spielte Schuberts H-Dur-Sonate und die Klavierstücke Opus 118 von Johannes Brahms. Den Abend eröffneten Lieder von Felix Mendelssohn Bartholdy, und als bei »And'res Maienlied« wiederum das große innere Flattern anfing, stellte ich mich im inneren Gespräch selbst vor die Alternative, entweder meinen Abschied von Musik und Podium zu nehmen oder aber dieses Konzert wirklich gut zu Ende zu bringen. Die stumme Ermahnung wirkte. Bald darauf folgte ein ganzer Abend mit Mörike-Vertonungen Hugo Wolfs im Studio der damaligen Landesgirokasse Stuttgart. Karl Michael Komma, mein Vertrauensdozent bei der Studienstiftung, ein warmherziger Lehrer für Komposition und Musikwissenschaft, übernahm die Einführung ins Programm. Später reisten wir nach Wien, und eine recht verblüffte Jury unterbrach die erste Runde, fragte, woher wir eigentlich kämen, um dann mit frohen Gesichtern weiter zuzuhören. So gab es einen ersten Preis beim Internationalen Hugo-Wolf-Wettbewerb. Um unser Anliegen deutlich zu machen, schufen wir einen neuen Begriff: Liedduo. (Und ein Konzertplakat reagierte etwas hilflos darauf: Liedduo mit Suko Shirai • Hartmut Höll.)

Denn ganz selbstverständlich war uns, dass Lied Kammermusik ist. Erst später, als ich selbst als Lehrer miterlebte, wie schwierig es gerade für die Pianisten ist, Partner zu finden und sich zu erhalten, wurde mir bewusst, wie groß dieses Entgegenkommen von Mitsuko war. Lied als Kammermusik zu denken, ist Sängern, vielen in Management und Publikum auch heute noch fremd. Dabei sind Gesangs- und Klavierpart sinnfällig ineinander verwoben, führt nicht erst bei Schumann das Klavier weiter, was das Wort nicht mehr sagen kann. Lied stellt in seiner Differenziertheit höchste Ansprüche an die Interpreten. Und so darf das kundige Publikum auch mehr erwarten und fordern, als manch alternder Star mit seinem dienstbaren Geist am Klavier zu bieten hat. Doch hat wohl gerade die Stimme für viele Menschen etwas so Faszinierendes, dass den Sängern die Herzen oftmals blind entgegenschlagen. Ein Pianist wird nie für einen Liederabend engagiert und gefragt, wen er denn »am Gesang« mitbringen wolle. Mir selbst ist dies nur einmal im Opernhaus von Los Angeles (ich vermute augenzwinkernd) angeboten worden. Wann ich wiederkommen wolle und mit wem? Liedkunst als Kammermusik durchzusetzen, entscheidet sich, was Partnerschaft betrifft, im Bewusstsein der Sänger und durch den Anspruch des Publikums. Was die Qualität anbelangt, liegt sehr viel allerdings in der selbstkritischen Verantwortung der Pianisten.

Wie Schubert sich mit Vogl gefühlt haben mag? Es berührte mich, als ich in Schuberts Tagebuchnotizen über ein Hauskonzert in Salzburg las: »Die Art und Weise, wie Vogl singt und ich accompagniere, wie wir in einem solchen Augenblicke Eins zu sein scheinen, ist diesen Leuten etwas ganz Neues, Unerhörtes.«

Heute sind Mitsuko und ich froh, dass »Liedduo« immer öfter und selbstverständlicher Verwendung findet. Lied verlangt vom Sänger äußerste technische und stimmliche Flexibilität und die Fähigkeit, die eigene Persönlichkeit mit dem Ich des jeweiligen Liedes zu verschmelzen, Empfindungen und Wortnuancen durch die Farbigkeit der Stimme hörbar zu machen. Vom Pianisten verlangt es in gleichem Maße, sich tonlich und im musizierenden Strom auf die jeweilige Liedsituation einzulassen, im Rubato Wortfärbungen mitzuempfinden, ebenso zu klagen oder zu lächeln wie die Stimme: selbstlos-selbstbewusst. Keiner ist dem anderen dabei untergeordnet, denn Kammermusik ist das freie Gespräch freier Geister. Gerade weil jeder Partner für sich selbst stark ist, kann man aufeinander hören, die Nuancen des Partners aufnehmen, weiterführen, zurückgeben oder selbst neue Wege beginnen.

Bald studierte ich nur noch – zusammen mit Mitsuko – in der Liedklasse von Konrad Richter, der sich immer für kammermusikalische Zusammenarbeit einsetzte und mit großer Begeisterungsfähigkeit uns jungen Studierenden das Lied in seiner ganzen Vielfalt näher brachte. Lieder von Mendelssohn Bartholdy und spanisch-geistliche Lieder von Hugo Wolf waren das erste Repertoire, an dem wir arbeiteten, anspruchsvolle Werke für einen Anfang.

Ich erinnere, wie ich darum kämpfte, »Auf Flügeln des Gesanges« ohne Akzente in schwebendem Klang tragen zu können, wie schwierig es war, bei »Lieblingsplätzchen«, einem Lied, in dem beinahe jede Wortsilbe mit einem neuen Klavierklang begleitet ist, alle Nuancen mitzumachen, wirklich zusammen zu sein. Zudem ging es darum, jeder Strophe neue Laune zu geben. Auch die Einsicht, dass manche Gedichte und Lieder so zeitgebunden sind, ihre Geschichte zu unbedeutend geworden ist, als dass man sie wiederbeleben sollte, prägte sich damals ein. So verzichteten wir schnell auf »Das erste Veilchen«. Meinem Vater gefiel besonders »Nachtlied«, mit seiner von den Abendglocken getragenen inneren Sicherheit. Ich lernte bei »Der Mond«, wie man, ohne den rauschenden Klang zu verlieren, im leichten Accelerando Phrasen schneller atmen lässt, um sie dann im Ritardando wieder weich abzufangen. Später erst lernten wir die verträumte Zartheit des »Pagenliedes« kennen. Vor allem aber Goethes »Die Liebende schreibt« gehört zu den großen Liedern der Literatur, geprägt nicht allein von der Mendelssohn'schen Eleganz, sondern von einer sehr wortgenauen und differenzierten Zuwendung zum Text. Auch gibt es überraschenderweise Stellen, wo das Klavier im Schumann'schen Sinn eigene Wege geht.

Bei den geistlichen Liedern aus dem ersten Band des »Spanischen Lieder-buches« von Hugo Wolf half mir eine Theatererfahrung. Namen und Autor des Stückes, das damals in Stuttgart gespielt wurde, habe ich vergessen, vielleicht war es Federico García Lorcas »Bernardo Albas Haus«. Die Erinnerung aber an die mit Stolz getragene Armut, an Blut in staubiger Erde, an die Enge einer mir fremden Religiosität ist mir geblieben. So fiel es leicht, zu erkennen, dass in all diesen Liedern keine Melodie in sich selbst schwingen kann, dass die intervallische Gebundenheit keine Freiheit zulässt. Immer ist der Gesang des Klaviers in Terzen, Quinten, Sexten oder gar in Akkorden geführt. Dabei berauscht die

Mischung von melodischer Enge und harmonischem Reichtum, mischt sich Gottesnähe mit ganz irdischer Sinnlichkeit. »Nun bin ich dein« – die vielfältigen überraschenden Wendungen der Klänge sind auf der eigenen Haut zu spüren. Das ganze Stück atmet einen nie nachlassenden Strom, der gegen, besser: mit den bis zu achtstimmigen Akkordklötzen hörbar zu machen ist. »Die du Gott gebarst« wie auch »Wunden trägst du, mein Geliebter« verlangten erstmals, mystische Ahnungen im Klang hörbar zu machen, Gott und Mensch ganz verschiedene Stimmen zu geben. In »Führ mich, Kind, nach Bethlehem« zeigen terzgebundene Melodien in beiden Händen, wie quälend fern Erlösung ist. Bis heute bin ich fasziniert von den riesigen Atembögen des

Müh'voll komm' ich und beladen,
Nimm mich an, du Hort der Gnaden!
Sieh, ich komm' in Tränen heiß
Mit demütiger Gebärde,
Dunkel ganz vom Staub der Erde.
Du nur schaffest, dass ich weiß
Wie das Vließ der Lämmer werde.
Tilgen willst du ja den Schaden
Dem, der reuig dich umfaßt;
Nimm denn, Herr, von mir die Last,
Müh'voll komm' ich und beladen.
Laß mich flehend vor dir knie'n,
dass ich über deine Füße
Nardenduft und Tränen gieße,
Gleich dem Weib, dem du verzieh'n,
Bis die Schuld wie Rauch zerfließe.
Der den Schächer du geladen:
»Heute noch in Edens Bann wirst du sein«
O nimm mich an, du Hort der Gnaden!

Die Komposition folgt detailliert den expressiven Worten der Unterwerfung und dem Flehen nach Gnade. Einzig der Gesang Mariens »Die ihr schwebet« macht eine Ausnahme, und es war ein besonderes Erlebnis, dieses von Sorge um das Kind bestimmte, rauschende und in sich frei bewegte Lied zusammen mit Mitsuko Jahre später im Angesicht der Palmen Jerusalems zu musizieren.

In der Auseinandersetzung mit diesen Gedichten und den Wolf'schen Vertonungen mit all ihren harmonischen Überraschungen und dissonanten Wendungen begriff ich, dass es nicht nur darum ging, Töne genau zu spielen, Dynamik zu beachten. Mehr und mehr versuchte ich, den Klängen Farben zu geben, aus einem leisen Akkord eine blühend singende Oberstimme wachsen zu lassen, mit wechselndem Atem zu spielen, bei gleich bleibendem Tempo der Musik innerlich unterschiedlich schnell zu reagieren, zu zögern um endlich den Ton schneller anzuschlagen, ihn heller zu färben, oder aber einen Klangstrom allmählich langsamer werden zu lassen und Töne tiefer und intensiver zu platzieren.

Mitsuko wurde schnell bewusst, dass es nicht reicht, neue Worte als Buchstabenfolge zu lernen. Sehr früh wurde ihr wichtig, die Bedeutung eines Begriffes in seinem Klang bereits zu erleben und sich so neue Begriffe einzuprägen. Kurz und knapp heißt es »Lippe«, das Wort »Liebe« aber hat ein inneres Portamento, das die Zuneigung schon zum Ausdruck bringt. »Liebe« zwar mit langem i, aber ohne innere Weichheit auszusprechen, macht keinen Sinn. »Zart« ist nicht z-a-r-t; das Wort klingt deutsch empfunden, wenn das a darin den ihm eigenen Raum, die notwendige Öffnung, Länge und Biegung erhält.

Dereinst, dereinst,
O Gedanke mein,
Wirst ruhig sein.

Edvard Grieg und manch andere vertonten das Gedicht, das mit diesen Zeilen beginnt. »Dereinst« – ein Wort, das wie wenige andere deutlich zeigt, wie verschieden die Sprach- und Erlebensräume sind, die die deutsche Sprache lebendig machen. Spricht man die beiden Silben an derselben Stelle? Wer sich dieses Wort vorsagt, wird schnell entdecken, dass das »Der-« quasi vor der Körpermitte, das »-einst« aber fast rückwärtig, dort wo auch die Erinnerungen ihren Ort haben, Klang gewinnt. So wird aus dem eigentlich die Vergangenheit bezeichnenden »-einst« ein schwebendes Vorauserinnern.

Bis heute ist dies alles für den eigenen Unterricht wichtig geblieben. Denn die deutsche Sprache ist von einem inneren Rubato bestimmt, das dem Italienischen oder Französischen fremd ist beziehungsweise sich dort ganz anders gestaltet. So ist es auch gesangstechnisch im deutschen Repertoire von großer Bedeutung, die Stimme drehen und wenden zu können, die untere Hälfte des Klangs zu liften, ohne den Klangstrom zu vermindern, Nebensilben da weiterzusingen, wo man angekommen ist. Durch solch bewegliche Führung der Stimme bekommt der gesungene Sprachklang erst die große Farbigkeit, die reichen Ausdruck hörbar macht und erleben lässt.

Hierin liegt begründet, warum mir nach »Liedduo« ein zweites neues Wort wichtig geworden ist: »Liedpianist«. Jedem solistisch studierenden Pianisten tut es gut, sich auch kammermusikalisch als Partner anderer Instrumentalisten zu erproben. Mit Sängern zusammenzuarbeiten, ist aber eine gänzlich andere Aufgabe. Hier gilt es nicht nur, ein Lied in seiner Form zu erfassen, die Architektur und

Struktur des Werkes zu verstehen. Um Lied angemessen spielen zu können, muss der Pianist den Strom der Worte kennen und in sich fühlen. Das heißt natürlich nicht, den Text beim Spielen mitzusprechen. Man muss um die innere Kraft der Worte wissen, um ihr inneres Tempo, ihr Eigenleben, das sich nicht in den gedruckten Notenwerten allein verstehen lässt. Der Liedpianist muss das feine innere Wortrubato mittragen, seine eigenen Klangfarben den Begriffen und Empfindungen zuordnen. Wenn auch Gesangspart und Klavierpart erst zusammen die ganze Komposition ergeben, also gleichbedeutend sind, steht dennoch das Wort als logischer Sinnträger an erster Stelle. So muss der Liedpianist entscheiden, wann er melodisch führend zu spielen hat, wann er die Liedszene beleuchtet oder um die Stimme Atmosphäre baut. Ein rein instrumental denkender Pianist kann dies nicht leisten. Seine Liedbegleitung wird sich in schönem Klavierklang und gutem Zusammenspiel erschöpfen. Ganz selbstverständlich ergibt sich aus all dem, dass es unerlässlich für jeden deutsche Lieder begleitenden Partner ist, Deutsch zu sprechen und in Strom und Nuancen zu erfassen. Sänger und Liedpianisten atmen, denken und fühlen gleich. Gerald Moore sprach nicht Deutsch. Das ist in seinem Spiel zu hören.

Kurz vor dem Wiener Wettbewerb nahmen Mitsuko und ich an einem Liedkurs in Klosters/Graubünden teil. Dort trafen wir Jehanne Secretan, eine junge Frau aus der französischen Schweiz, die Rhythmik studiert hatte und den Kurs in Graubünden mit Körpertraining für Sänger und Pianisten begleitete. Vor allem aber überraschte sie uns mit sehr persönlich zugeschnittenen Aufgaben und Übungen. Jehanne Secretan verstand es glänzend, Liedsituationen auf »normale« Geschehnisse abzubilden, mit diesen Übungen deutlich werden zu lassen, wie stark der Körper auf Situationen und Empfindungen reagiert. Lange arbeiteten wir privat über den Kurs hinaus mit ihr zusammen. Ich erinnere gerne das Licht auf ihrem Gesicht und wie sie Bilder und Träume entstehen lassen konnte. Ohne selbst Musikerin zu sein, folgte sie mit großer persönlicher Empfindsamkeit der inneren Entwicklung eines Liedes, wollte immer auch in der Person selbst sehen, was sie hörend erlebte, beobachtete sehr genau, dass der innere Weg keine Sprünge machte. So selbst zum Ich eines Stückes zu werden, war wohl die wichtigste Erfahrung dieser studentischen Lehrjahre.

»Plötzlich« – ein Wort, das aufschrecken lässt, das im Sprechen und in Vertonungen oftmals durch ein Sforzato hervorgehoben wird:

Plötzlich, da kommt es mir,
Treuloser Knabe
dass ich die Nacht von dir
Geträumet habe

heißt es in Eduard Mörikes »Das verlassene Mägdlein«. Hugo Wolf aber unterbricht das vorausgehende »in Leid versunken« nicht, setzt keinen Akzent, lässt hier nur ein Crescendo beginnen, das letztendlich den Vorwurf »treuloser Knabe« unterstreicht. Das schneller werdende Tempo zeigt dabei, wie sehr das Mägdlein von der Erinnerung bewegt und schmerzlich umgetrieben ist. Fast immer aber bieten die Sängerinnen ein heftig beginnendes »Plötzlich«, und auch uns fiel es damals sehr schwer, diesen inneren Impuls zu unterdrücken und Hugo Wolfs Vorlage wirklich zu folgen.

Jehanne Secretans hilfreiche Aufgabe war, man solle sich vorstellen, in einem Lehnstuhl sitzend entspannt in einem Buch zu blättern und zu lesen; überraschend dann der Gedanke, etwas Wichtiges zu tun vergessen zu haben. Sitzen, lesen, das Buch zuschlagen und weggehen war schnell getan. Doch im weiteren Nachdenken und Erarbeiten dieser alltäglichen Aufgabenstellung wurde bewusst, wie der unerwartete Einfall mit einem leisen Zögern erst begriffen werden muss, wie ein winziges körperliches Innehalten die schnelle Tat erst sinnvoll macht. Auf die Liedsituation übertragen heißt das: Versunken ins Spiel der Flamme fühlt das junge Mädchen ganz ihr Leid. Nur im unsteten Flackern des Feuers zeigt sich noch Leben. Doch unerwartet, ungewollt wächst ein Bild, sein Bild. Auf dem Taktstrich zwischen »versunken« und »plötzlich« sozusagen, entsteht dieser neue Gedanke, nicht eingeübt und geplant – unabsichtlich, schwerelos. Als ob man noch gar nicht sprechen und singen würde, im langsamen Ansetzen des »P-l-ötz« muss man dessen selbst erst gewahr werden, sich langsam in den Schmerz hineinzuziehen, um dann hellwach mit Crescendo und schneller werdendem Tempo gänzlich all dessen bewusst zu sein, was die letzte Nacht brachte.

In solcher Weise psychologisierend der Entwicklung einer Liedsituation folgen zu lernen, schafft große persönliche Freiheit im Umgang mit dem Material. Auch hilft es, größere Sicherheit beim auswendigen Singen zu bekommen, wenn der Sänger stumm die Entwicklung des Liedes verfolgt und in inneren Bildern erlebt, während der Pianist seinen Part spielt. So bildet sich ein verlässliches Gefühl für die Zeitabläufe, man spürt mehr und mehr, wie vieles in eigener Regie zu finden und zu schaffen ist, was nicht in den Noten steht. Der innere Faden des eigenen Erlebens darf ja nie abreißen, wenn man das Publikum mitnehmen will.

Was heißt Zwischenspiel, als ob das davor und danach bedeutsamer wäre? Die sich anschließenden Klaviertakte sind eine große Szene für sich: In kaltem stumpfem Moll erklingt der Schmerz dieses schönen Traumes, vom G zum Gis – vom Ausdruck der Niedergeschlagenheit zur schwebenden Leichtigkeit des sich anschließenden Dur ist es ein weiter Weg. Es braucht ja auch Mut, sich an diese Liebe zu erinnern. Doch im dritten Schritt kommt sogar noch die wärmende Septim hinzu, Ausdruck nicht nachlassender Sehnsucht nach dem verlorenen Glück. Die Fermate schenkt Zeit des Erinnerns, bis sich der Strom der Tränen löst. Unnötig darauf hinzuweisen, wie stark hier auch der Pianist mit dem Ich des

Mägdleins verschmilzt, wie hier Gestalt, Gesang und Klavier ganz eins werden, wie Person, Empfindung und Zeit in einem einzigen Gedanken erlebt werden. Wie es dazu kam, weiß ich nicht mehr. Aber einmal trafen wir hinter der Bühne des Großen Hauses in Stuttgart Marcia Haydée. Es bleibt unvergessen, wie die gefeierte Primaballerina schon in der Kulisse, lange bevor das Publikum ihrer gewahr werden konnte, in ihre Rolle schlüpfte, eine ganz andere wurde. Dann tanzte sie hinaus.

Lieder von Alban Berg und Anton Webern gehören mit zum Repertoire dieser ersten Zeit. Schubert war schwer, Schumann lange fremd. Schubert hat wenig wirklich für Frauenstimme komponiert. Die Balance zu finden zwischen arioser Spannung im Gesang und Wortdeutlichkeit ist für Männerstimmen, die in ihrer Sprechlage singen, sicherlich einfacher als für Frauenstimmen. Und um Schumann wirklich verstehen zu können, mussten wir beide noch viel an innerem Erleben lernen.

Die Teilnahme am Münchener ARD-Wettbewerb brachte eine Enttäuschung. Mitsuko erreichte den undankbaren vierten Platz und wurde von der Jury mit dem dummen Trost entlassen, sie sei eh so gut und bräuchte einen Preis gar nicht. Die Vorbereitung hatte viel Zeit gekostet, ein großes Repertoire musste erarbeitet werden. So zögerten wir, ob wir wirklich zum Schumann-Wettbewerb nach Zwickau fahren sollten, verpassten beinahe den Zug. Doch im Abteil schlug Mitsuko die Noten auf und fing an zu lernen. Wir haben es nicht bereut. Komponistenwettbewerbe sind selten Gesangsolympiaden. Die ausschließliche Beschäftigung mit einem Komponisten hilft, sich am Ende bei ihm zu Hause zu fühlen. Zwickau brachte die Bekanntschaft mit Dr. Gerd Nauhaus, der Schumanns Handschriften entzifferte und herausgab, das Schumann-Haus und seine bedeutenden Sammlungen betreute und beredt durch die Ausstellung führte. Ihm verdanke ich viele Hinweise und Beratung bis heute. Bei den Männern erhielt den ersten Preis der großartige und leider so früh verstorbene Laszlo Polgar.

Im Schumann-Haus sah ich zum ersten Mal, dass die Eichendorff-Vertonungen op. 39 ursprünglich ein anderes Anfangslied hatten:

Wem Gott will rechte Gunst erweisen,
Den schickt er in die weite Welt.

Das wäre ein wohlgemuter Aufbruch, um die Welt kennenzulernen, wäre eine ganz andere Geschichte und am Ende kein Liederkreis. Doch in der uns heute vertrauten endgültigen Fassung dieses Werkes erleben wir den Wanderer bereits »In der Fremde«. Einen weiten Weg schon hat er hinter sich und der Sänger muss beginnen mit einem Blick zurück.

All diese Lieder haben Einsamkeit, Tod und Verlust, Vergänglichkeit zum Thema. Als Mitsuko und ich diesen Zyklus vor Jahren für CD aufnahmen, schrieb die Kritik, unsere Fassung sei wenig romantisch, eher klassisch ausgefallen. Das bestätigte uns: Auch dieser Wanderer geht einen aufrechten Gang, er lamentiert nicht. Romantisch empfunden wird in diesen Eichendorff'schen Bildern das ewige Rauschen des Waldes. Doch gerade diese Zeitlosigkeit macht die eigene Begrenztheit, die menschliche Vergänglichkeit erschreckend deutlich: »Und mich schauert's im Herzensgrunde«. Nachdem Eichendorff/Schumann in jeder kurzen Phrase dieses vorletzten Gedichts des Liederkreises Entstehen und Vergehen in einer einzigen Bewegung gefasst haben, wiederholt Schumann am Ende diese Worte, um dann auf sängerisch unbequem tiefer Note ohne Fermate abrupt zu enden, abzusacken. Kein Ausklingen, kein Trost mildert dieses innere Frösteln angesichts der eigenen Bedingtheit und der ewigen Zeit. Für mich endet hier der Weg dieses Wanderers. Ich brauche Zeit, um nach diesem fermatenlosen Schluss umzublättern und mit »Frühlingsnacht« neu zu beginnen, doch wieder Hoffnung entstehen zu lassen. In der Architektur des gesamten Werks steht dieses Lied an gleicher Stelle wie zuvor der einzige Gesang, der gänzlich optimistisch mit großer Zuversicht ausklingt – »Schöne Fremde«:

Es redet trunken die Ferne
Wie von künftigem, großem Glück.

Fortgetragen vom Rauschen der Blätter atmet der Wanderer frei, schaut nicht zurück, fühlt nur noch die mitreißende Bewegung, fühlt sich in eine funkelnde Zukunft getragen.

Diesem Höhepunkt in der Mitte des Liederkreises widerspricht erst das folgende Lied »Auf einer alten Burg«. Alles ist erstarrt, leblos. Im Klavierpart Quintschritte abwärts, sonst oft Ausdruck von Innigkeit, schaffen ein hohles Gerüst. Auch die Menschen am Ende sind sehr fern und bleiben fremd. Verbunden ist dieses Gedichtpaar dadurch, dass der bewegte Klang der »Schönen Fremde«, endend mit dem Ton H, im ersten Ton des »Eingeschlafen auf der Lauer«, ebenfalls H, gleichsam gefriert.

Auch das folgende Gedicht ist »In der Fremde« überschrieben, und die Anfangszeile »Ich hör' die Bächlein rauschen« klingt so putzig munter, dass oft zu wenig beachtet wird, wie sehr das Ich in diesem Lied zwischen Angst und tröstender Erinnerung schwankt. Dabei zeigt es Schumann ganz deutlich, wieder einmal mit einer Dynamisierung gegen den Strich. Den Klavierfiguren würde ein Crescendo zur nächsten Eins des folgenden Taktes gut anstehen. Doch Schumann beginnt laut und fordert ein Decrescendo. Dem entspricht körperlich, mit offenen Armen, frei und ungeschützt zu stehen, um dann schnell und angstvoll sich zu schließen. So begreift man, dass das Rauschen der Bächlein irre macht, und die dritte Zeile zeigt die Unruhe auch in der kurzatmigen Fügung »Im Walde, in dem Rauschen«. Erst wenn dieser Mensch sich in die Bilder der Erinnerung löst und sich für Augenblicke so an sicherem Ort weiß, öffnet sich die Person, atmen die Klavierfiguren frei und im Crescendo:

Die Nachtigallen schlagen
Hier in der Einsamkeit,
Als wollten sie was sagen
Von der alten, schönen Zeit.

Am Ende aber wird das »tot« von Schumann dreimal wiederholt, als ob der Wanderer es sich selbst einhämmert. Hart und ohne Fermate bricht das Lied ab. Umso weicher wirkt das sich direkt anschließende Arpeggio zu Beginn der nun folgenden »Wehmut«. Das Singen »vom tiefen Leid« löst die Härte auf, das abschließende A des dreimaligen »tot« wird weich, sinkt zum helleren Gis, das eigene Herz beginnt zu klingen. Für mich ist dieser Akkord der eigentliche Schluss des vorausgegangenen Liedes. Ich blättere auch spät erst um. Auf dem ersten Wort zusammen zu sein, ist einfach, wenn Sänger und Pianist die Fermate wirklich als Lösung erleben, ihr die ganze notwendige Zeit geben. Da ist es leicht, zu fühlen, wann man gemeinsam und in aller Traurigkeit, doch befreit anheben kann:

Ich kann wohl manchmal singen,
Als ob ich fröhlich sei,
Doch heimlich Tränen dringen,
Da wird das Herz mir frei.

Es lassen Nachtigallen,
Spielt draußen Frühlingsluft,
Der Sehnsucht Lied erschallen
Aus ihres Kerkers Gruft.

Da lauschen alle Herzen,
Und alles ist erfreut,
Doch keiner fühlt die Schmerzen,
Im Lied das tiefe Leid.

Immer berührt mich in besonderer Weise, wenn Sänger vom Singen singen, wenn sich ihre eigene Kunst im Lied spiegelt. In der Schönheit des Klangs zeigt sich die weiche Öffnung der Seele, die allein Singen möglich macht. Ohne die Eitelkeit der virtuosen Brillanz erleben wir ganz unmittelbar, was Lyrik ist: persönlichste Empfindungen teilen zu dürfen. Dass in diesem Gedicht in der Einsamkeit für sich allein gesungen wird, zeigt auch die Komposition: Das Klavier spielt die Melodie des Gesanges mit, umspielt sie nur mit ausdrucksvollen Intervallen. Solche Einsamkeit erlebt mancher auch auf dem Podium, wenn besonderer Raum und besondere Zeit nicht gegeben sind, ein Publikum vielleicht ganz anderes erwartet:

Da lauschen alle Herzen,
Und alles ist erfreut,
Doch keiner fühlt die Schmerzen,
Im Lied das tiefe Leid.

»Langsam« heißt Schumanns Anweisung, und wie so oft ergibt sich das richtige Tempo aus dem eigenen Erleben. Die innere Beteiligung bestimmt den Fortgang der Musik. Bei bereits langsamem Grundtempo waren im Erstdruck die letzten beiden Takte nochmals mit »Adagio« überschrieben: Jede der fortschreitenden Auflösungen im Klavier wird so zu einem persönlichen Schritt.

Aus dem lang zu haltenden Schlussakkord löst sich wie von selbst das »Zwielicht«. Tod bedroht die Existenz, Freund wird Feind, aus Frieden wird Krieg. Polyphon schleichend entstehen und vergehen diese Bilder. Sicherheit scheint allein der nächtliche Schlaf zu geben, mit der Gewissheit, morgens »neu geboren« wieder aufzustehen. Homophone Akkorde geben hier guten Grund. Doch schnell wird korrigiert, was in der Schönheit dieses reinen »neu geboren« für einen Moment vergessen war:

Manches geht in Nacht verloren
Hüte dich, sei wach und munter!

Nichts ist mehr sicher, Glück kann nicht bewahrt werden, Leben gibt es nur im Bewusstsein der Vergänglichkeit.

Es zog eine Hochzeit den Berg entlang,
Ich hörte die Vögel schlagen,
Da blitzten viel Reiter, das Waldhorn klang,
Das war ein lustiges Jagen!
Und eh' ich's gedacht, war alles verhallt,
Die Nacht bedecket die Runde,
Nur von den Bergen noch rauschet der Wald
Und mich schauert's im Herzensgrunde.

Daran nun schließt sich die »Frühlingsnacht« an. Mond und Sterne, die Nachtigallen, alle sagen, dass das Glück endlich wahr geworden ist. Oder scheinen sie es nur zu sagen? Das Klavier jedenfalls beendet dieses Lied mit einem großen ausatmenden Bogen, der keinen glanzvollen Schlussakkord zulässt. Ein mattes Intervall schließt den Liederkreis und bringt uns an den Anfang zurück.

»In der Fremde« – ganz in seine Zeit hinein hat es später Hanns Eisler paraphrasiert – kreist mit seinem Waldesrauschen in sich selbst. Der Gedanke an die toten Eltern lässt an das eigene Sterben denken, und Schumanns Wiederholung von »da ruhe ich auch« und »die schöne Waldeinsamkeit« macht spüren, dass hier der Tod nicht gefürchtet, sondern als Erlösung gedacht wird.

Nun folgt wirklich ein »Intermezzo«. Synkopen im Klavier zeigen die Unruhe des Herzens, das ein »wunderselig Bildnis« in sich bewahrt. In der Stille ringsum wird dieser innere Gesang hörbar. Schumann wiederholt die erste Strophe des Gedichts, vor allem aber das »zu jeder Stund« der Schlusszeile. Der unerlässliche tiefe Atem dazwischen zeigt, dass mit »jeder« Stund eben gerade auch die traurigen einsamen Zeiten gemeint sind. So nimmt das Nachspiel taumelnd Seligkeit und Erinnerung auf. Dynamisch richtig gespielt bekommt diese Phrase einen schmerzlichen Höhepunkt: In einem verminderten Akkord hält die Bewegung an. Es braucht seine Zeit, bis das Weh sich löst und die Wärme der Schlussakkorde spielbar wird.

»Waldesgespräch«, diese dramatische Geschichte von liebestoller Blindheit, Begier und Tod verlangt zwei Stimmen vom Sänger, die des selbstbewusst auftrumpfenden Mannes und eine, die der opalisierenden Erscheinung der Loreley gerecht wird. Das »Ich führ dich heim!« unterbricht Schumann mit einer Sechzehntelpause, die die Zweideutigkeit dieses Angebots zeigt. Die weichen Hornklänge des Vorspiels lassen ahnen, dass der Mann sich von seiner Jagdgesellschaft entfernt hat, und in der Folge komponiert Schumann diese ferner und ferner klingenden Hörner tiefer sinkend so genau, wie es der österreichische Physiker und Mathematiker Christian Doppler 1842/43 beschrieben hat. Loreleys Warnung bleibt gänzlich unbeachtet. Mit den Augen umfasst der Jäger geil ihren »wunderschönen« Leib, um ganz nah gerückt – Schumann dynamisiert sehr genau – erst jetzt seines Schicksals gewahr zu werden. Der Gesang der Loreley hat im Folgenden zweimal sein eigenes Crescendo, trumpft auf, zeigt in der Wiederholung, was das zwischen den Zähnen gesungene »du kennst mich wohl« eigentlich bedeutet. Das Klavier crescendiert erst unmittelbar vor »Es ist schon spät, es ist schon kalt«. Messerscharf in der Attacke klingen die Akkorde, die Pausen werden durch Stoppen des Arms ebenso hart. Das Ende ist nah. Kurz dauert das Ringen, im Ritardando von Schumann ganz genau bezeichnet. »Kommst nimmermehr aus diesem Wald.« In der letzten Phrase a tempo hat die Loreley schon gewonnen. Wie genau Schumann die Situation komponierte, versteht man, wenn man beachtet und nachfühlt, dass auf dem ersten »nimmermehr« ein Akzent im Gesang, aber nicht im Klavier steht, dass das ritardierende »nimmermehr« im Klavier mit nur einem Achtel auf der letzten Silbe kürzer als das Wort im Gesang ist: Loreley selbst bestimmt, wann es zu Ende geht, und kostet es aus. Das Nachspiel beginnt mit einem heftigen Fortepiano (ich spiele das Forte dabei nur auf dem Vorschlag), man fühlt sich im verwehenden Hörnerklang wie auf den Kopf geschlagen.

Es weiß und rät es doch keiner,
Wie mir so wohl ist, so wohl!
Ach, wüßt es nur einer, nur einer,
Kein Mensch es sonst wissen sollt.

So still ist's nicht draußen im Schnee,
So stumm und verschwiegen sind
Die Sterne nicht in der Höh,
Als meine Gedanken sind.

Ich wünscht', ich wäre ein Vöglein
Und zöge über das Meer,
Wohl über das Meer und weiter,
Bis dass ich im Himmel wär!

Wie passt dieses scheinbar so muntere Gedicht in diese Welt von Tod, Vergänglichkeit und Alleinsein? Es ist »Die Stille« überschrieben. Beim Blick in die Noten fällt auf, dass die langen Zeilen durch viele Pausen in Gesang und Klavier in kleine Phrasen von zwei Worten zerteilt sind, dass im Klavier zu den Pausen sogar noch Staccati kommen: Da kann sich einer vor heimlichem Glück kaum halten, kugelt sich förmlich vor Vergnügen. Doch alles ist nur ein Gespräch mit sich alleine in der nächtlichen Stille des Liederkreises. Der Freund Daniel Fueter schrieb mir dazu: »›Die Stille‹ ist für mich das Lied der schlimmsten Einsamkeit.«

Leise vibrierende Seligkeit durchzieht die »Mondnacht«. Hier soll nicht in möglichst langsamen, auf bestem Sängeratem fundierten und in den Übergängen der Register makellos gesungenen Phrasen unantastbare Schönheit selbst hergestellt werden. Dieses ideale Bild, in dem Himmel und Erde sich vereinen, die Dunkelheit der Nacht dem Licht des Mondes und der Sterne weicht, die weite Stille durch das Rauschen der Wälder ihren Ton bekommt, bewahrt gerade in einer nur leise, aber deutlich vernehmbaren Unruhe, in seiner Zerbrechlichkeit und dem Wissen um Vergänglichkeit, den Traum vom Nachhausekommen.

Schumann überschreibt das Lied »Zart, heimlich«. Letzteres verstehe ich als »insgeheim« – ganz innen trägt dieser Wanderer eine Erinnerung mit sich gegen Fremde und Einsamkeit.

Zum halben Preis nach Athen fliegen zu können, war Anlass, dass wir uns 1976 innerhalb von Tagen für die Teilnahme am Athener Wettbewerb entschieden, den Mitsuko mit Liedrepertoire gegen alle Opernkonkurrenz gewann. Der erste Preis in ‛s-Hertogenbosch im Herbst des Jahres brachte den Beginn internationaler Konzerttätigkeit. Zwei Wochen später gelang – obwohl gesundheitlich geschwächt – im zweiten Anlauf auch München.

Wie alle anderen Neustudierenden war ich 1972 nach bestandener Aufnahmeprüfung am ersten Tag des Semesters vom damaligen Rektor Arno Erfurth per Handschlag offiziell begrüßt worden. Ich erinnere dies als kleine Zeremonie besonderer Würde und im Gefühl eigener Verantwortlichkeit. Später war die Hochschulsituation mehr und mehr intrigant und unerfreulich. Schutz gab mir die Förderung durch die Studienstiftung des deutschen Volkes, die ich Paul Buck zu verdanken hatte. Dort war Hans Kessler immer zum hilfreichen verständigen Gespräch bereit. Konrad Richter verdankte ich wichtige pianistische Anregungen. Doch gab es bald gute Gründe genug, das offizielle Studium abzubrechen. Erst Jahre später habe ich das Stuttgarter Haus wieder betreten.

III

Texttreue – Auszeichnung der Noten – Subtext • Mahler – Brahms – Webern •
»Die schöne Müllerin« • »Frauenliebe und Leben«

Eigentlich sollte genügen, Musik einfach zum Klingen zu bringen. Das Publikum könnte sich am schönen Konzert erfreuen, anregen und anrühren lassen. Doch mehr zu wissen, macht das Vergnügen größer. Denn auch Genuss muss gelernt werden. Mir geben diese Aufzeichnungen Gelegenheit, eigene Einsichten zu überprüfen. Andere werden anderes erleben. Doch versuchen alle, die sich ernsthaft mit Musik befassen, sie in ihren vielfältigen Dimensionen und tiefen Schichten immer besser zu verstehen – sei es studierend oder hörend.

In den Noten selbst steht so wenig.

Gedruckte Musik wäre nicht lesbar, nicht zu verstehen, wäre da alles geschrieben, was das Werk letztlich zum klingenden Leben bringt. So seltsam es uns vorkommt – auch im Leben selektiert unser Gehirn ständig die überbordende Menge an Informationen aus unserer Umwelt – nur in der Reduktion können wir überhaupt Wichtiges erfassen.

Man fordert Texttreue und sicherlich sollte es selbstverständlich sein, genau zu lesen, piano zu spielen, wo p steht, Crescendi nicht zu früh zu beginnen, Phrasierungen zu beachten, Tempi einzuhalten. Dazu wird das im Laufe der Jahre gewachsene Stilverständnis die Richtung weisen. So hilft das durch breite Kenntnis der Literatur entstandene Gespür für die Eigenheiten des jeweiligen Komponisten, seine Sprache und auch seine persönliche Notation. Doch ist dies alles nicht mehr als der erste Schritt.

Auszeichnungen der Noten wie staccato oder portato, Phrasierungsbögen, Taktart und Pausen, melodische Wendungen, Dynamisierung, Pausen, Fermaten müssen genau gelesen und erkannt werden. Doch wie immer: Nur durch einen intuitiv erfühlten oder erarbeiteten Subtext schaffen wir es, all dies in einen lebendigen Zusammenhang einzubringen, verständig damit umzugehen und die Musik sinnvoll erklingen zu lassen. Ich schreibe unterwegs, ohne Noten dabei zu haben, wundere mich, wie präsent mir die Musik ist: Im Nachvollziehen des musikalischen Atems weist der Körper der Erinnerung den Weg zurück und das Notenbild wird ganz plastisch. So nenne ich die folgenden Lieder spontan und ohne systematische Auswahl.

Optisch ist das Pünktchen auf den Noten immer gleich und es bedeutet zunächst nur »getrennt«. Wie lang, besser: Wie kurz ist ein staccatierter Ton? Da gibt es ganz genaue Denker, die einem Viertelstaccato die Länge eines Achtels zubilligen, ein staccatiertes Achtel auf ein Sechzehntel verkürzen. Doch warum schrieb Schumann, der sogar halbe Noten mit Staccatopunkt unter einen Bogen setzte, nicht gleich ein Viertel? Klingen beim Staccato die Noten kürzer oder die Räume zwischen ihnen länger?

Bei »Ich hab' im Traum geweinet« aus der »Dichterliebe« könnte man meinen, die Noten im Klavier seien nur geschrieben, um die gefrorene Stille zwischen ihnen hörbar zu machen. Mit gespannt gehaltenem Arm sind hier die Staccati so abzureißen, dass der Eindruck entsteht, die Klänge würden gleichsam von einem Vakuum zwischen ihnen aufgesaugt. Umso mehr gewinnt dadurch der Gesang des Klaviers, wo später im Stück Legato gefordert ist, dem Text angemessene schmerzliche Kraft.

Oft schreibt Schumann staccatierte Noten unter einem Bogen an Stellen, wo angesichts der Hoffnungslosigkeit der Situation gesunde Klänge unangebracht wären, wo es ihm eher darum geht, deutlich zu machen, dass hier nichts mehr klingen kann, dass die Musik ihre Kraft verliert, verstummt, stirbt. Das Lied »Meine Rose« aus Opus 90 hat so einen trostlosen Schluss.

Dem holden Lenzgeschmeide,
Der Rose, meiner Freude,
Die schon gebeugt und blasser
Vom heißen Strahl der Sonnen,
Reich' ich den Becher Wasser
Aus dunklem, tiefem Bronnen.

Du Rose meines Herzens!
Vom stillen Strahl des Schmerzens
Bist du gebeugt und blasser;
Ich möchte dir zu Füßen,
Wie dieser Blume Wasser,
Still meine Seele gießen!
Könnt' ich dann auch nicht sehen
Dich freudig auferstehen.

Zum Ende des Liedes wiederholt Schumann die erste Strophe. Im Pianissimo des Gesangs spüren wir die tiefe Resignation. Die Rose welkt, die Liebe stirbt. Lange hat der Zwiegesang dieser Liebe ineinandergegriffen, haben sich die beiden Stimmen gegenseitig belebt oder auch gestützt. Am Ende duettiert die rechte

Hand im Klavier nicht mehr mit dem Gesang. Der Klang zerbricht.

Ähnliches findet sich auch am Ende des dritten Gesanges der Maria Stuart, op. 135: »Doch des Schicksals Walten/Zerreißt das Segel oft, dem wir vertraut.« Mit der Hoffnung verlieren auch die Schlussakkorde ihren Klang, enden wie die Stimme in trostloser Leere.

Den Anfang seines köstlichen Liedes »Gleich und gleich« hat Anton Webern staccatiert gesetzt. Texttreu umgesetzt hört man kurze, meist steife Klänge, erlebt schräge Intervalle; der voreingenommene Hörer findet sich in der »Neuen Musik«, die doch schon uralt ist und irgendwann mal ebenso gedacht und empfunden aufgeschrieben wurde, wie es schon Joseph Haydn mit den glücklich staunenden, kurzen Noten seines »Das Leben ist ein Traum« tat. Erst wenn man zugesteht, dass hier jemand voller Spaß lacht, die vier staccatierten Noten auf einem Arm, mit wechselndem Atem und sich daraus ergebenden unterschiedlich langen oder kurzen Klängen und Pausen spielt, entsteht der Wiener Walzer, der sofort von allen mit Vergnügen goutiert wird.

Die staccatierten Noten des Klaviersatzes von Schuberts »An Silvia« schaffen ganz unterschiedliche Laune. Den Akkorden der rechten Hand eignet durch ihre Bewegung nie nachlassendes Feuer, Ausdruck des bewundernden Lobpreises aller Schönheit dieser Frau. Links erlebe ich in den kurzen Vierteln das Lächeln der Zuneigung, das innere Vergnügen; im überraschend nicht kurz, sondern gebunden zu spielenden punktierten Motiv aber den kecken Mut des Verliebten.

Auch scheinbar widersprüchliche Notation gibt es: Staccato, das aber pedalisiert werden soll. Da mischen sich die körperlich technische Aktion und die eigene Empfindung zu besonderem Klangzauber.

Es gibt vielerlei Bögen und nicht alle meinen dasselbe: Bindebögen, im Lied Silbenbögen, Anweisungen für die Bogenführung der Streicher, Lesehilfen, indem jeweils Gruppen zusammengefasst werden, langgezogene Bögen, die musikalische Einheit schaffen, im Detail aber ganz unterschiedlich belebt werden müssen.

Legato aber, das Ineinanderschmelzen der Klänge, entsteht, weil es von der Empfindung gefordert wird. Richard Strauss schreibt einen kleinen Bogen auf »die Garben weg vom Feld« in seinem Lied »Die Nacht«, op. 10, 3. Hier fordert der Bogen ein winziges geschmackvolles Portamento, den Ausdruck des beunruhigten Innewerdens, was die Dämmerung alles »nimmt«.

Selbst, wenn »gebunden« musiziert wird, ist in vielen Schubert-Liedern das Legato der langen Phrase gestört, wenn der erste mögliche Schwerpunkt, die erste Eins nicht unbetont bleibt. Gelingt es aber dem Sänger oder dem Pianisten, in solchen Momenten die Schwerkraft aufzuheben, kann die Melodie legato-geschmeidig unendlich lange im Schweben gehalten werden. Silbenbögen müssen vom Sänger selbst in sinnvoll verbundene Ordnung gebracht werden. »Die

Mainacht« von Johannes Brahms verlangt lange Bögen, die aber erst durch raffinierte Dynamik, das Drehen und Wenden der Stimme, ihren Zauber bekommen.

Wann der silberne Mond durch die Gesträuche blinkt,
Und sein schimmerndes Licht über den Rasen streut,
Und die Nachtigall flötet,
Wandl' ich traurig von Busch zu Busch.

So entsteht der gewünschte gebundene Strom der Töne und der Worte. Wenn aber Legato gefordert wird ohne sinnfällige Verbindung mit der erlebten Situation, wird der Klang oftmals festgehalten, geschoben oder gezogen. Das Ergebnis ist nicht melodisch, sondern steif.

Viele Komponisten haben Goethes Gesänge der Mignon in Töne gesetzt. Selbst Franz Liszt und der junge Alban Berg beschäftigten sich mit diesen Gedichten. Interessant ist, wie Mignon in den verschiedenen Vertonungen jeweils ganz unterschiedlichen Charakter und Temperament bekommt. Schumanns Beginn von

Heiß mich nicht reden, heiß mich schweigen,
Denn mein Geheimnis ist mir Pflicht

offenbart in seinen drängenden, heftigen Akkorden, wie sehr seine Mignon ihr »ganzes Inn're zeigen« will, um sich »in Klagen zu ergießen«. Bei Hugo Wolf hingegen spüren wir von Anfang an die Kraft des Schwurs, der Mignon die Lippen zudrückt. Wieder einmal hat der rhythmische Fluss diese ordnende Kraft: ein Viertel/zwei Achtel // ein Viertel/zwei Achtel. Oftmals gar muss der Gesang diesem Gesetz folgen. So spielt das Klavier rhythmisch voraus (»allein das Schicksal will es nicht.«).

Ganz anders bei Schubert: Das Alla breve seiner Vertonung lässt uns Mignons Ergebenheit ins Schicksal spüren. In sanftem Wiegen fließen Worte und Töne wie von selbst. Dieses Alla breve ist schwer durchzuhalten. Plötzlich denkt und spielt man doch in vier Vierteln. Die dadurch aber entstehende Schwere bringt das Lied näher an die Version von Hugo Wolf, ohne dass dies in innerer Unerbittlichkeit begründet ist. So trägt auch die jeweilige Taktart den Charakter eines Liedes, ist mit Erleben und Empfindung verbunden.

Man muss erst ein Stückchen weiter lesen, um sich das Ich in Schuberts »Frühlingsglaube« vorstellen zu können, um nachzufühlen, was Uhlands Titel meint.

Die linden Lüfte sind erwacht,
Sie säuseln und weben Tag und Nacht,
Sie schaffen an allen Enden.
O frischer Duft, o neuer Klang!
Nun, armes Herze, sei nicht bang!
Nun muss sich alles, alles wenden.

Die Welt wird schöner mit jedem Tag,
Man weiß nicht, was noch werden mag,
Das Blühen will nicht enden;
Es blüht das fernste, tiefste Tal:
Nun, armes Herz, vergiß der Qual!
Nun muss sich alles, alles wenden.

Anfangs meint man, es mit einer der vielen heiteren Frühlingsimpressionen zu tun zu haben. Das bange, »arme Herz« aber verändert alles. Hier ahnt jemand den beginnenden Frühling und klammert sich gegen die eigene Not an diese Lebenshoffnung. Gedicht und Lied sind weithin bekannt. Die Melodie wurde fast zum Ohrwurm – in vier Achteln. So wird aus dem Vorspiel ein etwas pathetischer subjektiver Gesang. Doch Schubert schrieb als Taktart zwei Viertel. Schafft man es als Pianist, dem zu folgen, schwerelos die Phrasen bis zum letzten lange klingenden Ton durchzutragen, hören wir plötzlich eine Musik im Entstehen, atmen Frühlingsarom. So kann der Sänger, zu Beginn noch in seinem Leid und seiner Depression versunken, zum Leben zurückfinden und mit den Worten des Gedichts und seinem Gesang das aufnehmen, was ihm die erwachende Natur schenkt.

Und wieder sind wir bei uns selbst: Richtig spielen heißt, zu verstehen und zu empfinden, warum etwas so und nicht anders geschrieben ist. Das Organische entsteht in uns selbst. Einfach textgenau zu spielen, macht keinen Sinn. Immer von neuem müssen wir uns als Interpreten im Verstehen der Vorlage innerlich Situationen schaffen, die das wie von selbst hervorbringen, was geschrieben steht. Die Musik antwortet uns, wenn wir auf dem richtigen Wege sind. »Es« spielt und nimmt uns mit.

Das betrifft immer wieder sogar die melodische Tonfolge. Man singt und spielt ja nicht einfach die vom Auge aufgenommenen Tonhöhen. Es gilt, die komponierten Intervalle in ihrer eigenen Kraft zu erfassen. Sänger mit absolutem Gehör haben da manchmal ihre Schwierigkeiten. Nicht nur strukturell, architektonisch haben die Intervalle Bedeutung. Den Melodien, ja oft schon einzelnen Tönen wohnt die ganze Kraft des Werkes inne.

Lange tat ich mich schwer, die originale Klavierfassung der »Kindertoten-lieder« von Gustav Mahler zum Klingen zu bringen. Die »Lieder eines fahrenden Gesellen«, ja sogar »Das Lied von der Erde« schienen mir leichter umzusetzen. Mitsuko und ich musizierten diese drei großen Werke im Rahmen eines gewaltigen Mahler-Programms 2004/2005 in den USA und Japan, in Moskau zum zwanzigsten Jubiläum der von Svjatoslav Richter gegründeten Dezember-nächte, einer schönen Reihe mit ganz besonderer Atmosphäre im Puschkin-Museum. In der Vorbereitung versuchte ich lange, diese Musik auch auf dem Klavier zum Klingen zu bringen, bis ich endlich erkannte, dass diese vier Lieder einen einzigen zentralen Punkt haben. Wie Rückerts Texte versuchen, den Tod der Kinder zu bewältigen, dabei den unbegreiflichen Verlust immer wieder benennen, so ist Mahlers Komposition eine Musik mit und um den Ton d. Immer und immer wieder das d als »tot« zu spielen, zu akzentuieren, nicht nachzulassen, weil dieser Tod nicht fassbar, dieser Verlust nicht zu verschmerzen ist, andere Töne, wenn Worte des Trostes oder der Erinnerung versucht werden, vom d aus oder auch gegen das d zu denken, um zugleich doch wieder zum d/tot zurückzukommen, das gab mir die Kraft, diesen Liedern Klang zu geben und sie zu meiner Musik zu machen.

Bei anderen Stücken hilft dem Verstehen, manche Töne einer Melodie einfach einmal selbst zu ändern, neu zu erfinden, um im Zurückkehren zur Komposition nun viel deutlicher zu spüren, was mit der tatsächlichen Tonfolge gemeint ist.

Nicht mehr zu dir zu gehen
Beschloß ich und beschwor ich,
Und gehe jeden Abend,
Denn jede Kraft und jeden Halt verlor ich.

Ich möchte nicht mehr leben,
Möcht' augenblicks verderben,
Und möchte doch auch leben
Für dich, mit dir, und nimmer, nimmer sterben.

Ach, rede, sprich ein Wort nur,
Ein einziges, ein klares;
Gib Leben oder Tod mir,
Nur dein Gefühl enthülle mir, dein wahres!

Warum führt Brahms die aufsteigende Melodie zu Beginn seines Liedes nach dem Gedicht von Daumer nicht einfach fort, warum dieser Sprung abwärts? Singen wir doch einfach einmal die Reihe weiter nach oben … Wie konventionell fühlt

47

sich das an, beinahe werden diese Worte von einem Achselzucken begleitet. Doch hier kommt ein Liebender immer wieder von neuem – bittend, werbend. Trotz aller Abweisung und Kälte des anderen macht er sich klein, kann er entgegen seinen eigenen Einsichten und Schwüren, sich dem allem nie mehr auszusetzen, nicht von dieser Liebessucht lassen. Er verliert »jede Kraft und jeden Halt«. Dies verstehend gewinnen wir die Energie, die der Melodieschritt in die andere Richtung braucht. So bekommt der Weg nach unten die schmerzliche Kraft des versuchten Verzichts, wird der Kampf mit sich selbst spürbar. Natürlich braucht dies auch etwas Zeit. Dieses Rubato zu notieren, wäre aber zu grob. Das Maß ergibt sich aus dem eigenen inneren Weg.

Je länger ich mich mit Hugo Wolf beschäftige, desto mehr erstaunt mich, wie er so unterschiedlichen Ton für die verschiedenen Dichter gefunden hat. Sind die frühen Mörike-Kompositionen noch recht frei fließend, habe ich beim »Italienischen Liederbuch« aus der letzten Zeit des Komponisten den Eindruck, dass Hugo Wolf in absoluter Klarheit alles genau bezeichnet hat. So gibt es in diesen Liedern nur wenig Pausen, die schlicht Phrasenenden bezeichnen oder einfach dem Sänger Zeit zum Atmen geben. Meistens bezeichnen Pausen die Stellen, wo die Szene besondere Reaktion, gestischen Ausdruck verlangt.

Bedenkt, wie gern wir uns mit Perlen schmücken.
Sie werden schwer bezahlt und sind nur klein

Sechzehntelpausen unterbrechen die letzten Worte und werden zu verschmitztem Lachen.

Zu Beginn des ersten Liedes aus seinem Opus 3 fügte Anton Webern zwölf Jahre nach der Urfassung noch eine Pause ein.

Dies ist ein lied
Für dich allein:
Von kindischem wähnen
Von frommen tränen …
Durch morgengärten klingt es
Ein leichtbeschwingtes.
Nur dir allein
Möcht es ein lied
Das rühre sein.

Ich habe erst spät diese Achtelpause als besonderen Hinweis begriffen, mir darüber Gedanken gemacht. Dieses kleine Zeichen gibt Stefan Georges Versen das Zögern scheuer Zuwendung, das ihnen innewohnt. Nicht erst beim genauen

Singen, schon im Sprechen macht das Sinn. Dann verweist das »Dies« nicht mit erhobenem Zeigefinger auf das nachfolgende Gedicht. Das winzige Anhalten des Atems zu Beginn macht aus den neun Zeilen ein zartes Geschenk der Liebe. Auch Fermaten sind erlebte Zeit und dienen nicht einfach nur dem längeren Verklingen. Man blättere einmal Schuberts »Schöne Müllerin« durch. Jeder Schlussakkord ist in seiner Länge genau bezeichnet und bekommt Bedeutung, wenn man Situation und Kontext beachtet. Manchmal braucht es großen Mut, so zu spielen, wie Schubert es notierte. »Mein!« – der junge Müller fordert sein Glück, will es geradezu herbeireden und -zwingen. Der Schlussakkord, wirklich nur als Halbe gespielt, lässt die Leere am Ende dieses Liedes in erschreckender Weise spüren. Selbsttäuschung und Illusion – die Musik weiß es schon, der Müller nicht.

Musik hat als Sprache ihre eigene Grammatik, ihren Satzbau, ihre Redewendungen. Sie folgt altbekannten Mustern oder schafft neue Ausdrucksformen. Dies alles muss begriffen und gelernt werden. Doch auch die Ergebnisse der Musikwissenschaft machen nur dann tieferen Sinn, wenn ihre Erkenntnisse zum Leben gebracht werden, wenn das dort Gewonnene hilft, Musik sinnvoller erklingen zu lassen, wenn Musiktheorie zu Musiklehre wird. Ich muss gestehen, dass ich mich mit vielen dicken analytischen Büchern schwertue. Zu abstrakt erscheint mir da vieles. Auch erinnere ich Seminare der Stuttgarter Zeit, wo Werke von Anton Webern mittels grafischer Schaubilder auf hohe und tiefe Töne, auf rhythmische Modelle, auf die Häufigkeit bestimmter Formeln hin untersucht wurden. Nach langer eigener Beschäftigung mit seinem Œuvre, vor allem aber im Wissen um seinen kompositorischen Weg und – die Einspielung seiner frühen Lieder bis hin zu Opus 12 auf CD von Mitsuko und mir lässt dies hörbar erfahren – seine musikalische Herkunft und Sensibilität, halte ich den Schritt zur seriellen Musik mit Verweis auf Anton Webern für einen folgenreichen Irrtum.

Bei Elmar Budde würde ich gerne noch einmal studieren. Ich habe ihn durch Dietrich Fischer-Dieskau kennengelernt, vergnüge mich an seinen Gedankensprüngen und Horizontwanderungen, lerne selbst unendlich viel in den Seminaren, die er für die Liedklassen in Karlsruhe und Zürich von Zeit zu Zeit gibt. Da begreift man leicht, dass »Hänschen klein« und eine große Sinfonie mit der gleichen Sprache geschrieben sind, der gleichen Grammatik folgen, aus diesem Grund das eine wie das andere verstanden werden kann. Elmar Budde weiß auch, in seinen Analysen Tonartenbeziehungen in einen großen Sinnzusammenhang zu stellen, das Musizieren damit reicher an Ideen zu machen. Auch solches Verstehen gehört zur Texttreue.

Ich erinnere gut, wie fremd mir das letzte Lied aus Schuberts »Schöner Müllerin« war, als ich es selbst das erste Mal spielte. Am Ende dieser traurigen Geschichte hatte ich mir als junger Student unter dem Titel »Des Baches

Wiegenlied« ganz naiv etwas Weicheres und Tröstendes vorgestellt. Was Wilhelm Müller selbst als »Leichenred im nassen Ton« tituliert, widersetzte sich meiner Empfindung. Das E-Dur war mir zu hell, die Akzente auf dem H der rechten Hand zu penetrant. Dabei markiert dieses H im ganzen Zyklus quasi die Wasseroberfläche, unter der die Tenorstimme singt, und hat somit und zugleich dominantisch auf eben dies tödliche Ende verweisend große Bedeutung. Ich musste akzeptieren, dass dieser kalte Gebirgsbach ohne jedes mitleidsvolle Zögern weiter fließt, mit seinem klaren sauberen Wasser den toten Müller bedeckend, der mit dem Gesicht nach oben, zu uns hin, auf dem steinigen Grund liegt. Später verhalf mir mein Verständnis des Textes zur nötigen Kraft, dies zu spielen.

Gute Nacht, gute Nacht!
Bis alles wacht,
Schlaf aus deine Freude,
Schlaf aus dein Leid!
Der Vollmond steigt,
Der Nebel weicht,
Und der Himmel da oben,
Wie ist er so weit!

Für mich ist das ein Bild der Aufklärung, ein Bild gegen die Romantik. Der Nebel weicht und wir sehen, wie fern und leer der Himmel ist. Kein Paradies, kein versöhnliches Ende. Hier beginnt die »Winterreise«.

Zusätzliche Sicherheit gewann ich durch besseres Verstehen der Tonarten-beziehung im Zyklus. So steht das aufbrechende Lied des Anfangs »Das Wandern ist des Müllers Lust« in B-Dur. Das Verhältnis zum Schlusslied B-Dur/E-Dur ist ein »diabolisches«, ein Tritonus. Weiter voneinander entfernt, oder auch könnte man sagen, katastrophaler miteinander verquickt, kann der froh-naive Aufbruch und das Desaster des Endes nicht sein.

Wo wendet sich »Die schöne Müllerin« ins Tragische? Tenöre debütieren ja gerne mit diesem Zyklus, die Frische dieser Lieder steht einem hoffnungsvoll beginnenden jungen Sänger gut an. So liest man dann immer wieder in den Kritiken, es sei gut gelungen, den Weg des Müllers in Depression und Selbstmord nachzuzeichnen. Die »Winterreise« ist in ihrer inneren Konsequenz eindeutig, da gibt es kein Abweichen und keine Brüche. Den Müller-Liedern wirklich auf die Spur zu kommen, das beschäftigt mich bis heute. Elmar Budde gab vielerlei Hinweise und Anregungen. So schließt sich nach dem ersten Lied in B-Dur »Ich hört' ein Bächlein rauschen« in G-Dur nahtlos an, und der Müller fragt sich

Ist das denn meine Straße?

O Bächlein, sprich, wohin?

Die Modulation im Klavier gibt dieser Stelle ihren magischen Klang, lässt spüren, wie »berauscht der Sinn« ist. Ihre harmonische Auflösung, die Antwort der Musik auf die im Gedicht mit Worten nicht beantwortete Frage also, wäre ein weiterführendes E-Dur, also die Tonart des Liedes, das den Zyklus nach einer langen Wanderung beschließt: Die Musik weiß schon hier um das Ende der Geschichte, lässt hören, dass, diesem Bach zu folgen, der Weg in den Tod ist. Auf das E-Dur des letzten Liedes verweisen auch »Der Neugierige« in H-Dur und »Die liebe Farbe« in h-Moll. Auf »Die böse Farbe« mit seiner auffahrenden Gestik dem Wahnsinn nah, auch dieses steht in H-Dur, antwortet das todesnahe »Trockne Blumen« in e-Moll. Musik hat nicht nur mit Empfindungen zu tun, sondern kann Gedanken und Einsichten vermitteln, Realitäten schaffen.

In den Noten steht so wenig.

In den Noten steht so wenig? In den Noten steht unerschöpflich viel. Es will mit Geduld und Zeit gelesen, genau verstanden und aufgenommen werden, es muss umgesetzt werden in eigenes inneres Leben.

Ich schlage ein neues Stück auf. Fremd ist dieser Druck. Wie bei einer Grafik sehe ich schwarze Punkte, Striche, Bögen. An manchen Stellen ballt sich das Schwarz, anderes ist lichter.

Und wo ist die Musik?

Ganz gegenwärtig ist mir eine Aufgabe, die Don Juan Matus einst Carlos Castaneda stellte: sich einen Baum einzuprägen nicht durch die Gestalt seiner Äste und Blätter, sondern durch die Zwischenräume, durch das Spiel der Luft im lichten Raum.

Meine Studenten zögern meist lange mit der Antwort: Da, wo nichts steht, wo das Papier weiß geblieben ist, zwischen den Notenpunkten, da klingt es, da lebt die Musik. Die gedruckte Schrift gibt nur Anweisungen, was wann zu tun ist. Klang aber atmet, wächst und verebbt, kann nicht festgehalten, umgebogen werden, geht seinen Weg und seine Zeit. Diese leeren Stellen sind das Wichtigste, werden dann zu reichem Leben und Klang, wenn alles um sie herum uns innerlich ganz selbstverständlich geworden ist.

Schumanns »Frauenliebe und Leben« haben Mitsuko und ich oft in unsere Konzertprogramme aufgenommen allen Vorbehalten zum Trotz. Denn immer wieder saßen einige junge Mädchen im Publikum, die zeigten, dass dieses Schwärmen von ihm, dem Herrlichsten, so nicht mehr in unsere Zeit passt. Doch ist dieser Zyklus nach Gedichten von Adelbert von Chamisso von Schumann mit solch innerer Konsequenz angelegt, dass es einfach glücklich macht, diesem klaren Weg zu folgen. Die Lieder der ersten Begegnung bis zur Hochzeit stehen in B-Tonarten (B-Dur, Es-Dur, c-Moll, Es-Dur, B-Dur). Mit dem Zusammenleben ändert sich die Farbe, es folgen Kreuztonarten in gleicher Folge (D-Dur, A-Dur). Doch für das letzte Lied »Nun hast du mir den ersten Schmerz getan« nimmt Schumann nicht die weiche Mollparallele, dem D-Dur folgt das direkte d-Moll.

Seit ich ihn gesehen,
Glaub ich blind zu sein;
Wo ich hin nur blicke,
Seh ich ihn allein;
Wie im wachen Traume
Schwebt sein Bild mir vor,
Taucht aus tiefstem Dunkel,
Heller nur empor.

Sonst ist licht- und farblos
Alles um mich her,
Nach der Schwestern Spiele
Nicht begehr ich mehr,
Möchte lieber weinen,
Still im Kämmerlein;
Seit ich ihn gesehen,
Glaub ich blind zu sein.

Larghetto ist dieses Lied von Schumann überschrieben. Vielleicht ist das der Grund, weshalb oft so traurig und langsam klingt, was eines vibrierenden Herzens bedarf. Die junge Frau ist in ihrer Seligkeit verwirrt, in der eigenen Existenz angerührt und verunsichert, versucht zu begreifen, was ihr geschehen ist, wundert sich, wie sehr sie sich selbst verändert.

Im Klaviersatz stehen staccatierte Viertel unter Legatobögen, die ersten beiden Gedichtzeilen werden durch eine Pause unterbrochen. Das Klavier beginnt die folgende Phrase mit einem Akzent. Ohne das Staccato würde ich den Klavierakkorden alle Wärme einer innigen Umarmung geben, legato cantabile, das Wiegen der Melodie zwischen F und G schwärmerisch auskosten. Mit Schumanns Staccato aber ist es für mich der gleiche Gedanke, dieselbe Empfindung, doch lässt die Scheu der ersten Begegnung, die eigene Verunsicherung mich zögern, ist noch nur Traum, was die entstehende Liebe wünscht. So klingen die Akkorde nicht durch, lösen sich weich voneinander (im Staccato, das nur die Finger durch Entspannen erzeugen, während der Arm das Cantabile in rundem Weitergehen trägt).

»Seit ich ihn gesehen«, die Pause macht zögern, lässt mit glücklicher Unruhe fragen, was geschehen ist. Das Klavier weckt aus diesen Tagträumen mit einem durch einen Akzent von Schumann belebten Akkord, der im Nachsinnen einen Hauch spät kommt: »Glaub ich blind zu sein«. Der nächste Gedanke, kompositorisch, was die Pause betrifft, vom Komponisten ebenso behandelt, bringt die Wendung zu ihm hin: »Wo ich hin nur blicke«; doch fehlt hier nach dem Zögern der Pause der belebende Akzent; ein leises Viertel, mit dem Akkord zuvor weich in einem Pedal zusammenklingend, lässt uns die ganze Zärtlichkeit erleben, mit der sie an ihn denkt: »Seh ich ihn allein«.

Ist das zu genau gelesen, überinterpretiert, mit zu viel Bedeutung befrachtet? Im Weiterlesen gibt mir Schumann selbst die Sicherheit, auf der richtigen Fährte zu sein. Die zweite Strophe ist kompositorisch mit der ersten identisch, doch einmal fehlt überraschenderweise die Pause.

Sonst ist licht- und farblos
Alles um mich her

ist eine einzige nicht unterbrochene Phrase.

Nach der Schwestern Spiele
Nicht begehr ich mehr

hat aber die nachdenkliche Zeit der Selbstbefragung wieder. Schumann erlebt die Situation des Liedes ganz genau. Unsinn wäre, »Sonst ist licht- und farblos« zu singen, um dann die innere Frage »Ja, was denn?« mit »Alles um mich her« zu beantworten. Erst muss hier eben alles schon gesehen und erkannt sein, um gesungen werden zu können. Anders macht dieser Satz keinen Sinn. Doch wenn die junge Frau an die Spiele mit den Schwestern denkt, entsteht in der erneuten Pause eine innere Bewegung, die, als Subtext formuliert, lauten könnte »Wie kann das sein, dass ich kein Interesse mehr habe an all dem? Dies Zusammensein war mir doch so lieb und wert.«

Die folgenden beiden Verszeilen der ersten Strophe sind auch durch zwei Akkorde gleicher Harmonie verbunden und klingen schön, in einem Pedal gespielt. Doch den zweiten Akkord schreibt Schumann eine Oktave tiefer im Bassschlüssel. Durch die sinkende Begleitung fühlen wir den Gesang höher steigen, Schumanns Musik beleuchtet das Wort

Wie im wachen Traume
Schwebt sein Bild mir vor

und macht es im Hören erlebbar.

Das Nachspiel sollte auf das zweite Lied zugehen, die weitere Liedfolge
eröffnend, bis in die letzte Oktave der linken Hand hinein »ihm« entgegenstreben.
Die Kraft der Fermate löst sich erst mit dem Anfang des zweiten Liedes. Hier
greifen Gesang und Klavier dicht ineinander. Die Anfangsakkorde des Klaviers
scheinen vor glücklicher Erregung zu beben: »Er, er, er...«, bis der Gesang dies
jubelnd aufnimmt:

Er, der Herrlichste von allen,
Wie so milde, wie so gut!
Holde Lippen, klares Auge,
Heller Sinn und fester Mut.

Jauchzen und Weinen wechseln sich ab. Schwärmerisch innige Intervalle
kennzeichnen die Melodie. Doch die junge Frau sieht keine Möglichkeit, wirklich
mit ihm zusammenzukommen.

Wandle, wandle deine Bahnen,
Nur betrachten deinen Schein,
Nur in Demut ihn betrachten,
Selig nur und traurig sein!

Septimakkorde begleiten ihre Entscheidung

Höre nicht mein stilles Beten
Deinem Glücke nur geweiht.

Am Ende dann wiederholt Schumann nochmals die Worte des Anfangs

Er, der Herrlichste von allen,
Wie so milde, wie so gut!

Die Melodieführung ist die gleiche, doch wiederum Septimakkorde im Klavier
zeigen den inneren Verzicht; während sie ihn mit gleichen Worten und gleicher
Melodie erneut liebend preist, ist das Klavier in ganz anderer Weise beredt: »Höre
nicht mein stilles Beten«. So hat das Nachspiel des Klaviers seinen Höhepunkt

gleich zu Beginn in einem verminderten schmerzlichen Akkord in weit gespannter Lage. Aus diesem Klang lösen sich Sehnen und Schmerz, Bewunderung
und Verlangen im Decrescendo und Ritardando eines einzigen Bogens auf,
Ausdruck der Hoffnungslosigkeit, des inneren Abschieds. Es ist schwer, diesen
Weg ins klangliche Nichts durchzuhalten. Keine Fermate setzt hier einen entspannenden Schlusspunkt.

Atemlos jagen die staccatierten Akkorde des Klaviers dahin, die innere
Erregung bestimmt das Rubato des Gesangs. Wie Schumann schreibt »Im
Affekt«, nichts ist selbstbestimmt, ohne Fassung heißt auch, dieser unerwarteten,
überraschenden Situation gänzlich ausgeliefert zu sein.

Ich kann's nicht fassen, nicht glauben,
Es hat ein Traum mich berückt;
Wie hätt er doch unter allen
Mich Arme erhöht und beglückt?

Mir war's, er habe gesprochen:
»Ich bin auf ewig dein«,
Mir war's – ich träume noch immer,
Es kann ja nimmer so sein.

O laß im Traume mich sterben,
Gewieget an seiner Brust,
Den seligen Tod mich schlürfen
In Tränen unendlicher Lust.

Formal ist die vierte Zeile das Ende der ersten Strophe, in Erleben und abwärts-
fallender Tonfolge ist sie durch glückliche Erschöpfung bestimmt, in der künstlerischen Umsetzung aber muss man die Energie verstärken, um die drängende
Seligkeit der Frage lebendig zu halten.

Im erinnernden direkten Zitat gibt Schumann dem »dein« beinahe »ewige«
Dauer; doch weiß auch hier die Musik schon mehr, stört eine schmerzende
Dissonanz im Klavier die scheinbare Sicherheit dieses Liebesschwurs. In der
schwebenden Leichtigkeit eines großen Glücks schließt sich an

Mir war's – ich träume noch immer,
Es kann ja nimmer so sein.

Die letzten Worte werden zweimal gesungen. Enthusiastisch fassungslos steigert
sich dieses Glück. Bis in die Fermate hinein wächst das große Crescendo, um
dann geradezu explosiv Tod und Liebestod miteinander zu mischen.

O laß im Traume mich sterben,
Gewieget an seiner Brust,
Den seligen Tod mich schlürfen
In Tränen unendlicher Lust.

Die letzten vier Worte sind mit »Adagio« überschrieben, werden von Schumann durch ein noch hinzugefügtes Ritardando im Crescendo bis an die Grenze des atemtechnisch Möglichen getrieben; größere Glückseligkeit wäre nicht auszuhalten, wäre selbst schon der Tod. Die erste Strophe des Gedichts wiederholt Schumann. Nun klingt es beinahe wie ein Tanz, befreites Glück. Doch würden wir das »es hat ein Traum mich berückt« auch so harmonisieren? Wo doch wahr geworden ist, wovon die Verliebte im zweiten Lied Abschied genommen hatte. Schräge, verminderte Harmonien, unerwartete harmonische Wendungen liegen unter dem Gesang, lassen den Hörer ahnen, dass dieses Glück nicht ungefährdet ist. Erst im Sextaufgang G – E, im Dur des ausklingenden Klaviers, für mich erst, wenn dieses luftige E das letzte Mal angeschlagen – das erste Mal war dies E Mittelpunkt eines Tritonus, eines diabolischen Klangs, der so gar nicht zum Wort »Traum« passt – erst, wenn dieses E das letzte Mal sehr weich angeschlagen wird, stellt sich die träumende Zärtlichkeit ein, die in das folgende Lied hinüberreicht. Dabei will der Klang dieser Fermate gar nicht enden; die fassungslose Zerrissenheit ist gewichen, ein Lächeln großer Seelenruhe trägt dieses C-Dur. Wir erleben, wie unser Atem wieder ruhig wird, und spüren, wie der Körper dem verlöschenden Klang nicht folgt, sondern mehr und mehr zu schweben scheint, bis das weich sich anschließende Es-Dur des nächsten Liedes der Situation neues Licht und andere Wärme schenkt.

»Du Ring an meinem Finger« liest sich in der Partitur wie ein Satz für Streichquartett, so umspielen die Figuren die Worte. Pianistisch spiele ich den Klang des ersten Achtels jeweils für sich, löse danach die Finger, um das sich anschließende Quartintervall singen lassen zu können. So mischen sich harmonietragende Akkorde mit kleinen Melodien, entsteht ein in sich bewegter Legatoklang, der der Innigkeit der Worte Farbe gibt. Die Sängerin wird auch hier der Bewegung der Worte folgen: »Ring«, »meinem«, »Finger« – auf allen langen Noten müssen die Worte zum inneren Schweben gebracht werden, muss die untere Hälfte des Stimmklangs angehoben werden, dürfen die Nebensilben nicht die glückliche Ruhe durch falsche Direktheit oder Aktivität stören.

Auch in diesem Lied hat der herrliche Gesang des Nachspiels eine vorausweisende harmonische Eintrübung.

»Helft mir, ihr Schwestern« – die Tanzbewegung im Klavier für mich ist vielleicht eine Erinnerung an der »Schwestern Spiele«. Es hilft, das Tempo angemessen ruhig wiegend zu halten, indem die durch den Vorschlag beschwingt erreichte Eins des Taktes zum Zentrum der Figur wird, die Melodie sich daraus löst. Bis auf das erste Lied des Zyklus hat jeder dieser Gesänge orgiastische Höhepunkte:

Als ich befriedigt,
Freudigen Herzens,
Sonst dem Geliebten im Arme lag,
Immer noch rief er,
Sehnsucht im Herzen,
Ungeduldig den heutigen Tag.

Das »sonst« zu Beginn der dritten Verszeile hat Schumann eingefügt.

Die »Wehmut« der Loslösung von Schwestern und Jugendzeit hat im Klavier wieder einen pedalisierten dissonanten Klang. Daraus löst sich ein kleiner Hochzeitsmarsch. Im Diminuendo und ohne Ritardando entschwindet das Paar unseren Blicken, endet der erste Teil der »Frauenliebe«.

Ein Zyklus hat seine eigene innere Zeit. Bis hierher fügt sich ein Lied ohne Pause ans andere. Hier darf innegehalten werden.

Dann finden wir die beiden allein. »Süßer Freund« – wie ein Aufeinanderzugehen, wieder und wieder, höre ich die Klavierfigur und den sich anschließenden Gesang. Jeder Gedanke, jedes neue Wort bringt andere Farbigkeit, neue Empfindungen, unterschiedlichen Atem.

Komm und birg dein Antlitz
Hier an meiner Brust,
Will in's Ohr dir flüstern
Alle meine Lust.

Im Pianissimo, in der zart gespannten Helligkeit dieser Worte erleben wir die beiden nah zusammen, Mund an Mund, Haut an Haut. Chamissos nachfolgende Verse, wie Kinder gemacht werden, hat Schumann glücklicherweise gestrichen und durch eine wortlose Musik ersetzt, die in ihrer wieder einmal sehr eigenen Dynamisierung, in ihrer Bewegtheit, in der ekstatischen Gespanntheit Klang gewordener Orgasmus ist. Aus dem dominantisch gespannten Höhepunkt löst sich in unendlicher Zartheit ganz private Rede, die rhythmisch verschobenen Bässe im Klavier nehmen jede Erdenschwere, die Zeit scheint stillzustehen. Innig verflochten schweben Gesang und Klavier dahin.

Weißt du nun die Tränen,
Die ich weinen kann?

Sollst du nicht sie sehen,
Du geliebter Mann?
…

Hier an meinem Bette
Hat die Wiege Raum,
Wo sie still verberge
Meinen holden Traum.

Beinahe sachlich und nüchtern im Ton wird der Platz für die Wiege bestimmt. Dagegen ist – magisch im Kopfklang der Stimme gehalten – der »holde Traum« ein ganz privates Geheimnis. Im Folgenden erfährt auch dieser Wunsch, sein Bildnis im Lachen des erwarteten Kindes wiederzufinden, die schmerzliche Kommentierung einer Musik, die schon vom Ende her denkt.

Überreich ist all diese Schumann'sche Musik an inneren Bezügen, an wundervollen melodischen Verflechtungen, an reicher und sinntragender Harmonisierung. Doch das nun folgende »An meinem Herzen, an meiner Brust« überrascht durch bescheidene harmonische Einfälle und eine immer gleiche Bewegung. Das Kind ist da, die Welt schrumpft auf diese eine Beziehung von Mutter und Kind. Was früher Liebestaumel mit dem Geliebten war, ist nun die gänzlich andere Mutterliebe. Hat die junge Frau ihn, den »Herrlichsten von allen«, über alle Maßen angebetet, so verliert sie als Mutter den Mann völlig aus dem Blick. Die Musik ist hohl, sie dreht sich um sich selbst, schneller und schneller. Nur das Nachspiel des Klaviers zeigt noch einmal den ganzen orgiastischen Reichtum des Gefühls.

Mit diesem Lied entreißt Schumanns Musik Chamissos Gedichtzyklus »Frauenliebe und Leben« seiner Zeitgebundenheit. Das Zuviel an Schwärmerei weicht einem Drehtanz, dass einem schwarz vor Augen werden könnte. Der Mann entschwindet dem Blick, doch sein Bild ist der Leere der großen Schlußszene eingebrannt. Dass Schumann – anders als Loewe – in dieser Konzeption Chamissos letztes Gedicht, in dem die Großmutter zur Enkelin spricht, nicht vertont hat, ist leicht verständlich.

Das Nachspiel endet ohne Fermate auf einem knappen Viertel. Beinahe zu kurz wirkt dieser Schluss. Umso direkter und schärfer trifft der im Sforzato angerissene Akkord, ohne Bass-Fundament nur der rechten Hand zugeordnet, mit dem Schumann das letzte Lied eröffnet.

Nun hast du mir den ersten Schmerz getan,
Der aber traf.
Du schläfst, du harter, unbarmherz'ger Mann,
Den Todesschlaf.

Es blicket die Verlass'ne vor sich hin,
Die Welt ist leer.
Geliebet hab ich und gelebt, ich bin
Nicht lebend mehr.

Ich zieh mich in mein Innres still zurück,
Der Schleier fällt,
Da hab ich dich und mein verlornes Glück,
Du meine Welt!

Wie unter Schock sind all diese Akkorde gesetzt, reiben sich mit schmerzenden Dissonanzen. Stellenweise ist der Gesang beinahe tonlos, dann wieder ein einziger Aufschrei. Für einen Moment kehrt der weiche Atem zurück: »Geliebet hab ich und gelebt«, doch auf »ich bin nicht lebend mehr« steht alles still. Vibratolos die Stimme, ein Blick ins Leere – auch dieser überlange Ton löst sich in einem Achtel. Doch diese Bewegung gilt nichts Äußerem mehr, führt nur noch nach innen. Im dissonierenden Klang des Klaviers unter »Schleier« spüren wir, wie nah Wahnsinn ist, wenn Welt so verloren geht. Kaum auszuhalten ist für mich, wie sich Erinnerungen und Wahn in dem aufsteigenden Arpeggio mischen, das dem Nachspiel vorausgeht. Der oberste Ton, ein dominantisches Es, ist am Ende dieses langen Weges in Rubato und Dynamik kaum noch platzierbar. So leise und fern, so schmerzhaft deutlich ist dieser Klang, als ob man für alle Zeit nun mit diesem Ton im Kopf leben müsste. Die Auflösung dieser Dominante führt ins erste Lied zurück, als ob sie sich all diese Erinnerungen wieder und wieder vorsprechen würde: »Seit ich ihn gesehen …«. Doch ist die Eins dieses ersten Taktes des Nachspiels federleicht. Erst mit dem zweiten Klang setzt sich der Atem wieder. So hören wir nicht das schwärmerische F – G – F – F des Beginns. Hier wird ein Abschied gesungen, und das Motiv klingt entgegen dem ordnenden Bogen nun G – F – F. Ich muss an dieser Stelle immer auch an das Ende der so persönlichen Sopranarie aus dem Brahms-Requiem denken: »wiedersehen«. Es ist ein ähnlich berührender Tonfall.

Das Notenmaterial ist gleich wie im ersten Lied. Doch nun lässt die Pause nicht mehr nachdenken. Die Musik bricht hier einfach ab, stockt, stolpert in schmerzlichen Synkopen weiter, singt wieder Abschied, tut sich weh mit dem akzentuierten, niederdrückenden GES nach dem G, wird laut im Schmerz der nicht zu stillenden Sehnsucht, bricht wieder ab … Dann plötzlich fließt alles weich, als ob da jemand angekommen ist. Auch das F – G – F – F ordnet sich wie im ersten Lied. Wieder löst sich ein Akkord vom andern, aber nicht mehr im scheuen Beginn. Nun ist es das zerbrochene Leben. Und die Melodiestimme versuche ich ein wenig länger zu halten als den Akkord, ohne Schwere, ohne Akzente, ohne Espressivo, als ob sich da jemand immer weiter nach innen begibt, uns immer ferner wird.

Gibt es schöne Musik? O ja. Aber ich glaube nicht, dass die großen Komponisten schöne Musik schreiben wollten. Zuallererst ist Musik wahr, in sich selbst richtig und notwendig.

Warum fließt plötzlich alles wieder weich? Da hieß es – und das ist, was ihr geblieben ist:

Wie im wachen Traume
Schwebt sein Bild mir vor,
Taucht aus tiefstem Dunkel,
Heller nur empor.

IV

1

Beim Hessischen Rundfunk - Hans Koppenburg • Concertgebouw Amsterdam •
London – Geraint Jones • Karl Michael Komma – Hölderlin •
Karol Szymanowski: »Die schwarze Rosenlaute« • Frühe Erfahrung:
Hindemiths Lieder Opus 18 • Mark Lothar • Wilhelm Killmayer • Tokyo:
Kioi-Hall • Paris: Louvre –»Carte blanche« • Bogotà • St. Petersburg • USA:
Lincoln Center – Boston: Jordan Hall - Tanglewood Festival • In der Oper und
auf Tournee: Così fan tutte u. a. – Gustav Mahler: Vierte Sinfonie •
Konzertreisen: Zwischenstopp Karachi

Gerhard Oppitz hatte mich auf ihn aufmerksam gemacht. So schrieb ich Hans Koppenburg, Redakteur des Hessischen Rundfunks, 1973 kurz nach dem Wiener Wettbewerb und fragte an, ob wir uns einmal musikalisch vorstellen dürften. Bald darauf standen wir mit Liedern von Hugo Wolf im Studio an der Frankfurter Bertramstraße. Wir musizierten unser Wettbewerbsprogramm – Mörikes »Im Frühling« mit seinen langen wiegenden Atembögen, Goethes Doppelgedicht »Die Spröde« und »Die Bekehrte«, wirkliche Liedszenen, an denen wir in der Arbeit mit Jehanne Secretan begriffen hatten, zu lauschen, wenn es heißt

Damon saß und spielt' die Flöte,

das gleiche Notenmaterial im letzten Teil ganz anders zu färben durch die eigene persönliche Enge:

Meine Ruh ist nun verloren,
Meine Freude floh dahin.

Das kurze Nachspiel ließ ich unaufgelöst in pedalisiert irisierendem Klang. Eichendorffs »Die Zigeunerin« war dabei. Wie steht sie am Kreuzweg, wie fühlt man diesen Raum nach vier Seiten? Überhaupt, welchen Körper hat diese Frau, wie gibt sich der Mann, der ihr imponieren will?

Beim Preisträgerkonzert in Wien hatte es sich Erik Werba nicht nehmen lassen, selbst am Klavier zu sitzen. Im nicht ganz einfachen Mittelteil dieses Liedes war sein Spiel hinderlich, eigentlich stimmte nichts. In der Sorge um Mitsuko entfuhr

61

mir jungem Spund, das würde er hoffentlich noch üben ... Im Konzert ersetzte sein rechter Fuß die linke Hand. Viele Jahre später erst konnten wir unseren ersten Liederabend im Wiener Konzerthaus geben. Am gleichen Tag hörten wir im Autoradio von Werbas Tod.

Aus dem Regieraum kam kein Kommentar, so fragten wir nach einiger Zeit, ob wir weitermachen sollten. Koppenburg und sein Toningenieur, war es Richard Hauck oder Dieter von Goetze, hörten gerne länger zu. So gewannen wir einen Freund, der lange Jahre hilfreich Wege wies.

Hans Koppenburg schätzte unsere Arbeit sehr hoch, war ein kritischer Begleiter, ein Fürsprecher allerorten, forderte und förderte interessante Programme. Auch machte er auf vieles aufmerksam, was zum Künstlerberuf dazugehört. Durch seinen Rat lernte ich, wie ein Brief sein muss, mit dem man Veranstalter auf die eigene Arbeit aufmerksam machen will, versuchte mich an der Balance zwischen Selbstdarstellung und Zurückhaltung. Die Welt ahnt ja nicht, dass es einen gibt. Später einmal sagte Joyce Arbib, unsere Managerin bei Columbia Artists in New York, siebzig Prozent müsse jeder Künstler selbst erarbeiten. Für die eigene Arbeit, für gute Programmideen zu werben, den richtigen Ton in der persönlichen Vorstellung zu finden, gehört eben auch zum künstlerischen Beruf.

Das Band dieser ersten Funkproduktion ist verloren gegangen. Gerne würden wir heute diese Aufnahme wieder hören. Denn kurz danach kam Mitsuko durch falschen Lehrerrat in eine Stimmkrise und musste lange alleine kämpfen, um Atem und Stimmsitz wiederzufinden. Es war eine schwere Zeit für sie. Doch zurückschauend ist deutlich, wie viel bewusster man durch das Überwinden solcher Schwierigkeiten wird. Gerade durch Krisen lernt man unendlich viel. Später arbeitete Mitsuko für kurze Zeit auch mit der Koloratursopranistin Silvia Geszty, einer äußerst temperamentvollen Frau, die im Unterricht schon mal die Röcke hob, um zu demonstrieren, was sich »körperlich beim Singen tut«. Auch einige Stunden bei Sena Jurinac waren eine interessante Erfahrung. Sie konnte sich recht kräftig über die »Künstlichkeit« von Elisabeth Schwarzkopf äußern: »Rechte Arschbacke runter, linke rauf ...«

Hans Koppenburg hatte zusammen mit Gisela Walther die Weilburger Schlosskonzerte gegründet. Seit der ersten Begegnung gehörten wir dazu, gaben alljährlich in der Alten Reitstube Liederabende – einen ganzen Wolf-Abend, ein Schumann-Programm, das auch einige seiner Kerner-Lieder einschloss, später Mahler, Alban Berg und Anton Webern. Unter dem Dirigat von Koppenburg, der bei Igor Markevitch studiert hatte, sang Mitsuko im Schlosshof Konzertarien von Mozart. Die Schwalben sangen mit.

Weilburg brachte uns mit anderen Musikern zusammen. Mit Gervase de Peyer musizierten wir Schuberts »Hirt auf dem Felsen«, hörten Arthur Grumiaux und seine Geige, erlebten Aurèle Nicolet und den feinsinnigen Homero Francesch. Ich spielte erstmals Schuberts »Schöne Müllerin« mit Alexander Senger, die »Winterreise« ein Jahr danach mit David van Asch, dem Bassisten des Vokalensembles »The Scholars«. Der Bariton Michael Leighton-Jones war Partner in Hugo Wolfs »Italienischem Liederbuch« und bei Duetten von Mendelssohn Bartholdy.

Zum ersten Mal spürten wir, wie wichtig es ist, ein eigenes Publikum zu gewinnen, wie schön es ist, von wachsender Begeisterung getragen zu werden. Auch begriffen wir, dass einen Künstler allein die eigene Qualität unverwechselbar macht, dass von den Menschen eben dieses Einmalige und Besondere in der Erinnerung behalten und immer wieder gesucht wird.

Hans Koppenburg war beim Hessischen Rundfunk für Junge Solisten zuständig. Seine Arbeit reichte aber weit über das Studio hinaus. Er gründete die Musikszene Hessen, betreute eine schöne Konzertreihe im Elfenbeinmuseum von Erbach im Odenwald. Er hat in langen Jahren vielen Wege gewiesen, manchen kritisch beraten, hilfreich unterstützt. Kaum vorstellbar, wie unser Weg verlaufen wäre, ohne all die Chancen, die er schenkte. Heute weiß ich niemanden mehr in Deutschland, zu dem ich junge aufbrechende Leute schicken kann. Entsprechende Stellen wurden wegrationalisiert oder es gibt keine Sendeplätze mehr. Wie man sagt, dient dies und anderes einer höheren Effizienz. Welche »Wirkkraft« ist damit gemeint? Die negativen Effekte, der Verlust an Substanz ist nicht zu überschätzen. Effizienz definiert sich in der Kunst anders als an der Börse.

Wie ging es weiter? Beim Finale des Wettbewerbs von 's-Hertogenbosch 1976 hatte eine Agentin ihre Visitenkarte überreicht und um Material gebeten. Noch bevor ich diese Bitte erfüllen konnte, rief sie an und fragte, ob wir die erkrankte Elizabeth Harwood bei einem Liederabend in Amsterdam ersetzen könnten. Wir lieferten innerhalb von dreißig Minuten ein Programm – Schumanns »Myrten«, Bergs »Sieben frühe Lieder«, Webern Opus 4 und eine Wolf-Gruppe – und musizierten am nächsten Abend im Kleinen Saal des Concertgebouws Amsterdam vor höchst kundigem Publikum. Den Haag und Rotterdam waren die nächsten Stationen. Wir fühlten geschenktes Glück und fragten uns, wie so ein Künstlerleben wohl weitergehen würde. In Denise Dufour fanden wir eine Managerin, die liebte, was wir machten, und sich mit großer Begeisterung einige Jahre für uns einsetzte. Jogi Hamberger sorgte mit liebevoller Zuwendung, Geschmack und großem Können für Mitsukos Konzertkleider. Er starb an Aids.

Immer wieder waren wir nach dem ersten Amsterdamer Auftreten in der Vocalen Serie zu Gast. Seit Jahrzehnten ausabonniert wird mancher Platz dieser Serie sogar vererbt. Ging es darum, ein Programm zu machen, schlug Elly Zwarts nach, ob die Aufführung entsprechender Werke schon lange genug zurücklag. Uns wunderte damals bereits, in welcher Weise Lied, und das heißt zum größeren

63

Teil deutschsprachiges Lied, in Städten wie Amsterdam und London gepflegt wurde. Solch anspruchsvolles Publikum, das im Bewusstsein einer langen Tradition zuhört, gab es in Deutschland nicht. Später wurde Stuttgart durch die kontinuierliche Arbeit der Internationalen Hugo-Wolf-Akademie für zwei Jahrzehnte zu einem Zentrum der Liedkunst. Das bekräftigte auch der Londoner Economist: »Like anything else, musical traditions fade with time. Stuttgart, once a mecca for fine performances of such masters of German song as Hugo Wolf and Richard Strauss, had almost lost its musicality a few years ago. Now the Hugo Wolf Academy of Stuttgart, directed by Hartmut Höll, is energetically trying to restore it. ... Thanks to the efforts of Mr Höll and his Hugo Wolf Academy, Stuttgart has once again become a world centre for the art of lieder.« Auch die Arbeit von Gerd Nachbauer in Hohenems und Schwarzenberg ist in höchstem Maße verdienstvoll und zieht jedes Jahr viele Liedenthusiasten und Musiktouristen nach Vorarlberg.

Der unvergessene Geraint Jones holte uns kurz nach dem niederländischen Debüt nach London zum ersten Auftritt im Purcell Room der Southbank. Später folgten viele Abende in der Wigmore Hall. Dann ging es nach Cardiff, Manchester, Glasgow und zu manchen Festivals. Die Gespräche mit Geraint und seiner Frau Winnie, einer Violinistin, die herrlichen Tage zu Gast in The Long House im Londoner Norden mit wunderbarem Essen und guten Weinen sind mir in lebhafter Erinnerung. Geraint Jones war ein herzlicher Mann, ein barocker Mensch, der die Musik und das Leben liebte. In solche Wärme fühlten wir uns sogleich aufgenommen, durch Geraints großes musikalisches Wissen, durch sein Erzählen angeregt. Geraint Jones war 1946 mit Orgelkonzerten durch das zerstörte Deutschland gereist. Als junger Mann gehörte er zum Kreis um Walter Legge, Elisabeth Schwarzkopf und Herbert von Karajan. Er produzierte lange vor Helmuth Rilling und anderen alle Bachkantaten für die BBC. Seine erst kürzlich von der EMI veröffentlichte Einspielung von »Ich habe genug« mit Gérard Souzay gehört bis heute für mich zu den Aufnahmen, die einfach wohltun, so natürlich, absichtslos ist der musikalische Fluss. Später zerbrach über einer Besetzungsfrage das Verhältnis zu Legge. Und Geraint Jones wurde eines seiner Opfer. Bei einem unserer Konzerte in der Wigmore Hall trafen Geraint und Winnie im Künstlerzimmer nach langen Jahren wieder mit Elisabeth Schwarz-kopf zusammen. Sie sagte nichts, aber ich erinnere noch ihren Blick aus dunklen tiefen Augen.

Dies alles schreibend wird mir wieder bewusst, wie sehr wir alle neuen Aufgaben als Geschenk empfanden. Langsam konnten wir in alles hinein-wachsen. Ein Saal, der beim ersten Auftritt groß wirkte und Angst machte, war beim zweiten Mal schon ein Zuhause. Neue Menschen, neue Veranstalter waren bald auch Gesprächspartner auf der Suche nach schönen, sinnvollen Programmen.

Es war die Zeit, als Elly Ameling, Peter Schreier, Edith Mattis, Helen Donath, Brigitte Faßbaender, Hermann Prey, John Shirley-Quirk, Lucia Popp, Dietrich Fischer-Dieskau die Sterne am Konzerthimmel waren. Wir fühlten uns schnell einer »mittleren« Generation zugehörig. Später, in der Zeit um 1990, erlebte ich, wie innerhalb von wenigen Jahren ein Generationswechsel stattfand, wie auch eigene Studenten direkt von der Hochschule in große internationale Engagements sprangen. So sehr schnelle Erfolge freuen, denke ich doch, dass ruhige Wege des Wachsens und Erprobens besser sind. Es ist nicht allzu schwer, mit gutem Management und hilfreicher PR in kurzer Zeit bekannt zu werden. Doch wie viele Namen sind nach fünf Jahren schon vergessen, werden schnell durch neue ersetzt, denen es oft auch nicht besser ergeht. Zehn oder mehr Jahre des gelassenen Wachsens, dem Aufbau eigenen Repertoires und eigenen Publikums gewidmet, versprechen eine längere Karriere.

Für einen Liederabend angefragt zu sein, bedeutete für Mitsuko und mich fast immer eine neue Forderung an uns selbst, war Ansporn, ein neues Programm zu versuchen. So wuchs ein großes Repertoire, das auch Spezialitäten wie Malipieros großen Zyklus »Le stagioni italiche« oder Ernst Kreneks großen Zyklus »Gesänge des späten Jahres« einschließt, letzteres eine graue Musik, die Wiener Geist nicht verleugnen kann, ahnungsvoll kurz vor Beginn der nationalsozialistischen Herrschaft geschrieben. Wir kombinierten Krenek mit Schönbergs »Buch der hängenden Gärten« als erster Programmhälfte. Jahre zuvor schon hatte uns dieser Zyklus beschäftigt. Die Idee damals war, diese George'schen Liebeslieder der Schumann'schen »Dichterliebe« entgegenzustellen. Doch da hörten wir, dass Brigitte Faßbaender und Aribert Reimann die gleiche Idee bereits in einem Konzert verwirklicht hatten und verzichteten.

Entschieden in seinen Äußerungen, nobel im Ton, zurückhaltend in seiner Art, dabei immer der Kunst und dem Leben verpflichtet, war Karl Michael Komma mir wie vielen anderen Stuttgarter Studierenden Wegweiser und Mentor gewesen. Umfassend gebildet, gleichermaßen an Musik, Literatur und Malerei interessiert, verbindet Karl Michael Komma in seinen Werken stets hohe kompositorische Kunst und Empfindsamkeit mit großer Gesanglichkeit. Etliche seiner Lieder, Vertonungen nach Gedichten von Hölderlin, Härtling und Hofmannsthal, haben wir mit Freude einstudiert und uraufgeführt. Die drei Hölderlin-Fragmente von 1970 – »Andenken«, »Der Frühling«, »Das Angenehme dieser Welt« – folgen mit atmosphärischer Genauigkeit dem Text. Ebenfalls Mitsuko und mir gewidmet und auch für uns geschrieben wechseln in den »Fünf Gesängen nach Fragmenten von Friedrich Hölderlin« von 1975 kraftvolle Szenen – »Warum, o schöne Sonne«, »Wenn über dem Weinberg es flammt«, »Zu Rossen« – mit dem meditativen »Wenn nämlich der Rebe Saft« und dem traumverlorenen »An meine Schwester«. Die »Vier Gedichte von Peter Härtling« – »Schubert«, »Auf ein Selbstbildnis von

Carl Philipp Fohr«, »Hölderlin«, »An Mörike« – sind in der Musik ebenso charakteristisch wie in der Textvorlage. Durch Komma lernten wir auch einen pfiffigen Geist kennen: Hubert Giesen hatte Fritz Wunderlich begleitet, leitete lange die Liedklasse der Stuttgarter Musikhochschule. Wir genossen sein Erzählen, seinen scharfen Witz.

Früh hatte ich in Bibliotheken Lieder des damals noch gänzlich unbekannten Karol Szymanowski entdeckt. Bis heute fasziniert dieses an unterschiedlicher Poesie und Klangfarben so reiche und ungeheuer vielfältige Werk. Ich hoffe, dass der lang gehegte Plan, all seine Lieder aufzuführen und vielleicht auch aufzunehmen, irgendwann verwirklicht werden kann. Bei jedem neuen Werk von ihm spüre ich zunächst, wie schwer es ist, seine Musik zum Klingen zu bringen. Vieles stellt sich erst grau dar, bis mein Verständnis wächst und ich diese Klänge ordnen kann. Die »Bunten Lieder« op. 22 gehörten zum Ersten, was wir von Szymanowksi einstudierten – dicht gesetzte, oftmals virtuose, spätromantische Musik nach Gedichten von Richard Dehmel, Ricarda Huch u. a. Die Joyce-Vertonungen op. 54 produzierten wir für Radio Bremen und für CD. Gänzlich anders, sind sie äußerst sparsam und durchsichtig komponiert. Nur zwei der sieben Stücke haben Vortragsbezeichnungen. So geben sich die übrigen wie ein atmosphärereiches Selbstgespräch.

Szymanowskis Klaviersatz ähnelt in manchem entfernt dem Reger'schen, doch gilt es, um diese dichten Klänge verständlich zu machen, polyphone Verwebungen in impressionistischen Klang einzubetten, das überreich notierte Rubato sensibel den Wortnuancen zuzuordnen, ätherischen Klangmischungen hochgespannte dynamische Steigerungen entwachsen zu lassen. Oftmals hätte man gerne eine dritte Hand, um die Glockentöne der tiefen Bassnoten in der ihnen zustehenden Ruhe zum Schwingen zu bringen, öffnen sie doch die Räume für die überreichen Harmonien und übereinandergeschichteten Klangverwebungen. Gewaltig sind Szymanowskis Fragmente op. 5 nach Gedichten von Jan Kasprowicz. Die Lieder op. 13 aus den Jahren 1905 bis 1907 sind dem Jugendstil verbunden und voller erotisch-sinnlicher Nacht- und Tagträume, Zärtlichkeiten. Die Sammlung, der Szymanowski die Dehmel-Texte entnahm, trägt den ominösen Titel »Weib und Welt«. Zwei Lieder fallen auf: das köstlich-schwebende »Christkindleins Wiegenlied« und »Die schwarze Laute« nach dem Gedicht von Otto Julius Bierbaum.

Aus dem Rosenstocke vom Grabe des Christ
Eine schwarze Laute gebauet ist,
Der wurden grüne Reben zu Saiten gegeben.

O wehe du, wie selig sang,
So erossüß, so Jesusbang
Die schwarze Rosenlaute!

Ich hörte sie singen in maienlichter Nacht,
Da bin ich zur Liebe in Schmerzen erwacht,
Da wurde meinem Leben die Sehnsucht gegeben.

O wehe du, wie selig sang,
So erossüß, so Jesusbang
Die schwarze Rosenlaute!

In den Klängen dieses Liedes verbinden sich für mich – erinnernd an manches aus Hugo Wolfs geistlichen Liedern des »Spanischen Liederbuches« – mystischer Eros, Katholizismus, Sehnsucht und Trauer – ein Bild von Polen.

Anne Margret Neumann vom WDR lud zu einer Produktion des »Italienischen Liederbuches« von Hugo Wolf ein. Bariton war Siegfried Lorenz, begleitet von seinem Klavierpartner Herbert Kaliga. Auch das Fernsehen der DDR dokumentierte diese Zusammenarbeit.

Eine frühe Erfahrung waren die Lieder Opus 18 von Paul Hindemith. Hindemith hat die expressionistischen Gedichte farbenreich und mit vielen sehr eigenen und neuen Ideen in Töne gesetzt. Diese Lieder gehören für mich mit zu seinen aufregendsten Werken.

Der Schlaf entführte mich in deine Gärten,
In deinen Traum. Die Nacht war wolkenschwarz umwunden.
Wie düstere Erden starrten deine Augenrunden,
Und deine Blicke waren Härten.

Und zwischen uns lag eine weite, steife
Tonlose Ebene.
Und meine Sehnsucht, hingegebene,
Küßt deinen Mund, die blassen Lippenstreife.

Von Else Lasker-Schüler stammt dieser Text. Hindemith komponierte ihn in einem leicht fließenden 2/4-Takt. Sehnsuchtsdominantseptakkorde der linken Hand bilden die eine Klangschicht. In der rechten Hand folgen wie ein leichter Schatten die kühlen Klänge von dissonierenden zweistimmigen Intervallen. Bei der Charakterisierung der »steifen, tonlosen Ebene« bleiben allein diese unentschiedenen Klänge, ein Septakkord in der Linken öffnet danach den Atem für die letzten zwei Zeilen, hingebungsvoll, zärtlich, verloren. Ein anderes Gedicht von Else Lasker-Schüler gibt sich in der Vertonung kurz und ist doch eine gewaltige Schöpfung. In seinem großen Bogen erinnert es mich an die großartige Heine-Vertonung von Johannes Brahms »Der Tod, das ist die kühle Nacht«. Es könnte dies der langsame Satz einer großen Sinfonie ein.

Bin so müde.
Alle Nächte trag' ich dich auf dem Rücken
Auch deine Nacht, die du so schwer umträumst
Hast du mich lieb?
Ich blies dir arge Wolken von der Stirn und tat ihr blau.
Was tust du mir in meiner Todesstunde?

Diese Musik ist ganz Sprachgeste, stumpf in ihrer inneren Müdigkeit, schwarz geballt im Ausdruck der Verzweiflung, sich aufbäumend in der Erinnerung, resignativ am Ende. Nach dem bewegt-stürmischen »Durch die abendlichen Gärten« des politisch zweifelhaften Dresdner Autors Heinar Schilling schafft Georg Trakls »Trompeten« eine beinahe monumentale Stille.

Unter verschnittenen Weiden, wo braune Kinder spielen
Und Blätter treiben, tönen Trompeten. Ein Kirchhofsschauer.
Fahnen von Scharlach stürzen durch des Ahorns Trauer,
Reiter entlang an Roggenfeldern, leeren Mühlen.

Oder Hirten singen nachts und Hirsche treten
In den Kreis ihrer Feuer, des Hains uralte Trauer.
Tanzende heben sich von einer schwarzen Mauer;
Fahnen von Scharlach, Lachen, Wahnsinn, Trompeten.

Ich erinnere genau, wie es für mich jungen Studierenden eine große und schwere Aufgabe war, die rhythmische Strenge dieser Komposition, die unpersönliche Klarheit der immer gleichen imaginären Trompetensignale durchzuhalten, den Irrsinn dieser Szene quasi außerhalb meiner selbst entstehen zu lassen – Musik wie ein Bild. Jahre später quälten wir uns mit der aufregenden ersten Fassung von Hindemiths »Marienleben«, produzierten sie in Hilversum für den Radiosender KRO.

Mark Lothars helle, muntere Musik machte viel Freude. Mit diesem bescheidenen, zierlichen Mann zusammenzutreffen, war immer belebend. Für Gründgens' Faust-Film hatte er die Musik komponiert. Günter Klinge, durch Venostasin zu einem Vermögen gekommen, verdankte seine Jugendlichkeit, wie er sagte, der Übung, täglich ein Haiku zu dichten. Mark Lothar setzte etliche davon in eine duftige Musik, die wir im Münchener Cuvillies-Theater oder auch beim bekannten alljährlichen Treffen der Mächtigen und Wichtigen in Davos (ur)aufführten.

An die Uraufführung der Härtling-Vertonungen von Wilhelm Killmayer erinnere ich mich deshalb besonders, weil wir damals begriffen, wie unter Umständen Metronomangaben von Komponisten zu nehmen sind. Vor dem Konzert trafen wir Killmayer, führten ihm vor, was wir erarbeitet hatten. Bei einem Lied entschuldigten wir uns bereits vor Beginn. Seine Angabe Viertel = MM 132 war mit noch so viel Üben einfach nicht zu verwirklichen. Wir schafften vielleicht gerade 100. Mit roten Ohren begannen wir, doch Killmayer unterbrach sofort: »Zu schnell, viel zu schnell!« Was er wollte, war ein bequemes Tempo von allenfalls MM 90. Erstaunt, fast etwas ärgerlich verwies ich auf seine Metronomangabe. Er darauf: »Ach, wissen Sie, in meinem Kopf geht das alles viel schneller.« So ist das, wenn der Widerstand der Materie fehlt.

Wenn mehrere Liederabende in einem Monat zu leisten waren und wir uns in solcher Weise aus überschäumendem Interesse mit neuem Repertoire eingedeckt hatten, konnte das mitunter sehr stressig werden. Doch erst viel später, als Elisabeth Schwarzkopf nach intensiver gemeinsamer Arbeit an einem Programm ganz nüchtern meinte, damit könnten wir nun Geld verdienen, wurde uns bewusst, dass es sinnvoll ist, bewährte Programme öfter einzusetzen, um dadurch Zeit zu finden, in Ruhe Neues studieren und ausprobieren zu können.

Doch zurück zu Konzerten. In Japan waren sie lange in besonderer Weise anstrengend. Den ersten Liederabend dort gaben wir 1975. Meist war Mitsuko von allen durch die Etikette geforderten Vorbereitungen schon vor dem Konzert müde. Dies änderte sich erst, als wir mit Shunshi Nakane und Minobu Nitto fabelhafte Manager bekamen, die bereit waren, zu schützen und zu fördern, die die japanische Gesellschaft genau kennen, aber auch unser Verständnis von Musik teilen. Die Kioi Hall in Tokyo lud für eine zehnjährige Serie von Liederabenden ein; neben all den Konzerten von Sapporo bis Fukuoka fanden wir so ein Zuhause in einem akustisch sehr schönen Raum.

Eine »Carte blanche« erlaubte uns 1992, im Auditorium des Pariser Louvre fünf Konzerte zu geben und Künstlerfreunde hierzu einzuladen. Es war ein großes Fest. Die französische Presse feierte Mitsuko als die »Königin des Liedes«, Jürgen Kesting schrieb im STERN von der »Ersten Dame des Liedgesangs«.

Deutsches Lied brachte uns ein Jahr später auch nach Kolumbien und Panama. In der dünnen Höhenluft von Bogotá fanden wir Menschen, die mit großer Lust und lebendigem Interesse zuhörten. Ich erinnere den Flug nach Medellin und Panama, das reiche Grün der Natur, die Orchideen allüberall, die vielen exotischen Früchte. In den Städten hielten Autos an roten Ampeln aus Furcht vor

Räubern nicht an; vor dem Hoteleingang standen schwer bewaffnete Militärs. Ein dunkler Backsteinbau in der Mitte von Bogotá fiel auf. Wir gingen hinein und waren überwältigt von der goldenen Pracht. Alle Säulen dieser ältesten Kirche der Stadt waren mit dem Gold der Inkas bedeckt, das die spanischen Eroberer erbeutet und eingeschmolzen hatten. Vor dunklen Heiligenbildern standen oder knieten Menschen, denen man Armut und Not ansah, die durch eine Berührung sich inständig Hilfe erhofften. Auf der anderen Straßenseite bewahrt das Goldmuseum noch einige unversehrte Schätze einer von den Europäern zerstörten Hochkultur.

Mehrmals reisten wir nach St. Petersburg, einmal auch – kurz nach dem Zusammenbruch der Sowjetunion – mit Studierenden unserer Karlsruher Liedklasse. Der Glanz einer wundervollen alten Stadt, durch den Zusammenbruch des Staates völlig aus ihren Lebenszusammenhängen gerissene Menschen, bittere Armut, ein gebildetes nobles Publikum – größer könnten Gegensätze kaum sein. Nie vergesse ich, wie mir in der Winterkälte eine alte Frau, der ich etwas Geld gegeben hatte, die Hände küsste.

Anlässlich eines Hugo-Wolf-Liederabends in Moskau trafen wir den großen russischen Bariton Pawel Lisizian wieder, den wir zwei Jahrzehnte zuvor bei seinen Weimarer Meisterklassen kennengelernt hatten - nach bedeutender eigener Künstlerlaufbahn in seinen späteren Jahren ein Lehrer mit großem Wissen und Können und einer väterlichen Ausstrahlung und Wärme.

Der erste Liederabend in den USA brachte uns in bitterer Februarkälte nach St. Paul in Minnesota, die Koffer landeten in Kairo – nicht Illinois, sondern Ägypten. Später konnten wir in vielen amerikanischen Städten auftreten, immer wieder auch im Lincoln Center und dem 92st Y von New York, in Ruth Felts bedeutender Konzertserie von San Francisco, im für uns vielleicht schönsten Saal der Staaten, der Bostoner Jordans Hall, vor illustrem Publikum in Harvard und beim Tanglewood Festival, wo Tausende auf grünem Gras sitzend zuhören.

In der Bostoner Jordans Hall zu musizieren, war ein Traum. Hier wurde und wird nach ihrer Rettung bis heute klingende Wirklichkeit, in welch wunderbarer Weise ein Raum mitmusiziert, wie der resonierende Raum die künstlerische Leistung beflügelt, motiviert und auch lenkt. Hugo Wolfs »Frühling übers Jahr« gelang nie freier, nie mit mehr Swing und Lebens-, ja Liebesfreude als an diesem Ort. Dass wir trotz des großen Erfolges keine Gelegenheit bekamen in diesen wunderbaren Saal zurückzukommen, war ein Lehrstück: »You sold just 600 tickets.« Bis dahin hatte ich gedacht, Werbung, Verkauf sei Aufgabe des lokalen Managements. Doch hier begriff ich die eigene merkantile Verantwortung, die Abhängigkeit von Medien und Werbung.

Basis der künstlerischen Tätigkeit waren immer die gemeinsamen Liederabende. Das war ungewöhnlich, doch schenkte es große persönliche Freiheit. Wahrscheinlich hat nur noch Robert Holl aus Neigung denselben Weg gewählt und damit Erfolg gehabt. Später dann kamen auch Anfragen für Oper. So sang Mitsuko Wagners »Liebesverbot« neben der herrlichen Horiana Branisteanu konzertant in Stuttgart, Paul Dukas »Ariane et Barbe-Bleue« unter Gary Bertini für den WDR in Köln. Hier begegneten wir auch Jessye Norman. An der Frankfurter Oper war Mitsuko Bertinis Despina. Nach der Premiere brannte das Haus ab und »Cosí fan tutte« musste mit der wunderbaren Besetzung – Margaret Marshall, Diana Montague, Hans Peter Blochwitz, Olaf Bär, Tom Krause – in die Alte Oper Frankfurt umziehen – ein Notbehelf. Lebhaft erinnere ich auch »Damnation de Faust« von Hector Berlioz unter der Stabführung des früh verstorbenen Freundes David Shallon.

Mit den Münchner Philharmonikern, Arien von Mozart und der IV. Sinfonie von Gustav Mahler ging Mitsuko auf Tournee, sang im herrlichen großen Saal des Concertgebouws Amsterdam, in Nijmegen und München. Im Sendesaal des Hessischen Rundfunks kam Julian Carrillos vierteltönige Komposition »Preludio a Colon« zur Aufführung. Mitsuko und das Ensemble wurden begeistert gefeiert. Die Bach'schen Solokantaten »Weichet nur, betrübte Schatten« und »Non sa che sia dolore« waren gute Werke für Konzertreisen mit dem Münchener und dem Heilbronner Kammerorchester von Udine bis Catania. Der in italienischer Übersetzung abgedruckte Text der anderen Bach'schen Solokantate »Mein Herze schwimmt im Blut« machte das italienische Publikum allerdings deutlich ratlos. Unter dem wirbeligen Herbert Kegel nahm Mitsuko viele sakrale Werke von Mozart für Philips auf. Nach der »Wende« ging er in den Tod. Lucia Popp war Partnerin in Mahlers Achter, die Zweite gab es im Salle Pleyel Paris. Ravels »Sheherazade« sang Mitsuko in der Carnegie Hall.

Unvergessen ist mir eine Aufführung der Vierten von Gustav Mahler in Japan, die der Cellist Maurice Gendron dirigierte. Gendron war ein Freund Willem Mengelbergs gewesen und besaß das Notenmaterial des legendären Amsterdamer Konzertes von 1904, bei dem diese Sinfonie zweimal erklang, einmal von Mengelberg und nach der Pause von Mahler selbst dirigiert. Die Noten enthielten Eintragungen der beiden, und Gendron betonte, er habe Karajan für seine Einspielung des Werkes diese Noten verweigert. Als Jude hatte Gendron große Vorbehalte bestimmten Personen gegenüber.

Wegen Gendrons schwankender Psyche war alles recht schwierig. Der japanische Manager saß die ganze Nacht bei ihm, um ihn bei Laune zu halten. Doch habe ich solch eine sensibel-persönliche, lebendige Aufführung der Vierten nie mehr erlebt. Bei einer bestimmten Musik im Restaurant, »da-bi-di da-ba-da-ba-da, da-bi-di da-ba-da-ba-da«, sagte Gendron schmunzelnd, das sei von ihm. Unter Pseudonym komponierte er für Yves Montand, Charles Aznavour und Mireille Mathieu. Und das berühmte »da-bi-di da-ba-da-ba-da« war ursprünglich eine Bogenübung für Cellisten gewesen.

Alban Bergs »Sieben frühe Lieder« hat Mitsuko auch mit Orchester oft gesungen. Im Verhältnis zur Klavierfassung, die ja eigentlich ein Klavierauszug dieser späten Umarbeitung und Instrumentierung ist, ist das Orchester äußerst dick gesetzt, dadurch oft wenig flexibel. Doch war Yuri Ahronovitch dabei ein feinfühliger Dirigent, der Stimme und Orchester in schönster Weise zusammenbrachte. Später verwöhnte Seiji Ozawa oftmals mit seiner dirigentischen Kunst kammermusikalischer Partnerschaft bei großer Besetzung.

Während des Studiums in Japan hatte Mitsuko als Mezzo gegolten. In Deutschland wurde sie von Lore Fischer sogleich zu einem Sopran erklärt. Die Wahrheit liegt wohl dazwischen. Doch gehörten Mozarts Messe in c-Moll mit der schweren Arie »Et incarnatus est«, die Passionen Johann Sebastian Bachs wie auch das Brahms' Requiem lange zu ihrem Konzertrepertoire. Beim ersten Brahms-Requiem sang Günter Reich die Bariton-Partie; Mitsuko hat auch von ihm einige Stunden glücklich gelernt, sich an seinem Humor erfreut und die große Uhrensammlung bewundert.

Eines Tages entschied sie, die Stimme freizulassen, nicht mehr unermüdlich dafür zu trainieren, die Stimme auf schmalem Grat in schwebender Höhe zu halten. So bekam sie mehr innere Ruhe, die Stimme gewann an Farben, neues und anderes Repertoire wurde möglich. Prokofieffs »Alexander Newsky« sang sie in Brüssel unter dem liebenswürdigen Hiroyuki Iwaki, »Nuits d'été« von Hector Berlioz brachte in Kapstadt einen sensationellen Erfolg, Lili Boulangers Lieder nahmen wir für Schallplatte auf. Beeindruckt hat mich besonders der Klangstrom des letzten der vier dunklen Lieder.

Le retour

Ulysse part la voile au vent,
Vers Ithaque aux ondes chéries,
Avec des bercements la vague roule et plie.
Au large de son cœur la mer aux vastes eaux
Où son œil suit les blancs oiseaux
Egrène au loin des pierreries.

Ulysse part la voile au vent,
Vers Ithaque aux ondes chéries!

Penché œil grave et cœur battant
Sur le bec d'or de sa galère
Il se rit, quand le flot est noir, de sa colère
Car là-bas son cher fils pieux et fier attend

Après les combats éclatants,
La victoire aux bras de son père.
Il songe, œil grave et cœur battant
Sur le bec d'or de sa galère.

Ulysse part la voile au vent,
Vers Ithaque aux ondes chéries.

(Georges Delaquys)

Manche Geschichte wäre es wert, erzählt zu werden. Konzertreisen lassen viel erleben. An einen Mann in Pakistan denke ich immer wieder zurück, würde gerne wissen, wie es ihm heute geht. Im alten Kalender habe ich seinen Namen notiert gefunden: Asif Humayun. Auf dem Flug von Peking nach Frankfurt war die Anschlussmaschine nicht da. So mussten Mitsuko und ich eine Nacht in Karachi bleiben. Einem jungen Taxifahrer vor dem Hotel vertrauten wir uns an und hatten Glück. Einen Nachmittag und Abend lang fuhr er uns herum und zeigte die Stadt. Wir sahen betende Muslime am Strand, abenteuerlich gekleidete Kamelreiter, eine tief verschleierte Braut mit goldenem Medaillon auf der Stirn, Kinder, die zum Betteln von ihren Müttern geschickt und beobachtet wurden. In der Abenddämmerung färbte sich der hohe wolkenlose Himmel immer mehr violett, man spürte, wie die Nacht aus dem Zenit niedersank. In der Dunkelheit lauschten wir drei Pakistani und ihrer Musik. In der nächtlichen Ebene vor uns ratterte ein kleiner Zug mit hell erleuchteten Fenstern vorbei. Sonst Stille. Als unser Fahrer uns am Hotel wieder absetzte, fragte er, wie wir am nächsten Morgen zum Flughafen kämen. Ein Bus der Fluggesellschaft sollte uns fahren. Doch er bestand darauf, uns selbst zum Flughafen zu bringen. Am Ende stimmten wir aus Höflichkeit zu und aßen gemeinsam zu Abend. Am nächsten Morgen, der Bus war schon abgefahren, stand er wirklich da. Im Gespräch erfuhren wir, dass er beinahe hundert Kilometer nördlich von Karachi zu Hause war. Um pünktlich zu sein, hatte er die Nacht in seinem Auto vor dem Hotel verbracht.

2

Letzte Studienzeit: Leonard Hokanson • Frankfurt: Professur für Liedgestaltung

Obwohl es von Beginn an deutlich voranging, machten sich meine Eltern Sorgen angesichts des nicht beendeten Studiums. So erwog ich Mailand als Studienort, spielte für Bruno Canino Brahms' Sonate in f-Moll. Kurz zuvor hatte ich ihn mit Cathy Berberian erlebt und war begeistert. Doch drei italienische Monate machten mich nicht glücklich.

Ich weiß es nicht mehr genau, doch wahrscheinlich habe ich Leonard Hokanson durch seine Frau Rona kennengelernt, die für den Münchener ARD-Wettbewerb arbeitete. Die persönliche Wärme dieser beiden, die unaufdringliche Art von Len, seine immer artikulierte Freude an der Musik zogen mich an. Privat bekam ich Unterricht in der Augsburger Wohnung, fühlte mich wohl aufgenommen und doch auch frei. Ob ich ein guter Schüler war, bezweifle ich, war ich doch sehr beschäftigt, meinen eigenen Weg zu finden. Hokanson war einer der letzten Schüler Artur Schnabels gewesen, arbeitete äußerst genau, legte großen Wert auf rhythmische Strukturen und die innere Belebung eines Werks. Die Grundlage seiner Technik war eine bis in die Fingerspitzen hinein differenzierte Beweglichkeit. Er bemängelte vor allem viele Akzente, die meiner Musik etwas Statisches gaben. Dies hatte technische Gründe und war mir bis dahin überhaupt nicht bewusst gewesen. Doch fiel es mir schwer, nach den Studien bei Paul Buck und Konrad Richter noch einmal technisch gänzlich neue Wege zu versuchen. Zudem fürchtete ich, eine eigene Klangqualität zu verlieren, die mir wichtig geworden war. So rührte ich nach der Arbeit mit Leonard Hokanson das Klavier eine Woche lang nicht an, spielte nicht, sang aber unentwegt innerlich diese andere Musik, die Len in mir geweckt hatte. Heute weiß ich, dass ich so meine eigene Stimme, meinen persönlichen Klang und meine eigene Geschmeidigkeit gefunden habe. Was damals mit mir passierte, welche Wege sich in mir ordneten, welche musikalisch-technischen Lösungen ich damals unbewusst fand, wurde mir viel später erst klar, als ich in Köln lehrte und im Erklären für andere mich selbst befragte. Leonard Hokanson starb vor wenigen Jahren – früh und überraschend. Wie wichtig diese letzte Studienzeit bei ihm für mich war, habe ich Len nie wirklich wissen lassen können. Ich habe nicht viel von seinem pianistischen Denken übernommen, doch durch ihn angeregt, mich selbst gefunden. Vielleicht kann ein Lehrer nichts Besseres für einen Schüler bewirken.

Was sich dann ergab, ist eine kuriose Geschichte. Ich hörte, an der Frankfurter Musikhochschule würde ein dreigegliederter Studiengang für Pianisten angeboten – Solo, instrumentale Kammermusik und Lied. Wieder einmal erinnerte ich die fehlenden Prüfung, dachte, das sei doch etwas für mich, und telefonierte. Dieses

Studium wolle man einrichten, man sei aber noch nicht so weit, antwortete die Mitarbeiterin im Rektorat. So begrub ich endgültig den Gedanken, meine Rentenansprüche durch einen Abschluss zu verbessern. Kurze Zeit später rief Rolf Reinhardt, Leiter der Frankfurter Gesangsabteilung, an, erzählte, man wolle einen Studiengang einrichten …, ob ich Interesse an einer Professur für Lied hätte, Anne-Margret Neumann vom WDR hätte ihn auf mich aufmerksam gemacht. Ich blieb einigermaßen gelassen und sagte zu, mich im Rahmen einer Lehrprobe in Frankfurt vorzustellen. Zum Schluss unseres Gespräches fügte ich noch an, ich müsse aber darauf hinweisen, dass ich keinen Hochschulabschluss hätte. Wir lachten beide herzlich, als Reinhard entgegnete, er auch nicht. So wurde ich 1978 Professor in Frankfurt und trug Krawatte, damit man mich im Kreise der oftmals älteren Studierenden besser erkannte.

Heute erinnere ich dies in einer Zeit, in der nichts mehr ohne Diplome, ohne Bachelor und Master geht. Man versucht, wissenschaftliche und künstlerische Leistung in gleicher Weise zu messen, meint, damit Berufschancen zu verbessern, internationalen Austausch zu erleichtern, Risiken zu mindern. Doch künstlerische Existenz lebt sich nur auf eigene Rechnung. Basis ist allein die eigene Qualität und die verlässliche eigene innere Stimme. Auf Erfolge anderer zu schauen, lässt leicht vergessen, dass jeder Weg einen kleinen Anfang hatte. Planbar, einklagbar ist künstlerischer Erfolg nicht. Mit Recht suchen Studenten Persönlichkeiten als Lehrer, die in ihrer Kunst selbst wegweisend sind. Diesen Anspruch muss man in jedem Konzert lebenslang neu begründen. Alte Papiere beweisen nichts.

Es waren glückliche Jahre. Noch heute wundere ich mich, mit welcher Großzügigkeit ich mit meinen sechsundzwanzig Jahren in Frankfurt empfangen und in den Kollegenkreis aufgenommen wurde. Der verdienstvolle Rainer Hoffmann war für instrumentale Kammermusik zuständig, unterrichtete aber auch Lied. Mit Marianne Schöner kam ich schnell ins Gespräch; vieles übernahm sie, was mir aus der Zeit mit Jehanne Secretan wichtig war. Martin Gründler, Arleen Augér, Elsa Cavelti hatten gute Klassen, Leonard Hokanson, Joachim Volkhard waren hilfreiche Kollegen. In meiner Klasse arbeitete ich mit vielen, die bald darauf selbst auf dem Podium standen: Wolfgang Schmidt, Johannes Kösters, Christoph Prégardien, Ruth Ziesak, Mechthild Bach, Barbara Baun, Martina Borst. Der scheue Bernhard Groppe gehörte zum Kreis der Pianisten; heute ist er Dirigent in China und baut mit am gewaltig wachsenden Musikleben dort. Bernd Zack wurde Professor in Rostock. Die feinfühlige Engländerin Helen Yorke ging später nach New York. Auch kam Renée Fleming zu mir. In der Aufnahmeprüfung zur Opernklasse hatte man sie abgelehnt. Nun hatte ich das Vergnügen.

Eines erstaunte mich und beschäftigt mich bis heute. Rolf Reinhardt versprach jedem neuen Studierenden, er werde die Hochschule eines Tages »berufsbefähigt« verlassen. Wie misst man Berufsbefähigung in der Kunst? Für Sänger ist dies der Weg in den Repertoirebetrieb der Oper. Dort sind allabendlich bestimmte Erfordernisse zu leisten, dort wird man schnell vielen Menschen bekannt. An der Zahl der Anfängerverträge misst sich der Erfolg eines Lehrers.

Freischaffend aber ist es anders. Man arbeitet und lebt auf eigenes Risiko. Mit jedem Auftritt gilt es, ein neues Publikum zu gewinnen. Zwei-, dreimal in aufeinanderfolgenden Jahren am selben Ort zu sein, ist schon sehr viel. So beginnt man in gewisser Weise immer wieder neu. Nur durch die Unverwechselbarkeit der eigenen Kunst, durch ein hohes Maß an verlässlicher Qualität gelingt es, sich den Zuhörern einzuprägen, ein eigenes Publikum an sich zu binden.

Darum geht es: Um die Tradition zu wissen, in der man steht, Grenzüberschreitungen zu wagen, Spuren zu suchen, zu finden und – das ist wohl der Wunsch eines jeden – zu hinterlassen.

V

*Dietrich Fischer-Dieskau: Erste Meisterklasse für Lied • Proben und
gemeinsame Konzertreisen • Die Unbedingtheit des Augenblicks • Frühjahrs-
und Herbsttournee: durch Deutschland, durch Europa und nach Übersee •
Salzburg: Alban Berg, Anton Webern, Arnold Schönberg • Franz Schubert:
»Des Fischers Liebesglück« • Dimitri Schostakowitsch »Unsterblichkeit«*

1 980 las ich in der Zeitung, Dietrich Fischer-Dieskau werde in der Berliner Akademie der Künste zum ersten Mal eine Meisterklasse geben. Von ihm lernen zu können! Da gab es kein Zögern und ich meldete Mitsuko und mich an. Zum Auswahlsingen konnten wir nicht kommen, da Mitsukos Vater überraschend starb. Doch lud uns Fischer-Dieskau in sein Haus bei München ein. Geblieben ist mir das Bild, wie der große Mann unseren Liedern in stiller Konzentration lauschte. Schuberts so persönlich inniger »Winterabend« war dabei.

Dann ging es nach Berlin. Liat Himmelheber, Cornelius Hauptmann, Henner Leyhe, Hanns-Friedrich Kunz, Oresta Cybriwski und einige andere waren ebenso glückliche Teilnehmer. Dietrich Fischer-Dieskau war anfänglich vielleicht auch etwas nervös wie wir alle.

Erinnerungen: Seine warmherzige Art. Die große schlanke Gestalt, sein ausdrucksvolles Gesicht. Dass der ganze Körper immerfort zu hören schien. Seine aus großer Ruhe kommende, nie nachlassende Lebendigkeit. Die Beweglichkeit in Temperament, Haltung und Reaktion. Die Erscheinung überhaupt – ohne jede Sängerpose.

Nie vergesse ich seine Arbeit an Schubert/von Craighers »Totengräbers Heimweh«, wie er in den Klavierakkorden von Anfang an schon den ganzen Verdruss hören wollte, wie in den ungeordneten Akzenten die Sinnlosigkeit dieses Lebens deutlich werden musste. Immer wieder sang er vor, mühelos vom dunklen heftigen Beginn bis in die lichten Klangmischungen des auf Bruckner vorausweisenden letzten Teils. Koloraturen, Verzierungen forderte er in einem einzigen Crescendo oder Decrescendo, ohne Auf und Ab einer den Tonhöhen folgenden Dynamisierung. Vor allem aber sehe ich immer noch ganz deutlich vor mir, wie sein Gesicht, die ganze Haut im Augenblick des gesungenen Todes nach hinten fiel, das Kinn kraftlos, die Augen grau wurden. Ohne dass groß über all dies gesprochen wurde, berührte zutiefst, mitzuerleben, wie selbstverständlich das Ich des Liedes und er selbst eins wurden, wie Fischer-Dieskau sich selbst ganz ins Zentrum des gesungenen Erlebens stellte.

O Menschheit, o Leben! was soll's? o was soll's?
Grabe aus, scharre zu! Tag und Nacht keine Ruh!
Das Drängen, das Treiben, wohin? o wohin?
»Ins Grab, ins Grab, tief hinab!«
O Schicksal, o traurige Pflicht
Ich trag's länger nicht!
Wann wirst du mir schlagen, o Stunde der Ruh?
O Tod! komm und drücke die Augen mir zu!
Im Leben, da ist's ach! so schwül, ach! so schwül!
Im Grabe so friedlich, so kühl!
Doch ach! wer legt mich hinein?
Ich stehe allein, so ganz allein!
Von allen verlassen, dem Tod nur verwandt,
Verweil ich am Rande, das Kreuz in der Hand,
Und starre mit sehnendem Blick hinab
Ins tiefe, ins tiefe Grab!
O Heimat des Friedens, der Seligen Land,
an dich knüpft die Seele ein magisches Band.
Du winkst mir von ferne, du ewiges Licht,
es schwinden die Sterne, das Auge schon bricht, –
ich sinke, ich sinke! Ihr Lieben, ich komm!

Ein anderes Schubert-Lied, »Der Einsame«, war mein Prüfstein. Die heitere Impertinenz des in Akkorden der rechten Hand geführten Grillengesangs, aus dem eine lebensfrohe Melodie entwächst, die Behäbigkeit der Klänge am Ende der einleitenden Takte, links das weiche, aber kecke Quintintervall, dem sich eine eigenwillig launige Figur anschließt - das ist bei weitem noch nicht alles, was Fischer-Dieskau hörend erleben wollte. Und mir machte es Spaß. Was das Pedalisieren generell anging, fragte er während der Meisterklasse immer wieder mich.

Zwei Tage nach Kursbeginn sprach er mich in einer kurzen Arbeitspause an, ob ich Lust hätte, mit ihm Liederabende zu geben. Ich musste nicht überlegen und war froh. Jörg Demus war verständlicherweise nicht bereit, auf eine bereits abgesprochene Konzertreise zu verzichten. So erlebte ich FD und ihn im folgenden Jahr bei einem Liederabend im Mannheimer Rosengarten und stellte mir vor, ich säße da und müsste reagieren. Im Februar 1982 gaben wir dann das erste gemeinsame Konzert im Salle Pleyel von Paris – ein Programm ganz Richard Strauss gewidmet. Es folgten das Palais des Beaux Arts in Brüssel, Covent Garden London, wo Daniel Barenboim nach dem Konzert sehr fröhlich hinter die Bühne kam, Concertgebouw Amsterdam, das Basler Casino und die Tonhalle Zürich.

Eine halbe Stunde vor jedem Konzert zog Dieter einen kleinen Zettel aus der Tasche und sagte, was ihm beim letzten Mal aufgefallen war: hier weniger langsam werden, das Crescendo dort etwas später beginnen, das nächste Lied attacca anschließen ... Ich lieferte. An den konzertfreien Tagen besuchten wir Museen, schauten zusammen Bilder an und hatten viel zu bereden.

Ich hatte mir Leichteres als dieses Strauss-Programm für unsere erste Zusammenarbeit gewünscht, wusste ich doch, dass wir nur zwei Tage vor dem Konzert einmal proben würden. So erarbeitete ich das auch technisch anspruchsvolle Programm sehr sorgfältig, ohne zu wissen, was mich erwartete. Alle Positionen der Finger und der Hände übte ich, bis die Abläufe wirklich automatisch gingen, bis kraftvoll greifen und nach der Attacke schnell wieder lösen ein einziger Gedanke waren. Alle Bewegungen ordneten sich rund und ohne Ecken. So war ich frei, konnte zuhören, seinen Gesang aufnehmen, leicht seinem Rubato folgen.

Nach der Probe ging ich in mein Hotel, setzte mich auf die Bettkante, die Noten vor mir, und erinnerte jedes Lied in seinem Weg, seinen Nuancen, seinem Tempo. Wenn mein Erlebensfaden riss, ich innerlich nicht weiterwusste, begann ich einige Takte zuvor wieder neu, tauchte wieder ein in den Strom des Liedes, fühlte, ohne die leicht auf den Schenkeln liegenden Hände oder Arme äußerlich zu bewegen, ob ich nun die verpasste Kurve schaffte, weiterreisen konnte. So wurden auch die Stellen, die Fischer-Dieskau anders haben wollte, als ich sie mir ursprünglich vorgestellt hatte, zu meiner Musik. Auf eigenem Weg konnte ich den anderen, seinen Weg gehen.

FD war ein großartiger Partner auf dem Konzertpodium. Selbstverständlich forderte er Verlässlichkeit und dass von mir erinnert und verwirklicht wurde, was besprochen war. Doch reagierte er voller Humor, wenn etwas passierte. Wenn er eine Schwäche ahnte, stützte er sofort, sang lauter, wortdeutlicher oder rhythmisch akzentuierter. So war es leicht, sich immer Seite an Seite zu fühlen.

Welcher selbst auferlegten Ordnung sein gewaltiges Lebenswerk erwächst, merkte ich schnell. Tägliche Arbeit von halb elf bis halb zwei; nach dem Mittagessen Pause bis halb vier; danach wieder eine Arbeitszeit bis halb sieben. Am Abend wurde dann oft Musik gehört, über Dirigieren oder Malen gesprochen. Gerne bot Dieter Lebensbilder von Komponisten – las aus Biografien vor, zeigte Bilder, bot die entsprechende Musik. Auch vierhändig am Klavier Sinfonien zu erkunden, war nicht nur für ihn ein großer Spaß.

Wenn es um das Erarbeiten eines Programmes ging, das FD oft schon gesungen hatte, folgte ich bei den Proben seinen Wünschen, seinen wenigen, aber genauen Anweisungen, wuchs schnell in die Musik hinein. Doch waren viele Werke – besonders für Schallplattenaufnahmen – für uns beide neu. Dann war es ein gemeinsames Suchen nach einem organischen Weg. Immer ging es dabei darum, dem Werk schnell ein deutliches inneres Gerüst zu geben, das freies Musizieren erst möglich macht.

Wichtig war ihm, dass der Klavierton nicht in die Konsonanten schneidet. Nach dem Konsonanten immer auf den Vokal zu spielen, wurde gutes Gesetz, für die Ohren eine Verpflichtung zum unentwegten Zuhören. Von FD lernte ich, nicht nur wie üblich vor manchen Höhepunkten zu ritardieren, sondern immer wieder, auch ohne langsamer zu werden, darauf zuzuspielen und dem Spitzenton selbst ekstatische Länge zu geben. Solch ein Rubato auf der Note trägt schwingend in die nächste Phrase, schenkt eine andere Freiheit und Beweglichkeit. Immer wieder forderte er, das Tempo über einen ganzen Liedteil kontinuierlich, aber unmerklich langsamer, wie in einer großen Sinfonie, die Musik in einem einzigen großen Atem nach und nach stiller werden zu lassen. Furtwänglers Musizieren war ihm eine unauslöschliche Prägung.

Selten sang FD beim Proben aus, schonte verständlicherweise seine Kräfte. Doch schon im leisesten Flüstern war immer deutlich, was und wohin er wollte. Schon ein einzelner Ton hatte unmittelbar Bedeutung, inneren Strom und Richtung. Später habe ich auch bei Elisabeth Schwarzkopf erlebt, dass bereits der Ansatz des Klanges elektrisiert, aufhorchen lässt, schon ein einziger Ton den Weg weist. Heute weiß ich, dass dies die Musik aller großen Künstler kennzeichnet. Solche Kraft entsteht neben technisch perfektem Sitz der Töne vor allem aus innerer Bewusstheit und gelassen-gespanntem Wissen um das Ganze.

Genaue Dynamisierung war FD sehr wichtig. Doch konnte es manchmal passieren, dass er ohne weitere Erklärung etwas anderes verlangte, als was geschrieben stand. Anfangs verwies ich auf die gedruckte Anweisung. Er ging aber nicht darauf ein. Wenn wir dann Monate später dasselbe Lied wieder für ein Konzert vorbereiteten, ich aus der Erinnerung heraus spielte wie zuletzt besprochen, monierte er prompt, ich würde nicht spielen, was da stünde. Aus solch vergnüglichen Geschichten lernte ich, was den podiumserfahrenen Künstler auszeichnet: aus Schwächen Stärken zu machen; wenn der Körper, und das betrifft den Sänger natürlich in besonderer Weise, in seiner Tagesform nicht alles zulässt, was sein sollte, auf anderem Wege Musik und Erleben sinnvoll zu ordnen. Dies ist sicher keine Anweisung für den Anfänger oder den Unvollkommenen. Doch auf dem Podium wird alles Ausdruck. Jede Bewegung, jede Veränderung im Gesicht, alles weckt beim Publikum Empfindungen, wird vom Zuhörer auf das Ich des Liedes bezogen. Da darf kein momentanes Unwohlsein, keine spürbare Bemühung vom organischen Leben der Liedsituation ablenken.

Wie geht man als Pianist mit Sängern um? Die notwendige Psychologie lernt man mit den Jahren. Als FD bei dem herrlichen Lied von Johannes Brahms über eine glückliche Zweisamkeit »Wir wandelten, wir zwei zusammen« nach meinem Zwischenspiel im vorgeschriebenen Piano immer recht laut mit seinem

Sextsprung einsetzte, sagte ich bei einer Probe zu ihm, mein Zwischenspiel sei wohl zu leise, ich würde lieber lauter spielen. FD wehrte ab und schenkte mir von da an nur noch leise und innige Liedanfänge.

FD blieb nie etwas schuldig. Selten passierte, dass er für einen Moment im Text nicht weiterwusste. Fiel es ihm wieder ein, konnte er auf einer einzigen Note blitzschnell einen halben Satz unterbringen. Ebenso war es ihm ein Leichtes, beim Proben an jeder beliebigen Stelle eines Werkes beginnen zu können. Alles war ihm immer vollkommen bewusst, gegenwärtig und vertraut.

Einen großen Schrecken aber erinnere ich. Einige Lieder aus dem »Krämerspiegel« nach Gedichten von Alfred Kerr standen am Ende des Strauss-Programms unserer ersten gemeinsamen Europatournee. Die erste böse Strophe des herrlichen Gedichtes

Die Händler und die Macher
Sind mit Profit und Schacher
Des ›HELDEN‹ Widersacher.
Der lässt ein Wort erklingen
Wie Götz von Berlichingen.

hat ihren Höhepunkt auf »Helden«. Mit dynamischem Impetus, voller Intensität, musizierten wir darauf zu, FD streckte sich, den Mund kraftvoll geöffnet, große Emphase verwies stolz aufs »Heldenleben«. Nur kam kein Ton und kein Wort. Zwei Silben lang stand ein stummes Fortissimo im Raum. Mit Schwung und wieder gesungen führten die »Widersacher« die Melodie zu Ende. Ich war wie in den Bauch geschossen, überlegte beim Weiterspielen, ob ich irgendein Problem verursacht hätte, fragte Dieter auch sogleich beim Schlussapplaus hinter der Bühne. »Nein, nein. Mir fiel das verdammte Wort nicht ein ...«, war seine verschmitzte Antwort. Ich bin sicher, das Publikum hatte jedes Wort und alle Klänge gehört und vollkommen erlebt.

Später, vor einem anderen Konzert mit Schubert-Liedern, die Gesänge des Harfners eröffneten den Abend, fand ich Dieter im Künstlerzimmer. Er sagte, und ich spürte es auch: »Ich bin so müde heute. Fang ganz leise an.« Schuberts erste Klänge kommen von weither. Ich begann in dieser Mattigkeit, ohne den Strom eines gesunden Atems, ganz die Trauer des Harfners spürend. Dann sang Dieter

Wer sich der Einsamkeit ergibt,
Ach, der ist bald allein.

Ich habe den Harfner nie näher gefühlt, nie wahrhaftiger empfunden als damals, als die persönlichen Kräfte fehlten. Heute noch erinnere ich Klang und Gestalt.

Unsere Partnerschaft war immer ein Liedduo. Damit meine ich nicht, dass FD in den gemeinsamen Jahren nur einige wenige Male mit anderen Pianisten arbeitete. Wesentlich ist: zusammen zu musizieren war mit ihm wie auch mit Mitsuko eine gemeinsame Reise in geteilte Empfindungen. Dem anderen zuzuhören, hieß, den anderen zu verstehen, seine Seelenregung aufzunehmen, ihn bei sich selbst abzuholen, um dann mit der eigenen Stimme zu antworten und dabei selbst auch gehört zu werden.

Ganz selbstverständlich gehörten für ihn Gesang und Klavier im Lied ganz untrennbar zueinander. Eine Rangordnung wie sie bis heute in amerikanischen Verträgen üblich ist, war ihm undenkbar: »Artist – gemeint ist damit allein der Sängerstar – pays himself for hotel, travelling and accompagnist«. Als bei unserer ersten Liederabendserie in der Carnegie Hall auf den großen Plakaten nur sein Name gedruckt stand, forderte und setzte er durch, dass ich als Pianist mittels Aufkleber nachträglich publiziert wurde.

Die innere Last, allabendlich von neuem höchste Qualität geben zu müssen, trug FD bewusst und mit großer Selbstverständlichkeit, aber hoher, konzentrierter Spannung. Vielleicht ist es dieses souveräne Können und seine Beständigkeit, die bei manchen den Eindruck entstehen ließen, alles sei bis ins Letzte hinein studiert und geplant. Das innere Gerüst eines Werkes, das nur im intellektuellen Verstehen begriffen werden kann, gab FD nie auf. Wie schnell er Werke erfasste, war genial. Seine persönliche und künstlerische Freiheit, sein Atem und seine Phantasie waren unerschöpflich groß. Was er auf dem Podium an Ausdruck wagte, welche technischen Wege er sich dabei zumutete, war einmalig und einzigartig. FD war mitreißend, er verstand es, auch Partner hoch zu motivieren. Selbst Liedanfänge, die im Klavier allein beginnen, erlebte er gemeinsam, initiierte sie oft durch eine einschwingende, manchmal allzu fordernde Bewegung. FDs Atembeherrschung war phänomenal, seine Intensität im Leisen tief berührend, im Dramatischen staunenerregend. Doch erinnere ich auch, dass gemeinsam eine »Dichterliebe« zu musizieren, mir immer wieder das Gefühl gab, der Gesang verschenke sich ans Klavier. Auch musizierten wir eine »Winterreise« im Lübecker Theater, bei der mir in einer spontanen Empfindung die Tempi sehr langsam gerieten. Er ließ sich darauf ein, das ganze Werk wurde so ein anderes.

Vielleicht habe ich durch Fischer-Dieskau etwas gelernt, das ins Zentrum aller Kunst führt: die Unbedingtheit eines jeden Augenblicks. Das Werk ist studiert, verstanden, das innere Gerüst gebaut. Nun kann ich mich frei bewegen und fühle doch in jedem Moment, dass es nur so sein kann, wie es jetzt gerade ist, dass inmitten der unendlich vielen Möglichkeiten nur dieser Augenblick Gültigkeit hat. Freiheit und Entschiedenheit.

Wie viel Persönliches zeigt man im Lied? Natürlich fließt privates Erleben in den Ausdruck ein, zehrt man beim Darstellen und Formen von der eigenen Lebenserfahrung. Doch alles findet im Rahmen des Werkes statt. Nie wird es privates Leben. Will man dem Werk nichts schuldig bleiben, muss man es voll ausschöpfen und ausleben. Doch erst jenseits des Rahmens beginnt das Private. Fans, die dem angebeteten Star nicht nahe genug kommen können, verwechseln dies manchmal.

Elf kurze lange Jahre konzertierten wir zusammen. Meist gab es neben einzelnen Abenden eine Frühjahrs- und eine Herbsttournee, abwechselnd durch Deutschland, durch Europa oder nach Übersee. Immer öfter konnten wir auch eine Serie von drei oder vier Konzerten in derselben Stadt verwirklichen, was in besonderer Weise schön war. Schubert, Schumann, Wolf, Mahler – jedem Komponisten innerhalb von zehn, zwölf Tagen ein ganzes Programm zu widmen, ließ spüren, wie sehr sich ihre Sprachen unterscheiden, wie verschiedene Ausdruckswelten entstehen.

Am letzten von vier Abenden in der New Yorker Carnegie Hall riss das tiefe C in Mahlers »Revelge« und gab dem eh schon grausigen Gesang einen metallischen Klang. Bevor wir die Liedfolge weiter musizieren konnten, musste die Basssaite herausgeschnitten werden. Ich schenkte sie einem Herrn in der ersten Reihe.

Nie vergesse ich meinen ersten Abend bei den Salzburger Festspielen. Ich hatte so viel über Salzburg gehört, dass ich erwartete, dort müsste alles, die Musik, die Künstler, das Publikum, ganz besonders sein. Die Enttäuschung über die unkonzentrierten Festspielbesucher war groß und verunsichernd. Dieter spürte das und half mir, als wir das Podium zur Pause verließen. »Eiskalt« war sein Rat für die zweite Hälfte.

Jahre später waren wir vielleicht beide auf Besseres eingestellt. Unser großes Wolf/Mörike-Programm begann mit »Der Genesene an die Hoffnung«.

Tödlich graute mir der Morgen:
Doch schon lag mein Haupt, wie süß!
Hoffnung, dir im Schoß verborgen,
bis der Sieg gewonnen hieß.

Opfer bracht' ich allen Göttern,
Doch vergessen warest du;
Seitwärts von den ew'gen Rettern
Sahest du dem Feste zu.

O, vergib, du Vielgetreue!
Tritt aus deinem Dämmerlicht,
dass ich dir in's ewig neue,
Mondenhelle Angesicht

Einmal schaue, recht von Herzen,
Wie ein Kind und sonder Harm;
Ach, nur Einmal ohne Schmerzen
schließe mich in deinen Arm!

Wie aus dem Nichts, schleichend, müde beginnt das Klavier. Die Stimme gewinnt immer mehr Farbe, dann kommt der gemeinsame Aufstieg »bis der Sieg gewonnen hieß«. In diesen Anfangszeilen ist zusammengefasst, was das ganze Lied ausmacht, was danach in allen Einzelheiten besungen wird – ein großartiger Anfang, musikalisch und technisch von hoher Schwierigkeit. Wir musizierten ganz konzentriert, es gelang. Ich war glücklich und fühlte uns am Beginn eines großen Konzertes. Doch das Publikum aus aller Welt war laut, dachte wohl an manches und vieles, ließ sich nicht gewinnen. Nach dem Ende des Liedes senkte FD den Kopf, wartete, musterte die Menschen im Saal mit scharfem Blick unter tiefen Augenbrauen. Dann flüsterte er mir zu: »Ein Scheißpublikum. Komm, spiel weiter. Bringen wir's hinter uns.«

Einmal aber, 1985, hielt Salzburg, was ich erwartet hatte. Alban Berg, Anton Webern und Arnold Schönberg standen auf dem Programm, und wahrscheinlich kamen hierfür nur diejenigen, die wirklich diese reiche Musik erleben wollten. Am Tag vor dem Konzert hatte ich von München aus meinen Anrufbeantworter in Frankfurt abgehört und erfuhr durch die Nachricht einer Freundin meiner Eltern, dass mein Vater an einem Hinterwand-Herzinfarkt gestorben war. Ich begab mich hinunter ins Musikzimmer. Meine Gedanken gingen weit zurück und in große Ferne. Dann entschied ich, das Konzert zu spielen, mich danach um alles zu kümmern. Es war ein besonderer Abend und jeder Ton war ein Schritt persönlicher Trauer, die Musik ein gedachtes Geschenk.

Der eine stirbt. Daneben der andere lebt.
Das macht die Welt so tiefschön.

Alfred Momberts Gedicht stellt zwei Szenen nebeneinander. Wärme, Lebensglück, Freiheit steht gegen Eiseskälte, Verzweiflung und Tod, strömendes Singen gegen verzweifelten Schrei. Für das Mysterium der letzten zwei Zeilen findet Alban Berg Akkordklänge aus anderer Welt: Dieses letzte Lied aus Opus 2 ist Bergs erstes atonales Stück. Vielleicht ist das die einzige Musik, die diesen Worten gegeben werden konnte. Die Tonalität ist aufgelöst. Einfaches Verstehen und Begreifen gibt es nicht mehr. Nur in der Empfindung, im verwehenden Klang ist aufgehoben, was sich irdischer Logik entzieht.

Warm die Lüfte,
es sprießt Gras auf sonnigen Wiesen.
Horch!
Horch, es flötet die Nachtigall ...
Ich will singen:

Droben hoch im düstern Bergforst,
es schmilzt und sickert kalter Schnee,
ein Mädchen im grauen Kleide
lehnt am feuchten Eichstamm,
krank sind ihre zarten Wangen,
die grauen Augen fiebern
durch Düsterriesenstämme.
»Er kommt noch nicht. Er lässt mich warten« ...

Stirb!
Der Eine stirbt, daneben der Andere lebt:
Das macht die Welt so tiefschön.

Die Umarmung auf dem Podium nach dem Konzert ist eine herzliche und sehr persönliche. Der Applaus gibt zurück, belebt und beglückt. Die Zugaben folgen innerem Schwung. Viele Stücke, als Encore gegeben, bekommen ein anderes, freieres Leben als in einer Programmfolge gesetzt. Gemeinsam gehen wir hinaus, immer und immer wieder. Lässt die Begeisterung nach, geht Dieter allein. Das Publikum reagiert sofort. Als ob es ihn nun endlich alleine hätte, bricht der Jubel los. Bleibt er aus, gehen wir nur noch zusammen. Diether Warneck, der treue Begleiter und Helfer, FDs Sekretär über Jahrzehnte, empfängt uns hinter der Bühne und lässt seine Begeisterung spüren.

Immer auf der Suche nach Neuem, rastlos mit sich selbst unterwegs, dieses Lebenselixier trägt FD bis heute. So entstanden die zahllosen Aufnahmen, die das gesamte Gesangsrepertoire dokumentieren, jüngeren Sängern kaum die Chance ließen, Eigenes noch zu entdecken. Vor den meterlangen Reihen von LPs und CDs im Regal konnte Dieter schon mal ironisch anmerken: »Das bin alles ich.« Seiner Ruhelosigkeit und Ichbezogenheit erwuchs die Schwierigkeit, Freundschaften zu schließen und zu pflegen. Die Welt lag ihm immer zu Füßen und drehte sich nach seinem Ermessen. Aus solcher Egozentrik gewann er große Schöpferkraft; und dieser Egoismus ist wohl Voraussetzung für eine solche Karriere. Doch bedeutet dies auch Alleinsein und Sich-allein-Machen.

Aufnahmen, Konserven bedürfen in besonderer Weise des schöpferischen Mithörens, um Leben zu gewinnen. Zu leicht wird die Wiederholung schöner

Stellen zur reinen Unterhaltung. Doch obwohl so vieles auf CD greifbar ist, gehen Traditionen verloren. Wie schnell verschwinden die großen Namen des Musiklebens aus dem öffentlichen und auch persönlichen Gedächtnis. Wie wenige Kritiker schreiben heute im Bewusstsein all der Klänge, der Farben und der Gestaltungslösungen, die große Künstler geschaffen haben? Dabei sollte doch eben dies ihr wichtigstes Anliegen sein, aus breitem Wissen, im Bewusstsein der Tradition, Gegenwart zu beurteilen, jungen Hoffnungen Chancen zu geben, Wege zu weisen und zu ebnen. Jürgen Kesting, Stephan Mösch in Deutschland, Benjamin Ivry und Richard Dyer in den USA, André Tubeuf in Frankreich sind solche Schreibende, ganz ihrer Verantwortung bewusst.

Die lebendige Erinnerung aber ist unersetzlich. Die Eindrücke leben in uns und mit uns, verändern sich und uns, machen unser Leben reich und helfen, in der Vielfalt der Welt manch eigenes Gefühl besser zu verstehen. Schuberts »Des Fischers Liebesglück« nach dem Gedicht von Karl Gottfried von Leitner ist eines der vielen Lieder, die für mich auf immer mit Dieters Gesang verbunden sind.

Dort blinket durch Weiden
Und winket ein Schimmer
Blaßstrahlig vom Zimmer
Der Holden mir zu.

Es gaukelt wie Irrlicht
Und schaukelt sich leise,
Sein Abglanz im Kreise
Des schwankenden Sees.

Ich schaue mit Sehnen
Ins Blaue der Wellen
Und grüße den hellen,
Gespiegelten Strahl.

Und springe zum Ruder
Und schwinge den Nachen
Dahin auf den flachen,
Krystallenen Weg.

Fein Liebchen schleicht traulich
Vom Stübchen herunter
Und sputet sich munter
Zu mir in das Boot.

Gelinde dann treiben
Die Winde uns wieder
See-einwärts zum Flieder
Des Ufers hin dann.

Die blassen Nachtnebel
Umfassen mit Hüllen
Vor Spähern den stillen,
Unschuldigen Scherz.

Und tauschen wir Küsse
So rauschen die Wellen,
Im Sinken und Schwellen
Den Horchern zum Trotz.

Nur Sterne belauschen
Uns ferne, und baden
Tief unter den Pfaden
Des gleitenden Kahns.

So schweben wir selig
Umgeben vom Dunkel,
Hoch überm Gefunkel
Der Sterne einher.

Und weinen und lächeln,
Und meinen enthoben
Der Erde schon oben,
Schon drüben zu sein.

Ein Lied, das Sterben in Schweben löst und dessen Musik den Hörer in die Körperlosigkeit des Alls entführt: Dieters leise Heiterkeit bis in die Schlusszeile hinein, die schwerelose Beweglichkeit seines Singens, die wundervoll gemischten Tonfarben, das zärtliche Rubato – dies zu erinnern ist mir ein unvergänglicher Traum.

Ich habe immer bedauert, dass Altersweisheit einem Sänger nicht zugestanden wird. Bei einem Schriftsteller, einem Maler, einem Bildhauer ist uns diese Summe von Lebenserfahrung bewusst und wert. Natürlichweise verliert eine Stimme im Alter an Geschmeidigkeit. Doch viele Gedichte und auch Lieder sind der Jugendlichkeit nicht zuzuordnen, sind Wahrheiten des Alterns.

Am 13. Dezember 1992 standen wir in Stuttgart auf dem Podium. Für die Internationale Hugo-Wolf-Akademie musizierten wir die Michelangelo-Suite Opus 145 von Dmitrij Schostakowitsch. »Unsterblichkeit« beschließt diesen großen Zyklus.

Qui vuol mie sorte c'anzi tempo i' dorma:
Nè son già morto: e ben c' albergo cangi,
resto in te vivo, c' or mi vedi e piangi;
se l'un nell' altro amante si trasforma.

Qui son morto creduto; e per conforto
del mondo vissi, e con mille alme in seno
di veri amanti: adunche, a venir meno,
per tormen' una sola non son morto.

Es sandte mir das Schicksal frühen Schlaf.
Ich bin nicht tot, ich tauschte nur die Räume:
Ich leb' in euch und geh' durch eure Träume,
da uns, die wir vereint, Verwandlung traf.

Ihr glaubt mich tot. Doch dass die Welt ich tröste,
leb' ich mit tausend Seelen weiter dort
im Herz der Freunde. Nein, ich ging nicht fort:
Unsterblichkeit vom Tode mich erlöste.

Dieter sang russisch. Dass es sein letztes Liedkonzert sein würde, ahnten wir beide nicht. Der Terminkalender war voll weit über das kommende Jahr hinaus.

Am Morgen des 31. Dezember starb meine Mutter. Abends sang Dietrich Fischer-Dieskau im Fernsehen. Bei der Gala für die Marianne Strauss-Stiftung machten so viele mit – Marianna Lipovsek, Thomas Hampson, Peter Seiffert … Dieter sang Falstaff »Tutto nel mondo è burla«, mühte sich. Ich sah ihn leiden. Tags darauf sagte er alles Weitere ab.

VI

Robert Schumann-Preis der Stadt Zwickau für Mitsuko Shirai (1982) – für Hartmut Höll mit der Laudatio von Peter Härtling (1990) • Anton Webern: Klavierlieder – Sprachkunst in höchstem Maße • Alte Oper Frankfurt • Elisabeth Schwarzkopf

D ass Mitsuko 1982 den Robert-Schumann-Preis der Stadt Zwickau erhielt, war eine große Freude. Die Laudatio hielt der örtliche Parteisekretär der SED. Abends zuvor beim gemeinsamen Essen – mit Westwaren – erschien er noch ganz normal. In seiner Ansprache aber musste er wohl alle Ideologeme der DDR-Musikkultur unterbringen – es war eine abstruse Rede. Als mir 1990 die gleiche hohe Ehre widerfuhr, hatte ich mehr Glück. Nun, nach der »Wende« war es möglich, dass Peter Härtling, der Freund, die Laudatio hielt: »Sprachvoll aus dem Herzen«. Sein Thema war, wie zwei Stimmen miteinander verschmelzen, die »Vox humana und das Piano«. Plötzlich wurde der »Begleiter« ein Ehrentitel:

»Wer begleitet, ist, unterwegs in der Kunst, nie allein. Und lässt auch nie allein. Wer sich … entschieden hat, auf seinem Instrument, mit dem er allein sein könnte, zu begleiten, bekennt sich, sei es unverhohlen oder eher verschämt, zu einer dialogischen Existenz.

Nie wird er, wie es in einer verräterischen Wendung heißt, das Wort führen wollen. Nein, er wird mitreden und zuhören, wird in seinen Antworten die andere Stimme, die anderen Stimmen stets einschließen«.

Peter Härtlings Worte machen deutlich, was es heißt, an der Seite eines anderen Menschen zu gehen, den anderen ganz in das eigene Verstehen und Vermögen hineinzunehmen, an ihn in jeder Sekunde zu glauben, ihn ganz gegenwärtig ernst zu nehmen und dabei sich selbst ebenso und umfassend beachtet, verstanden und wahrgenommen zu wissen.

Der künstlerische Alltag sieht anders aus. »Begleiter« heißt vor allem, verfügbar und billig zu sein. Qualität und Persönlichkeit zählen wenig. Wenn sich einer nicht fügt, stehen Dutzende anderer zu begleiten bereit, hoffend, im Glanz des Stars selbst illuminiert zu werden. Ich habe mich davor immer geschützt, indem ich mich neben der Arbeit mit Mitsuko auf sehr wenige andere Partner beschränkte.

Gary Bertini lud Mitsuko und mich 1983 ein, im Rahmen eines größeren Projektes alle mit Opuszahlen ausgezeichneten Klavierlieder Anton Weberns in einem einzigen Programm aufzuführen. Die Lieder Opus 4 nach Gedichten von

Stefan George gehörten zu den frühen Studienerfahrungen. Wir hatten sie bei unserem ersten Liederabend in Tokyo musiziert. So stimmten wir fröhlich zu, ohne wirklich zu ahnen, welche Anstrengung uns bevorstand. Denn in diesen atonalen, später der Zwölftontechnik folgenden Kompositionen ist es für Sänger ohne absolutes Gehör schon schwer genug, alle Tonhöhen zu lernen und mit Sicherheit zu treffen. Rhythmisch komplexe Strukturen und in hohem Maße differenzierte Dynamik in Gesang und Klavier kommen hinzu. Dies alles zu beherrschen, dauert seine Zeit. Doch beginnt erst dann die eigentliche Arbeit, all dies unbewusst werden zu lassen, in den Empfindungen zu speichern, allen Details erlebte Bedeutung zu geben. Diese Mühe aber lohnt sich. Denn manche dieser Lieder gehören zum Schönsten, was im 20. Jahrhundert entstand. Webern selbst arbeitete jahrelang an diesen Miniaturen, hörte in seine Klänge hinein, änderte, verwarf die gefundenen Lösungen immer wieder, suchte erneut. So braucht auch das Lernen dieser Musik solche Zeit.

All diese Lieder sind in höchstem Maße Sprachkunst, folgen dem erlebenden Sprechen, schaffen ihre eigene Zeit und eigenen Raum. Wer sich auf diese ausgehorchten, differenzierten Gebilde einlässt, entdeckt immer wieder Neues, versteht besser und besser Situationen und Empfindungen, den erlebenden Atem, die Unabhängigkeit des Klavierparts vom Gesangspart und zugleich, wie beide ineinander verwoben sind und sich gegenseitig bedingen.

Auf das erste Lied von Opus 3 – auch diese Gedichte schuf Stefan George – habe ich schon hingewiesen. Das zweite thematisiert den Beginn der »Dichter-liebe« mit scheuer Frage und ausweichendem Lächeln – was bleibt, ist ungestillte Sehnsucht. Es folgen zwei Frühlingslieder, das erste noch ganz dem Winter verhaftet, mit einem resignativen, dabei vorausschauenden Ende: »Blumen streut vielleicht der Lenz uns nach.« Das folgende verspricht Zukunft und Wärme: »Rings Blüte nur – von Süden weht es.« Das beschließende fünfte Lied ist statisch und beschwört in mir die Schubert'sche »Winterreise«.

Dies ist ein lied
Für dich allein:
Von kindischem wähnen
Von frommen tränen …
Durch morgengärten klingt es
Ein leichtbeschwingtes.
Nur dir allein
Möcht es ein lied
Das rühre sein.

Im windes-weben
War meine frage
Nur träumerei.
Nur lächeln war
Was du gegeben.
Aus nasser nacht
Ein glanz entfacht –
Nun drängt der mai,
Nun muss ich gar
Um dein aug' und haar
Alle tage
In sehnen leben.

An baches ranft
Die einzigen frühen
Die hasel blühen.
Ein vogel pfeift
In kühler au.
Ein leuchten streift
Erwärmt uns sanft
Und zuckt und bleicht.
Das feld ist brach,
Der baum noch grau …
Blumen streut vielleicht
Der lenz uns nach.

Im morgen-taun
Trittst du hervor
Den kirschenflor
Mit mir zu schaun,
Duft einzuziehn
Des rasenbeetes.
Fern fliegt der staub …
Durch die natur
Noch nichts gediehn
Von frucht und laub –
Rings blüte nur …
Von süden weht es.

Kahl reckt der baum
Im winterdunst
Sein frierend Leben,
Laß deinen traum
Auf stiller reise
Vor ihm sich heben!
Er dehnt die arme –
Bedenk ihn oft
Mit dieser gunst,
dass er im harme
dass er im eise
Noch frühling hofft!

Alle diese Gedichte entstammen dem »Siebenten Ring« von Stefan George. Die Erstausgabe dieser Gedichte wurde von Melchior Lechter herrlich gestaltet und mit Schlangen, Jugendstil-Jünglingen und vielfältigen Ornamenten versehen.

Das erste der Lieder Opus 4 »Eingang« war auch meine erste Erfahrung mit neuerer Musik. Die richtige Farbgebung konnte ich nur finden, indem ich mir die Akkorde »harmonisch« ordnete und dann die Abweichungen erarbeitete.

So ich traurig bin
Weiß ich nur ein ding:
Ich denke mich bei dir
Und singe dir ein lied.
Fast vernehme ich dann
Deiner stimme klang.
Ferne singt sie nach
Und minder wird mein gram.

Dies Lied gehört zu den idealen Schöpfungen. Die Hebungen der Melodie, die atmosphärischen Pausen, die raumschaffenden Klavierakkorde – alles ist ganz der empfundenen Sprachmelodie zugeordnet, ist getragen von einem tief menschlichen Atem. »Ferne singt sie nach« hebt sich leicht dem anderen entgegen, »Und minder wird mein Gram« tröstet mit seiner demütigen Geste.

Wie schwierig die Bewältigung des Materials sein mag, der von Verstehen und Empfindung bestimmte Atem ist es, der auch Opus 12, 23 und 25 trägt. Was auf den ersten Blick zerstückelt wirkt, zerlegt in melodische, dynamische und rhythmische Versatzstücke, gewinnt Einheit durch einen emphatischen Atem. Es ist einfach, dies sprechend auszuprobieren, dabei den rhythmischen Verschiebungen in ihren emotionalen Gewichtungen zu folgen, die dynamischen Angaben ganz auf den Sinngehalt zu beziehen.

Wie bin ich froh!
Noch einmal wird mir alles grün
Und leuchtet so!
Noch überblühn
Die Blumen mir die Welt!
Noch einmal bin ich ganz ins Werden
Hingestellt
Und bin auf Erden.

Hildegard Jone ist die Dichterin der Lieder Opus 23 und 25, die 1934 entstanden. 1918 veröffentlichte sie ihre ersten Gedichte. Sie pflegte Kontakte zu Karl Kraus und Peter Altenberg. 1926 begann die intensive Freundschaft mit Anton Webern. Jone starb 1963 als Fürsorgeempfängerin im Sanatorium Purkersdorf. Ihre Werke wie auch der Briefwechsel mit Webern zeugen von einer pantheistisch-naturmystifizierenden Gedankenwelt.

1981 war die Alte Oper Frankfurt wiedereröffnet worden. Unter der Leitung von Ulrich Schwab und Toni Krein wurde dieser Neubeginn zu einem großen Fest, die AOF zum kulturellen Mittelpunkt der Stadt. Das Publikum kam mit großen Erwartungen und ließ sich auf alles ein. Ob neue, ob alte Musik, man wusste, dass in jedem Fall Interessantes geboten würde. Auch eine Liederabendreihe entstand und fand breite Aufnahme.

Toni Krein fragte mich, ob ich Lust hätte, Meisterklassen von Elisabeth Schwarzkopf zu begleiten. Ich hatte die Schwarzkopf selbst nur bei einem Lieder-abend ihrer Abschiedstournee erlebt, kannte einige ihrer Schallplatten, fühlte eher zwiespältig. Doch empfand ich die Anfrage als unverhoffte Chance, neben Fischer-Dieskau nun auch in Elisabeth Schwarzkopf eine große Tradition kennen-zulernen. So saß ich bald neben ihr im Hindemith-Saal der AOF und staunte über alles, was verlangt wurde. Nach zwei Tagen war ich mir nicht sicher, ob die Teilnehmer nicht fähig genug wären oder aber nicht wirklich verstanden würde, was Elisabeth Schwarzkopf wollte. So fragte ich Mitsuko, ob sie Interesse hätte, der Schwarzkopf einmal vorzusingen. Sie stimmte zu.

Wieder begannen wir mit Schuberts »Winterabend«, um nach wenigen Takten unterbrochen zu werden, das sei aber kein Legato. Nun, Mitsuko hatte nicht non legato gesungen, auch hatte kein anderer bisher dieselbe Kritik geäußert. Doch schnell waren wir gefangen in der Faszination, die von Elisabeth Schwarzkopf bis heute ausgeht.

In den kommenden Monaten fuhren wir oft nach Zumikon bei Zürich, arbei-teten dort stundenlang mit einer nie ermüdenden Meisterin – immer im Dienste des Ausdrucks auf der Suche nach dem »schönsten, gesündesten und flexibelsten

Klang«. Was die Schwarzkopf verlangte, ist ein Legato auf einem einzigen Vokal, glissandoah von einer Note zur anderen gleitend, ohne jede Stufe, ohne jedes neue Anstoßen des Tons. Dass Klang für den Musiker gehörte Präzision ist, habe ich bei ihr verstanden: Elisabeth Schwarzkopf war ein Ohrenputzer. Doch auch ihre Genauigkeit beim Notenlesen erstaunte mich immer wieder. Wie viele Details waren mir nicht bewusst geworden bei allem eigenen Bemühen! Es war eine intensive gemeinsame Zeit, die große Kraft kostete, aber reichen Gewinn brachte.

Ich habe nie eine andere Sängerin getroffen, die kenntnisreicher mit allen stimmlichen Erfordernissen umging. Nicht nur, dass sie minutiös polierte und feilte, bis das tonliche Ergebnis ihren kritischen Ohren standhielt. Sie vermochte auch in Stimmen hineinzuhören, die unausgeschöpften Möglichkeiten zu erahnen und zu öffnen.

Stets forderte die Schwarzkopf gedecktes Singen für goldfarbenen Klang, entschiedene Behandlung der Vokale, bewussten Umgang mit den Stimmregistern. Sie hasste falsche Schärfe des Klangs und konnte schnell von »hässlichem Lärm« sprechen. Immer wieder verwies sie auf die technischen Unterschiede zwischen Frauen- und Männerstimmen. Bruststimme durfte nie zu tief, musste in verschiedenster Weise gemischt eingesetzt werden. Die Kopfstimme aber mit ihren berührend weichen Klängen und der Möglichkeit, aus zartestem Pianissimo bis ins Fortissimo hinein zu crescendieren, ohne Bruch im Decrescendo genau im ersten Ansatz wieder anzukommen, war ihr sängerische Lebensnotwendigkeit. Bei Kopftönen wie beim Legatosingen konnte sie ihre Forderung so hoch ansetzen, dass man erst wirklich verstand, welche Qualität sie selbst innerlich hörte, wenn es für einen Moment endlich gelang.

Bei allem verwies sie immer auch auf die sich mit der Sprache ändernden stimmtechnischen Notwendigkeiten. So reagierte sie später einmal sehr ärgerlich, als in einem Fernsehfilm ihrer Arbeit mit einer jungen russischen Sängerin an der deutsch gesungenen Pamina ihre eigene – italienisch gesungene – Mailänder Version gegenübergestellt wurde. Beides ist in Stimmgebrauch und Farbe eben nicht vergleichbar.

In der Arbeit an Hugo Wolfs »Die Bekehrte« war zu lernen, was Partiturdynamik bedeutet, dass die manchmal taktweise wechselnden dynamischen Bezeichnungen p/pp im Klavier und im Gesang zu beachten sind, war zu spüren, dass dies eine sinnvolle Belebung von Text und Situation bringt, sich dadurch auch die rhythmische Struktur ordnet. In »Nachtzauber« verstand es Elisabeth Schwarzkopf, durch technisch bewusstes Platzieren der Töne diesem Lied all seine irisierenden Farben zu geben. Ton für Ton wurde in Sitz, Farbe und Ausdruck erarbeitet, zu schlank schimmernd-schwebendem Klang moduliert.

Ihr sängerischer Rat war umfassend, ihr praktischer Sinn konnte immer wieder überraschen. So kommentierte sie – wie ich schon erwähnte – ein ausgefeiltes Programm, damit könne man nun Geld verdienen, oder verwies bei bestimmtem Repertoire darauf, das studiere man fünf Jahre, könne es dann vielleicht fünf Jahre sehr gut singen, weitere fünf, ohne dass die Schwierigkeiten hörbar würden. Danach müsse man sich sicherlich von diesem Stück verabschieden und zu anderem Repertoire weitergehen.

Zahlreiche Tonbänder, unveröffentlichtes Material aus Produktionen Walter Legges, lagen im Keller. Zwar gab es eine Namensliste mit Werken, doch waren sie den Bändern nicht zugeordnet. Ich spielte wahllos ab, wir hörten gemeinsam hinein. Nach zwei, drei Tönen bereits benannte Elisabeth John McCormack, Meta Seinemeyer, Tiana Lemnitz, Friedrich Schorr, Herbert Janssen, Elena Gerhardt o. a. als Sänger. Sie irrte sich nie. Da begriff ich, aus welchem verfügbaren Wissen, aus welchem Reichtum an Hörerinnerungen, an Erfahrung sie ihre eigene Arbeit und die anderer beurteilte.

Wenn sie doch einmal bei einem Lied nicht sicher war, wie dies oder jenes technisch anzufassen sei, damit es musikalisch Sinn mache, rief sie Maria Ivogün, ihre alte verehrte Lehrerin, an. Uns kam dies vor wie ein Telefonat ins letzte Jahrhundert.

Mit Kommentaren zu ihren eigenen Schallplattenaufnahmen war sie sehr frei und absolut uneitel. Immer hatte sie vor, sich auch öffentlich kritisch dazu zu äußern, damit als Maßstab für die Zukunft wirklich das im Bewusstsein bliebe, zu dem sie selbst stand. Bei manchem konnte sie sagen: »Walter wollte unbedingt, dass ich das singe. Aber ich hätte es nicht tun sollen.« Überhaupt war Walter Legge beinahe leibhaftig anwesend. Auch lange Jahre nach seinem Tod war sie »Her Master's Voice«.

Was sie sich einst erarbeitet hatte, ging ihr nie verloren. Das Wissen um die Position eines jeden Tones ließ zu, dass sie auch im hohen Alter vorsingen konnte. Vielleicht fehlte da die körperliche Kraft für ganze Stücke. Doch ist mir unvergessen, wie mich Qualität und Farbe ihres Klangs trafen, als wir in einem Frankfurter Kurs zur letzten Seite von Wolfs »Die Zigeunerin« ansetzten. Ich spielte sogleich in voller Konzentration und Spannung, nur hoffend, dass meine Musik ihr keinen Anlass bieten würde, aufzuhören. Nicht nur der Glanz ihres Gesanges faszinierte; was mich als Partner mitnahm, was zugleich keinen Hörer aus dem Erleben entließ, war der intensive Strom ihrer Musik. In Zumikon hatte ich das Glück öfter, dieses Wunder leibhaftig zu erfahren.

Ihre unerbittliche Härte, die mitunter verletzende Strenge ihrer Kritik ist berüchtigt. Nicht an vielen Orten spricht man gut von ihren Meisterklassen. Eine gewisse Mitschuld hat dabei manchmal auch ein allzu vergnügtes Publikum. Es ist ja nicht einfach für junge Leute, öffentlich auseinandergenommen zu werden, vor Publikum mit »Kindchen« angesprochen zu werden. »Ein bisschen Gehirn braucht man schon zum Singen«, konnte sie sagen. Für mich aber ist in der Rückschau entscheidend, dass Elisabeth Schwarzkopf sich selbst einst mit der gleichen Strenge und Unerbittlichkeit abverlangte, was sie bis zuletzt von anderen forderte: Genauigkeit im Denken, Verstehen und Umsetzen – und eine grenzenlose Hingabe. Wenn sie sagte, sie hätte eine Phrase tausendmal übend gesungen, bevor sie damit aufs Podium ging, muss man dies wörtlich nehmen.

Bei manchen ihrer Kommentare war man versucht, sie vor sich selbst zu schützen. Besonders bei rassistischen Akzentuierungen gegen Nichtdeutsche im vermeintlichen Dienst an der eigenen Kultur – Mitsuko nahm sie hier immer ausdrücklich aus – wurde es mir manchmal schwer, Kursteilnehmern und Publikum gegenüber auszugleichen. Doch sind die Filme von Syrthos Dreher und Norbert Beilharz über ihre letzten Meisterklassen bei der Stuttgarter Hugo-Wolf-Akademie großartige Zeugnisse und bleibende Dokumente einer großen Künstlerin und Wissenden.

Ein Lied, ein Werk, eine Partie genau zu lesen, zu erfassen, zu lernen, dem Verstandenen mit kritischen Ohren die schönsten Klänge zuzuordnen, das war Elisabeth Schwarzkopfs Weg. So entstanden Charaktere wie auf Marmorsockeln. Ihre auf der Schallplatte dokumentierte Mignon von Wolf/Goethe erlebe ich so. Die Perfektion, mit der diese Gestalt von ihr sängerisch geschaffen wurde, erhebt auch Anspruch auf ewige Gültigkeit, weiß nicht von der unendlichen Vielfalt der Möglichkeiten und der Unbedingtheit des Augenblicks.

Für mich war es ein großes Glück, Elisabeth Schwarzkopf und Dietrich Fischer-Dieskau in ihrem hohen Anspruch und ihrer so verschiedenen Art kennenzulernen. Von ihnen zu lernen, hat bis heute nicht aufgehört. Solch Nachhören und Nachdenken kommt wahrscheinlich nie zu einem Ende.

Gemeinsam reisten Mitsuko und ich mit ihr nach Japan, sangen für die Schwarzkopf ein Konzert in der Wigmore Hall, feierten sie zusammen mit Thomas Hampson im Frankfurter Mozartsaal zu ihrem 70. Geburtstag. Einige Jahre später wählte und wünschte sie selbst sich die Lieder für ihr Stuttgarter Geburtstagskonzert: Ihr da zu genügen, war eine schwerlich zu lösende Aufgabe.

Walter Legge hatte einst einen Tisch von Hugo Wolf aus Wien, aus London in einem knallbunten Koffer Frank Walkers Aufzeichnungen zu seiner großen Wolf-Biografie mitgebracht. Beides schenkte sie uns. Rita Streich trafen wir in ihrem Haus. Peter Pears kam eines Nachmittags zu Besuch vorbei. Noch deutlich erinnere ich seine kühle Gestalt. Einen liebenswerten Mann aber vergesse ich nie. Gustl Breuer, der Elisabeth Schumann bis zu ihrem Tod gepflegt hatte, kam immer mal wieder aus New York angereist. Eingedenk der ständigen Bakterienfurcht von Elisabeth – Sagrotan stand neben den Champagnerflaschen – musste er, ohne abzusetzen, seinen Koffer vom Eingang durch das Haus in den Garten tragen. Dort wurde dann ausgepackt. Gustl Breuer verdanken Mitsuko und ich unser USA-Debüt. Er öffnete Wege nach New York. Eines Abends rief er Elisabeth an, er müsse an einem Gehirntumor operiert werden. Zwei Tage später war er tot.

Aus gutem Grund wagten Mitsuko und ich eines Tages, Schuberts »Winterreise« einzustudieren und aufzuführen. Für uns ist dies ein Werk, das in seiner Bedeutung nicht an Mann oder Frau gebunden ist. Dieser Verlust von Glaube, Liebe, Hoffnung betrifft den Menschen. Bei der Schwarzkopf löste dies heftigen Widerstand aus. Ihre Kritik trug sie in Interviews und Gesprächspodien in die Öffentlichkeit, kämpfte heftig für die Trennung und Zuordnung von »Männer-« und »Frauenliedern« und scheute auch nicht davor zurück, zu bedauern, sie selbst und die Sänger ihrer Generation hätten diese Wahl nicht nur bei Richard Strauss zu oft mißachtet. Auf welche Kostbarkeiten hätte das Publikum da verzichten müssen, das zu leicht gewillt war, mit schallendem Gelächter Einverständnis zu zeigen, dass der Gedanke an einen »Frauenliebe und Leben« singenden Fischer-Dieskau dem Karneval zuzurechnen sei! Doch darum ging es ja nicht.

Die Frage, welches Repertoire aufgeführt werden soll, ist vom Interpreten in hoher Verantwortung zu klären. Entscheidend dabei ist, ob es um ein geschlechtsspezifisch maßgebliches Werk geht (wie es Schumanns Frauenliebe sicherlich ist), ob es sich um die Darstellung eines Charakters (so sang Fischer-Dieskau zu meiner anfänglichen Überraschung die Therese von Brahms/Keller) oder auch um eine allgemein gültige Situation handelt. Schuberts »Müllerin« schildert eine desaströse Verliebtheit, den tödlichen Irrtum eines jungen Mannes. Ich kann mich daher mit Barbara Hendricks als jungem Müllersburschen nicht anfreunden. Verlorene Liebe des Mannes zu einer Frau ist in der Winterreise aber nur der Auslöser einer Lebenswanderung, die alles hinter sich lässt – ein Menschheitsthema. Weiter gedacht stellen sich unsinnige Fragen: War es »zulässig«, dass ein Mann »Frauenliebe und Leben« dichtete, dass männliche Komponisten »Mignon«, »Die junge Nonne«, »Die Zigeunerin« oder »Das verlassene Mägdlein« komponierten?

Nur ein Argument der Schwarzkopf bleibt und will bedacht sein: Männerstimmen singen eine Oktave tiefer als im Violinschlüssel notiert. So entsteht ein anderes Klangbild, kommen andere Stimmkreuzungen zustande. Ob dies vom Komponisten bedacht und beabsichtigt war, darf bei der Repertoireentscheidung nicht vernachlässigt werden. Doch konsequent angewendet, würde es schon bei den Liedern Schuberts große Repertoireverschiebungen und -einbußen bewirken. Heute sind all solche Überlegungen bereits vom Konzertleben überholt: Matthias Goerne singt die »Frauenliebe« in London und Paris, und den Medien ist dies Schlagzeilen wert.

Musik war für Elisabeth Schwarzkopf elitär, forderte immer den ganzen Einsatz, um im bewusst ausgearbeiteten Klang und Ausdruck unter Mühen zur zweiten Natur zu werden, um mit schimmernd-schlanken Tönen viele Menschen zu erreichen. Ihr Maßstab war stets die Größe des Werks, nicht persönliche Eitelkeit, Allüren oder Zeitgeschmack. Selbst die köstlichste Stimme stand ihr nie vor dem Werk. Rückblickend bleibt, welches Ethos Elisabeth Schwarzkopfs Beschäftigung mit Kunst prägte: der Respekt vor dem Werk und seinem Schöpfer, das Bewußtsein, nur nachschaffender Künstler zu sein.

VII

Alte Oper Frankfurt – Lied, canzone, mélodie • Professor in Köln: Christiane Oelze – Eric Schneider • Schuberts »Im Freien« • Ausflug in die Klaviertechnik • Klavierspiel: Kunst der Imagination • Phantasie ist Körperfunktion • Erfahrungen mit dem Hammerflügel • Bayreuther Klavierbauer: Steingraeber & Söhne • Thomas Gärtner • Die Röllchen des Josef Meingast • Hugo Wolfs Tübinger Flügel • »Allerseelen« • »Für den, der heimlich lauschet« • Unterrichten ist Wegbegleitung – Frankfurt, Köln, Salzburg, Helsinki, Karlsruhe, Zürich • Gegensätze leben

Der Mozartsaal der Alten Oper in Frankfurt wurde für viele glückliche Jahre ein Zuhause. Dietrich Fischer-Dieskau und ich gaben dort einige Serien von Liederabenden. Regelmäßig waren auch Mitsuko und ich dort zu Gast. Ich erinnere eines besonders verqueren Programms, in dem wir einen klangseligen Arnold Schönberg herben Vertonungen von Richard Strauss gegenüberstellten.

In besonderer Weise forderten wir uns selbst heraus mit vier Abenden in einem Monat, die zweimal dem deutschen, dem französischen und italienischen Repertoire gewidmet waren. Sie zeigten die unterschiedliche Stilistik von Lied, canzone und mélodie. Dabei verlangt jede Sprache in gewisser Weise eine andere Technik, hat andere Ausdrucksweisen und offenbart anderen Klang. So erweiterte sich das Repertoire um Werke von Malipiero, Resphigi und Castelnuovo-Tedesco, Chausson, Fauré und Debussy.

1986 war ich Professor in Köln geworden. Nach der guten Frankfurter Zeit brachte diese im Vokalbereich damals sehr opernorientierte Hochschule eine gänzlich neue Erfahrung. In diesem großen Haus fühlte ich mich eher verloren, jedenfalls wenig gewärmt, zumal die Liedklasse zur Gesangsabteilung gehörte, nur Sänger in Prüfungen über Pianisten urteilten, die ihrerseits von den Leistungen der Gesangsstudierenden abhängig waren. Gerald Moores simple Frage »Bin ich zu laut?« war leitmotivisch, und Liedbegleiter wurden für gut befunden, wenn sie wenig störten. Allein Edith Kertész, die Witwe des Dirigenten István Kertész, der 1964 Musikdirektor der Kölner Oper geworden war, 1973 bei einer Tournee in Israel im Meer ertrank, ebenso Klesie Kelly waren liebenswürdige Kollegen, mit denen die Zusammenarbeit große Freude machte.

Ein Liedduo allerdings fand sich in der Klasse, das zu großen Hoffnungen Anlass gab: Christiane Oelze mit ihrem schwebenden Sopran und der eigenwillige, vielseitig begabte Eric Schneider. Da entstanden feingestrickte Liedmomente von großer Ausstrahlung. Ich bedauerte sehr, als ihr künstlerischer Weg nach dem Studium auseinanderging, freue mich, dass sie heute wieder miteinander musizieren. Ich erinnere gut, wie wir Strauss, Webern, Schubert und vieles andere miteinander erarbeiteten und unsere Ideen austauschten.

Draußen in der weiten Nacht
Steh ich wieder nun,
Ihre helle Sternenpracht
Läßt mein Herz nicht ruhn!

Tausend Arme winken mir
Süß begehrend zu,
Tausend Stimmen rufen hier,
»Grüß dich, Trauter, du!«

O ich weiß auch, was mich zieht,
Weiß auch, was mich ruft,
Was wie Freundes Gruß und Lied
Locket durch die Luft.

Siehst du dort das Hüttchen stehn,
Drauf der Mondschein ruht?
Durch die blanken Scheiben sehn
Augen, die mir gut!

Siehst du dort das Haus am Bach,
Das der Mond bescheint?
Unter seinem trauten Dach
Schläft mein liebster Freund.

Siehst du jenen Baum der voll
Silberflocken flimmt?
O wie oft mein Busen schwoll
Froher dort gestimmt!

Jedes Plätzchen, das mir winkt,
Ist ein lieber Platz,
Und wohin ein Strahl nur sinkt,
Lockt ein teurer Schatz.

Drum auch winkt mir's überall
So begehrend hier,
Drum auch ruft es, wie der Schall
Trauter Liebe mir.

Schuberts herrliches Nachtlied »Im Freien« nach dem Gedicht von Johann Gabriel Seidl war eine frühe Erfahrung, die mich auch in der Technik nachhaltig bestimmte. Sechs Seiten lang gilt es, durchgehende Sechzehntel zu spielen, in Sekunden, Terzen, Quarten, Quinten, in Sechsten, in Oktaven, in Akkorden. In dieser vielfältigen unendlichen Bewegtheit sind das Sternengefunkel und die vibrierende innere Sehnsucht verwoben. Bei solch einer Musik begreift man leicht, wie wichtig es für das Klavierspiel ist, im Klang zu spielen, im Klang einen Weg zu finden und nicht eine pianistische Attacke auf die andere zu schichten. So lernte ich, den Klang in mir selbst zu stützen und nicht auf dem Tastenboden. Um dieses technische Tragen zu finden, half mir, eine geöffnete Tageszeitung mit beiden Armen frei schwebend zu halten, eine leise Eigenbewegung beim Lesen zuzulassen, als ob ein Windhauch die Arme leicht berühre. Der Arm ist dabei von der Schulter bis in die Fingerspitze hinein eine stabile, aber bewegliche Einheit. Man wundert sich nach kurzer Zeit, wie anstrengend solch Schweben ist, begreift, dass die Arme zum Rücken gehören und mit ihm verbunden sind. So im ganzen Körper geformt wird es leicht, den Strom der Musik weithin zu tragen, frühe Schwerpunkte zu vermeiden, was Schuberts weit über die Viertaktigkeit hinausreichende unendliche Melodie möglich macht. Alle hinzukommenden Klänge scheinen wie Obertöne im Grundton schon enthalten zu sein, werden nach und nach mehr und mehr hörbar. Der Klang scheint auf dem Arm zu schweben, wird dort in seiner eigenen Bewegung erlebt und formbar, ist nicht statisch auf den Augenblick des Anschlags mit der Fingerkuppe begrenzt. In solcher nie nachlassenden Klangseligkeit werden die beiden einzigen Pausen am Ende dieses langen Liedes und der ausklingende Schlussakkord zum staunenden Innehalten und zur atmenden Stille.

Während meiner Kölner Lehrtätigkeit arbeitete ich mit den Pianisten meiner Klasse technisch sehr bewusst, versuchte vieles am zweiten Klavier zu zeigen, Bewegungsabläufe deutlich und nachvollziehbar zu machen. Was mir selbst aus meinen reichen Empfindungen technisch-körperlich ganz selbstverständlich verfügbar war, entdeckte ich in der Kölner Zeit im Nachdenken darüber, wie ich selbst das alles eigentlich »machte«. Als Ideal erschien mir dabei, dass Empfindung, Körperspannung und Tonerzeugung gänzlich in eins zusammengehen sollten. Erst Jahre später wurde mir bewusst, warum es manchen Studierenden so schwerfiel, eine eckige Bewegung des Handgelenks durch eine runde und geschmeidige zu ersetzen. Machte ich vor, sahen sie nur auf das Gelenk, statt wie ich es selbst unbewusst tat, im auf das Gesicht gerichteten Blick die ganze Person wahrzunehmen. So blieb unbemerkt und unverstanden, dass eine weiche, wenn auch nur technische Bewegung bereits eine weiche innere Haltung und entsprechende persönliche Empfindsamkeit voraussetzt. Im kritischen Bewusstsein des Lernens und im eifrigen Bemühen, alles gut zu verstehen, wird der Rücken hart, das Brustbein festgelegt. Das passiert sehr schnell auch dann, wenn mit starren Augen die Noten »genau« gelesen werden statt nur erinnernd gestreift. Nur im Empfinden lösen sich Rücken und Brustbein, sinkt der Rücken etwas, öffnen sich die Schultern, wird der Busen beweglich. Der Busen? Erst spät lernte ich, wie sehr sich der moderne Sprachgebrauch verändert hat, warum Hölderlin und Waiblinger wie auch viele andere dieser empfindsamen Zeit nicht vom hübschen Busen eines Mädchens sprachen, sondern das Tal zwischen den Brüsten als Busen bezeichneten, das den Männern ebenso eignet – der Ort, wo die Seele lebt. Muss ich mich behaupten, stellt sich der unterste Punkt am Brustbein, dort wo die Rippen auseinandergehen, fest; im Stolz hebt sich diese Stelle sogar ein wenig; wo ich mich ohne Furcht im Privatesten schutzlos machen darf, sinkt es etwas dem Herzen zu: innig eben, nicht »außig«. Ganz von selbst öffnet sich das Gesicht dabei, der Blick verliert alles kritisch Ernste, die Zunge ist tiefgestellt und in leisem Lächeln ganz offen strömt der Atem tief hinein.

In der westlichen Kultur sind wir gewohnt, alles zu verbalisieren. Im Verstehen der Rede entsteht logisches Bewusstsein, bildet sich Strenge des Gedankens und selbstbewusste Kraft. Es ist ein mühsamer Prozess, Wissen in Körper zu verwandeln, selbstlos werden zu lassen, Kraft nicht mit Härte zu verwechseln, sondern in Gelassenheit und Weichheit verfügbar zu haben. Die Meister des Ostens erklären nicht. Der Schüler darf dabei sein, sieht zu; versteht, was er in sich selbst vom Meister finden kann. Während Worte der Grund vieler Missverständnisse sind, die meist durch weitere Worte behoben werden sollen, wachsen hier Verstehen und Können durch Miteinandersein und in einem Tempo, das der Nehmende bestimmt.

Europäische Musik ist an Notation gebunden, ist Druckwerk, nicht mündlich-lebendige Überlieferung wie bei den Zigeunern oder am thailändischen Königshof. Noten auf dem Papier versuchen zu fixieren, was eigentlich nicht festzumachen ist. Denn Klang ist immer Bewegung, bewegte Luft, ist flüchtig, verändert sich bis zum völligen Verschwinden, hat keine Ecken und Kanten, kann nicht angefasst werden, lebt nur im Atem, in der Schwingung, steigt und sinkt, schafft flüchtige Zeit oder verdichtet sie. So ist Musik eine vergängliche Kunst. Sie gibt der Zeit Struktur und der Empfindung in ihr Leben und Ausdruck. Auch im handwerklichen technischen Prozess kann sie nicht festgehalten werden. Der Versuch, Musik gegen die fließende Zeit zu fixieren, macht den Klang gedrückt, leblos, stumpf. Dabei beeindruckt gutes Musizieren durch größtmögliche innere

Differenzierung. Solche kann anerzogen und trainiert werden. So ist im solistischen Spiel manches erfolgreich, sei es nur eigenständig oder gar exzentrisch genug. Das Ohr gewöhnt sich allzu rasch. Doch nur atmende Klänge mischen sich mit anderen, ohne Durchlässigkeit des Tons gibt es kein kammermusikalisches Gespräch. Resonanz heißt, lebendige Schwingung schaffen und zugleich auch aufnehmen können. Solche lebendigen Klänge machen gesund.

Technik ist immer nur der Weg, das zu verwirklichen, was man möchte, Empfindung in Klang umzusetzen, Empfindung sich selbst und anderen verständlich zu machen. So geht dieses Fühlen jedem Ton voraus, Hören reagiert auf das, was die Empfindung mir an Ton schenkt. Empfindung ist der Zukunft zugewandt, das Hören in die Vergangenheit gerichtet, die Gegenwart wird als bewegter Energiestrom erlebt. Nie sage ich einem Schüler, er müsse den Klang hören, bevor er ihn spiele. Die im Verstehen des Werkes gefundene Empfindung öffnet durch das In-sich-selbst-hinein-Hören Atem und Seele, verändert meinen Körper, formt meine Hand, weist dem schwebend schwingenden Arm seinen Weg.

Der Pianist hat sein Instrument vor sich. Ein Sänger hat es in sich. Nun klingt der Kehlkopf mit seinen Stimmbändern für sich allein nicht, wie Experimente bewiesen haben, bei denen die Organe von Toten mit durchströmender Luft zum Tönen gebracht wurden. Erst ein lebendig gespannter und geöffneter Körper lässt die Stimme klingen. Dies entspricht der enormen Spannung der Klaviersaiten, die im Instrument ein Stahlrahmen auszuhalten hat. Eine Stimme zu bauen, sie funktionstüchtig zu machen: Die Sänger haben hier zu leisten, was die Klavierbauer den Pianisten bereitstellen. So hört man allzu oft von Sängern, die Stimme müsse eben funktionieren. Künstlerische Technik aber beginnt jenseits davon.

So unerlässlich Geläufigkeit der Finger ist, beim »erwachsenen« Spiel müssen die Finger auch dem ganzen Arm verbunden bleiben. Auch dieser ist geformt, dabei in sich beweglich, der Ellbogen immer frei und ohne Spannung hängend, sich nie selbst bewegend, aber in die große Bewegung einbezogen; die Schultern ungefühlt. Kein Gelenk sollte in einem spitzen Winkel geschlossen sein, nur die Muskulatur der Hand, des ganzen Arms – unendlich schnell und fein veränderbar in ihrem Tonus – formt Ton und Klang. Als Pianist atmen wir mit dem Zwerchfell wie alle Menschen, doch auch der Arm selbst atmet und phrasiert, kein Gelenk ist festgestellt. So entsteht die pianistische Vielfalt, der orchestrale Reichtum des Klavierspiels. Schweben können heißt dabei, sich bewusst zu sein, dass Gelenke nicht selbst bewegt werden, sondern nur Nahtstellen sind, die atmende Bewegung der Glieder zulassen und damit möglich machen, den Klang körperlich zu begleiten, bewusst-unbewusst zu erleben, wie er gleichsam über dem Arm schwebt. Ein Gelenk selbst zu bewegen, hieße immer, ein anderes zu fixieren. Setzt man aber diese freie fließende Bewegung durch die Mitte aller Glieder des Arms und der Finger fort, kommt man zuletzt nicht mit der Fingerkuppe auf der Taste an, sondern dahinter, sozusagen im Klang selbst: Auch die Fingerkuppe fixiert keinen Ort auf der Taste, sondern ist in die schwebende Bewegung des ganzen Arms einbezogen immer gleitend unterwegs, dem Klang folgend in all seinen Veränderungen von Ton zu Ton. So entsteht in der Bewegung durch die Tasten und im Mitschwingen des Arms bei gänzlich offenen Gelenken eine in sich verschränkte dreidimensionale Acht – nicht ohne Grund Symbol der Unendlichkeit. Wären unsere Arme vorne am Schlüsselbein angewachsen, würden sich die Hände senkrecht von oben auf die Tasten senken. Doch aus der natürlichen seitlichen Stellung bewegen wir Arme und Hände immer gleichzeitig rund und schräg. Diese Spannung gegen die einfache Ebene bleibt dem Arm immer erhalten, hält die Beweglichkeit lebendig. Einen Ton in einschwingender Bewegung öffnend vorzubereiten, fordert immer symmetrisches Verhalten; eine leichte Hebung hinter dem Handgelenk öffnet atmend den Ton. Dabei ist mir die Fähigkeit, alle seitlichen Bewegungsmöglichkeiten des Handgelenks auszunutzen, fast wichtiger als das schon den Kindern beigebrachte Rauf und Runter.

So entstehen obertonreiche Töne mit vielen Farbmöglichkeiten aus einer Bewegung, die dem Arm und vor allem der Hand unmerklich einen Drall von rechts außen nach links innen gibt. Die Taste wird eine Millisekunde beschleunigt und ist sofort wieder unbelastet. Die Bewegung stoppt niemals in einem toten Moment im Tastenboden; immer ist man im Klang und in der Musik unterwegs. Horizontal spielen und nicht vertikal ist die Devise.

Dazu dient auch das Lösen des Fingers im Grundgelenk. So hebt nicht der Arm die Finger aus der Taste, sondern Hand und Finger sind im Lösen schon für den neuen Griff bereit. Bei Sprüngen gilt es oftmals, nicht den üblichen Weg des oberen Bogens zu gehen, der zu leicht im Tastengrund landet. Verbundener und einfacher in einem Klang zu spielen sind Bewegungen, die nach dem Fingerlösen durch Führung eines quasi unterhalb der Tastenoberfläche geführten Bogens entstehen. Die durch all dies entstehende körperliche Ruhe beim Spiel gibt den Gedanken Freiheit, lässt die klingende Zeit länger erleben als den Moment der Tonerzeugung, bringt Mensch und Seele ganz in die Musik. Klavierspiel – Kunst der Imagination.

Den glockigen Tönen des leichten Arms stehen die Klänge des Legato-Espressivo entgegen. Die Masse des Arms ändert sich mit den Empfindungen. Es scheint, als ob die Ellbogen zwischen Rippe und Hüfte angewachsen seien. Die dort sich mit der Empfindung verändernden muskulären Spannungen bestimmen auch den Unterarm und die innere Verbundenheit der Finger. So wachsen die Finger gleichsam in die Tasten, bewegen sich durch den Tastenboden in steter Variation, indem sich die Kräfte mit den Empfindungen unaufhörlich ändern.

Die singende Melodie, Ausdruck der Persönlichkeit, atmosphärisch getragen von den Harmonien der Akkorde, verlangt eine unaufhörliche, raffinierte Mischung beider Tonweisen. So gelingt, was das Klavierspiel auszeichnet: Ich kann das Zentrum der Musik mit meinem persönlichen Gesang ganz ausfüllen, kann gleichzeitig weite Räume, Atmosphäre schaffen, kann dem Lied eine Szene geben, kann Musik aber auch absichtslos und wie von selbst, mir nicht zugehörig klingen lassen. Ausgangspunkt ist dabei immer das Verständnis des Werkes und dass ich mich selbst ganz in der Mitte des Stückes empfinde. Daraus resultiert – nebenbei bemerkt – auch ein Problem, das vielen Studenten zu schaffen macht, die ihre Schwächen kennen und es gut machen wollen: Man kann nie das Richtige gewinnen, wenn die Motivation ist, etwas Bestimmtes zu vermeiden.

Warum dieser Ausflug in die Klaviertechnik, zumal Technik eine allen Schulen zum Trotz sehr individuelle Angelegenheit ist? Um in der – vor allem vokalen – Kammermusik Partner sein zu können, muss ich Kraft und Persönlichkeit des anderen aufnehmen können. Arbeite ich mit einem Bassbariton zusammen, wird mir die Empfindung für seinen breiten, dunkelblau-samtigen Stimmstrom von vornherein einen anderen Körper schenken, als wenn ich mit einer silbrigen, quirligen Sopranistin musiziere. Um dies leisten zu können, ist das Wichtigste, frei von Unarten zu sein. Mit Hohlkreuz und eingehängtem Rückgrat ist es schwierig, beweglich zu reagieren. Die Schultern belastet nach vorne unten zu drücken, schließt seelische Offenheit aus, bringt den Kopf über die Hand, als ob die Befehle des Gehirns in den Fingern direkt umgesetzt würden, verleugnet so den natürlichen Weg: die Kraft des Oberarms, die Atmung des Unterarms, die freie Formung der Hand. Dabei entspricht diese Dreigliederung des Armes der Gesamtheit des Körpers, den auch der Sänger lebendig halten muss: Kopf mit Lippen, Zunge und weichem Gaumen zur differenzierten Formung, Atmung und Seele in der Körpermitte, Stütze und Kraft im Unterbauch. Beide, Sänger und Pianisten, müssen klingende Körper haben, das heißt aufgespannt-flexibel. So werden auch die Pianisten die Rippen und den Hals offen halten, nicht die Zähne aufeinanderbeißen oder die Ellbogen anklemmen. Dem Vorne-Singen, das die Töne kurz und sprachbetont macht, entspricht die kurze Fingerattacke in den Tastenboden. Was den Sänger im Klang singen lässt, so dass er die Stimme drehen und wenden kann, wie er will, was den Klangstrom niemals abbrechen lässt, wobei die Flexibilität der deutschen Nebensilben sich beinahe von selbst ergibt, was Klänge üppig und farbreich macht, was der Klangqualität Rundheit und Ausgeglichenheit gibt, diesem hinteren Raum entspricht beim Pianisten eine Hand, die von unten eine geformte Kuppel fühlt (als ob man beim Handöffnen einen kleinen Fallschirm aufspannt), wodurch gleichermaßen ein Raumgefühl auch über der Hand entsteht.

Manchmal bitte ich meine Studenten, zu zeigen, wie man in Europa, wie man in Japan eine Teetasse/-schale zu sich nimmt. Alle lachen und erkennen sich selbst, wenn bewusst wird, wie wir Europäer nach außen greifen, die Teetasse nehmen und zu uns holen. Bei Japanern bewegen sich Hand und Arm in natürlicher Rundung so weit, bis man die Teeschale mit der Rechten quasi ins Körperfeld eingeschlossen hat und mit links und rechts sich näher bringt.

Was ich an dieser Beobachtung begriffen habe, ist zweierlei. Der Bogen des Rückens setzt sich in den Armen und Händen fort; die äußere Haut umspannt sozusagen meinen gesamten körperlichen Raum, zu dem also auch die Öffnung zwischen Rumpf und Armen gehört. Meine Arme sind nicht wurmförmige Fortsätze an einem Kubus, der meinen Körper bestimmt und zugleich begrenzt.

Die Bewegung in eine bestimmte Richtung wird rund und ausgeglichen, indem ihr eine Kraft in der Gegenrichtung entspricht. In Kraftfeldern bewegen wir uns geschmeidig, Klänge halten wir in Kraftfeldern beweglich, stoßen nicht an. Ohne lebendigen Rücken geht dies alles nicht.

Oft wird »Präsenz« gefordert: aufrecht, aufs Publikum gerichtet, sichtbar bereit. Für mich aber ist Präsenz eine scheinbar neutrale Haltung, die doch alle Möglichkeiten beinhaltet. Dabei sinkt der untere Rücken ein klein wenig, während der Arm sich hebt, beginnend kurz hinter dem Handgelenk, wodurch sich alle Glieder geschmeidig rund ordnen; ich fühle die Empfindung entstehen, im Atem wachsen, verwandle Empfindung und Atem in Kraft. Aus diesem nun gespannten leichten Körper entsteht in nehmender, schöpfender, nicht gebender Bewegung der Klang, den das Instrument mir schenkt, den ich hörend schnell und intuitiv mit meinem Empfindungsweg vergleiche, darauf reagierend mein Erleben ändere, um weiterhin in musikalischer Bewegung zu bleiben, glücklich unterwegs. Phantasie ist eine Körperfunktion. Loslassen lässt die Seele fliegen.

Von Entspannung war bislang keine Rede. Entspannt bin ich nur im Urlaub. Ohne Spannung kann kein timbrierter Ton entstehen. Verspannung und Entspannung sind ein logisches Paar, von denen in der Arbeit das eine nicht besser als das andere ist. Wie im alltäglichen Leben gilt es, einen Tonus zu finden, der genau dem entspricht, was geleistet werden soll. Wenn aber irgendeine ungute Spannung von vornherein vorhanden ist, das gelassen sinkende Zulassen damit nicht möglich ist, verstärkt die darauf gesetzte Kraft das Problem. Dieser falsche Prozess muss am Anfang korrigiert werden.

Friedrich Wieck fordert in seiner Schrift »Clavier und Gesang. Didaktisches und Polemisches« von 1853 unter Bezug auf die Werke von Czerny, Burgmüller, Kalkbrenner, Cramer, Moscheles bis hin zu Chopin das elegante Fingerspiel, das auch den Instrumenten der damaligen Zeit entsprach. Schumann, Brahms, Mahler, Schönberg – auf den Instrumenten unserer Zeit werden andere Klänge bewegt, ist andere Farbigkeit möglich, wird auch der Körper anders eingesetzt. Doch war es ein großes Erlebnis für mich, beim Spielen auf Hammerflügeln aus der Zeit vor 1850 die ganz andere Musik kennenzulernen, die diese Instrumente schenken. Im viel zerbrechlicheren Ton, im singenden Flautando des Moderators mittels Leder zeigt sich eine Individualität, die ihre Entsprechung im Witz des Fagottzuges, in der frechen Attacke des Janitscharenzuges, im beinahe geräuschnahen Lärm großer Akkordpassagen findet. Zudem begriff ich, was für Persönlichkeiten diese Instrumente sind: Tabea Zimmermann spielte Beethovens Bonner Bratsche, auf dem Programm standen Beethoven, Hummel und Schubert. Doch mit einem anderen Hammerflügel galt es, die Musik gleichsam wieder neu zu erfinden, ohne vorgefasste Planung neu hineinzuhören, den anderen Möglichkeiten des jeweiligen Instruments gerecht zu werden. In früherer Zeit hatte jedes Instrument seine eigene Stimme. Bin ich auf den modernen Instrumenten darum bemüht, die Musik zu tragen, zum Schweben zu bringen und immer im Klang zu halten, gilt hier allein der gegenwärtige Augenblick, gilt es, statt horizontal ganz vertikal zu denken und zu spielen, sich in besonderer Weise Zeit zu nehmen für den persönlichen Gesang der rechten Hand, der frei auf dem Metrum der linken sich formt.

Vor einigen Jahren lernte ich den völlig neu konstruierten Konzertflügel der überaus engagierten Bayreuther Klavierbauer Steingraeber & Söhne kennen. Thomas Gärtner, der in so vielem hilfreiche Freund und Klavierbaumeister – gesegnet mit nie endender Geduld – hatte mich darauf aufmerksam gemacht. Dieses moderne Instrument bietet aufregend andere Farben, einen tragfähigen, dabei aber ausgesprochen warmen Ton, breite, klangreiche Bässe, einen bis in höchste Lagen ausdrucksvoll singenden Diskant. Thomas Gärtner versteht es, Pianistensprache in die technische Sprache des Klavierbaus umzusetzen. Solche nie endende Bereitschaft, Wünsche und Nöte ernstzunehmen und auch zu eigenem wachsendem Verständnis des Klavierspiels und Klavierbaus zu nutzen, habe ich nur bei ihm gefunden. So war es faszinierend und überdies eine große Freude, seit dem zweiten Exemplar die Entwicklung des Steingraeber-Konzertflügels kritisch zu begleiten und manches anzuregen, was willig verwirklicht wurde. In den letzten Jahren konnte ich den Steingraeber-Konzertflügel auf vielen großen Podien spielen, im Ludwigsburger Forum, im Théâtre des Champs-Elysées Paris, in der Carnegie Hall, im Wiener Goldenen Saal. Überall überzeugte dieses Instrument mit seinem Klangreichtum, seiner Klangfülle und zugleich mit seiner wunderbaren Transparenz.

Auch die Bekanntschaft mit einer Weiterentwicklung der Klaviermechanik verdanke ich Thomas Gärtner. Josef Meingast, Klavierbaumeister aus Bamberg, hatte die geniale Idee, das starre Hammerstielröllchen durch eines zu ersetzen, das sich widerstandsfrei bei jedem Anschlag weiterdreht. Dadurch entfällt der Druckpunkt. Nie mehr bleiben Töne weg, der Alptraum mancher Pianisten, denen es nicht gelingt, auch im Pianissimo dem Hammer durch millisekundengenauen Drall genügend Geschwindigkeit zu geben. Mir allerdings bereitete es einen unvergesslichen Schock, mit dieser Mechanik zu spielen. Alles schien wie von selbst zu gehen; ohne den Widerstand des Materials verlor ich mich beinahe selbst. In jenem kurzen Augenblick wurde mir klar, wie stark künstlerisches Denken und Tun vom technischen Stand der Zeit abhängen, wie deutlich künstlerische Begriffe in Abhängigkeit vom Material gefunden werden. Es war, als ob sekundenschnell all meine in Jahrzehnten gefundene künstlerisch-technische Bewusstheit aufgehoben würde.

Thomas war es, der ein besonderes Instrument wieder zum Klingen brachte. 1890 kam Hugo Wolf erstmals nach Tübingen, erschien unangemeldet im Hause des Universitätsmusikdirektors Kauffmann, der ihm zuvor voller Begeisterung über seine eben erschienenen Neuvertonungen von Gedichten Eduard Mörikes nach Wien geschrieben hatte, und quartierte sich für zwei Wochen ein. Kauffmanns Haus stand unten am Anfang der Tübinger Neckarhalde und war bald Treffpunkt eines musikliebenden Freundeskreises, dem Hugo Wolf seine Lieder vorspielte und -sang – Ausgangspunkt für eine wachsende Wolf-Gemeinde in Süddeutschland, auf deren Unterstützung der Wiener Komponist weit mehr bauen konnte als auf die Wiener Gesellschaft. Unter den ersten Wolf-Verehrern war auch der Stuttgarter Rechtsanwalt Hugo Faisst, der bald zu einem der wichtigsten Förderer wurde; 1889 initiierte er in Stuttgart einen Hugo-Wolf-Verein, auf den sich die heutige Internationale Hugo-Wolf-Akademie für Gesang • Dichtung • Liedkunst Stuttgart gründet. Bei seinem ersten Besuch in Tübingen beklagte sich Wolf bitter über den alten Schiedmayer-Flügel im Hause Kauffmann. So verehrte der wohlhabende Faisst Kauffmann zu Weihnachten 1893 einen Bechstein-Flügel. Auf ihm spielte Hugo Wolf bei späteren Besuchen – wie berichtet wird – mit »Wonne und Begeisterung« nicht nur seine eigenen Lieder, sondern auch »Isoldens Liebestod« und das »Siegfried-Idyll« von Richard Wagner, vierhändig Bruckner'sche Sinfonien. Nach Tübingen zurückgekehrt, erklingt dieser Bechstein-Flügel heute im Hölderlinturm. Er zeichnet sich aus durch einen klaren, geraden Ton und enorme Klangfülle. Wenn Wolfs Begeisterung über dieses Instrument richtig dargestellt wurde, müssen wir vieles seiner Musik wesentlich »moderner« und weniger romantisch verwoben denken, als es oftmals verstanden wird.

Hören, Erleben, Texttreue, Technik und Empfindung, Körperbewusstsein, Lied als persönlich erlebte und persönlich gestaltete Lebenssituation – ich danke den geneigten und geduldigen Lesern, dass ich sie auf meiner Horizontwanderung voll ganz eigener persönlicher Erinnerungen mitnehmen durfte. Ich versuche, im Nachdenken über »Allerseelen« von Richard Strauss einige der genannten Aspekte zusammenzufassen.

Allerseelen

Stell auf den Tisch die duftenden Reseden,
Die letzten roten Astern trag herbei,
Und laß uns wieder von der Liebe reden,
Wie einst im Mai.

Gib mir die Hand, dass ich sie heimlich drücke
Und wenn man's sieht, mir ist es einerlei,
Gib mir nur einen deiner süßen Blicke,
Wie einst im Mai.

Es blüht und duftet heut auf jedem Grabe,
Ein Tag im Jahr ist ja den Toten frei,
Komm an mein Herz, dass ich dich wieder habe,
Wie einst im Mai.

Dass die Toten einmal im Jahr wiederkommen, bewirtet und geehrt werden, kennen viele Kulturen. Allerseelen ist, was in der katholisch-christlichen Welt davon übrigblieb. Das Lied aus Opus 10 von Richard Strauss nach dem Gedicht von Hermann von Gilm ist berühmt und bekannt. Doch meine ich, dass Strauss genauer komponiert hat, als oftmals musiziert wird. Schon für das Vorspiel müssen Lösungen gefunden werden. Wie sind die drei stakkatierten Noten zu behandeln? Warum solch dünne Überleitung zu den vollgriffigen Akkorden danach? Wer nur versucht, schön zu spielen, verpasst hier manches.

Auffallend ist das unterschiedliche Material dieser ersten Takte. Das Lied beginnt in weiter Lage, die Melodie sinkt abwärts, im Bass gegenläufig harmonisch reich gestützt. Die besagten drei einzelnen Töne führen wieder nach oben, sozusagen ins Leere. Denn die nun folgenden Akkorde der rechten und linken Hand, synkopisch gegeneinander gesetzt, sind eine ganz andere Musik. Es folgt ein großer Aufschwung in terzgefüllten Oktaven; dann sinkt die Musik dem Einsatz der Singstimme entgegen.

Ein Blick auf die äußere Gestalt des Anfangs half mir, mein Verständnis von Musik und Situation zu finden. Gegen die Körpermitte gleichermaßen nach links und rechts kraftvoll geöffnet, weiten sich die Arme, heißen den, der da zurückgesehnt wird, im ersten breit gefächerten Akkord willkommen. Voller Wärme leuchtet die Terz des Melodietons gegen den Grundton im Bass, die ganze Harmonie des Es-Dur wird ausgeschritten, bis die Melodie auf der Dominante kurz innehält. Technisch ist diese Bewegung eine Umarmung, die weit umfasst und nach innen führt, um mit weicher Gebärde im Herzen aufzusteigen. Gestützt im Rücken, sorgsam die Gegenkräfte auf dem Weg beachtend, versuche ich, den reichen Klang des Beginns ohne Akzente leiser werden und nach innen schweben zu lassen. Dem Traum von Zärtlichkeit folgt der Schmerz des Verlustes, die wogenden Akkorde, vollgriffig gegeneinander platziert, bis – im Affekt eines schnellen Atems, den die Synkope fordert – die Sehnsucht der reinen Klänge des Aufschwungs Körper und Klang wieder wachsen läßt, weitet, schließlich verebbt. Wie sehr dies alles das Erleben des Ichs in diesem Lied ist, zeigt der Einsatz der Singstimme, die melodisch sich entgegenneigend auf halber Höhe einsetzt. Den Akkorden unter »die duftenden Reseden« gebe ich mit dem Arm soviel Luft und Raum, wie die einzelnen Silben es im Ausdruck des Gesanges verlangen; »duf-« wird dabei am meisten verlängert sein. Ich höre auf den Atem des Gesangs, der mich wissen läßt, wie viel Zeit »die letzten« benötigen wird, tauche ein in diesen körperlich-seelisch spürbaren starken Strom. Letzte Reseden, rote Astern – Herbst, Liebe, Abschied – Terzen, innige Bindung aneinander, duettierende Rhythmen in der rechten und linken Hand machen den Zwiegesang klingen. Mein Körper stützt zweimal, hält zusammen, was die Musik fordert: »Die letzten roten Astern trag herbei«. Erst vor der wichtigen Sext in der Mittelstimme, dem C, atme ich mit dem Arm erneut, um über das leittönige Cis ein helles G-Dur zu erreichen. Plötzlich scheinen die Hände zu hören, feine Innenspannung schafft silberne Klänge, rechts und links lösen sich gegeneinander ab, antworten sich im Dialog: »Und laß uns wieder von der Liebe reden«. Aus üppigem tiefem Atem hat der Gesang hier eingesetzt, das im offenen Vokal dunkle »Und« zeigt die große innere Bewegtheit, um im diminuendo schwerelos scheu die Eins des nächsten Taktes »Liebe« zu erreichen. Gespannt trägt mein Körper durch diese Takte, erst auf »Mai« löst sich der Bann, strömt die Melodie nun im Klavier weiter, jeder einzelne Ton mit ganzem Arm zu reichem Gesang gesetzt. c-Moll, die neue Harmonie zeigt im Schatten des Todes den Verlust. »Gib mir die Hand, daß ich sie heimlich drücke« ist persönlichste Erinnerung an glückliche von Liebe erfüllte Augenblicke. Strauss schreibt pp, und nur wenn es wie notiert ohne crescendo gesungen wird, bleibt es privat – »Und wenn man's sieht, mir ist es einerlei«. Erst »Gib mir nur einen« erlaubt wieder ein crescendo, den sich anschließenden Moment der »süßen Blicke« spreize ich subito im pp der linken Hand, Zeit des Innehaltens, eine kleine selige Ewigkeit. Was nun folgt ist keine Reprise, sondern überwältigt vom Blühen und Duften, das so wenig in den November passen will, wird »Ein Tag im Jahr ist ja den Toten frei« förmlich herbeigezwungen. Die Quinten im Baß zeigen mit ihrem rhythmischen Wechsel die seelische Bewegtheit. Zusammen zu atmen, zusammen zu fühlen, einen gemeinsamen (Klang-)Körper zu spüren, ist bei solchem Aufschwung ein leichtes: »Komm an mein Herz, daß ich dich wieder habe ...« Trotz der in Vierteln gesetzten Akkorde schwemmt es einen förmlich im Crescendo über die Pause: »wie einst im Mai«.

Aus dem letzten Akkord in einer vollen Bewegung von unten gesetzt, zeigen die Trauer und der Schmerz des die Melodie des Gesangs fortsetzenden Des, dass dieses momentane Glück nur in der Erinnerung gegründet ist. Der Gesang des Klaviers bleibt im Akkord einer reinen Dominante stehen, wird fahl im Schauer der nächsten verminderten Harmonie, um in einem weit ausgebreiteten Dominantseptakkord noch einmal der Sehnsucht Raum zu geben. In der Mittelstimme, unter der klingenden Septime notiert Strauss »espressivo« und macht damit die Mittelstimme zum Wesentlichen: der brennende Schmerz des Alleinseins färbt die Stimme der Sehnsucht, löst sie auf. Danach schwankt die Melodie, die Stimme des Ichs zwischen Dur und Moll, Trauer und Zärtlichkeit, verklingt am Ende auf einer ganz weichen, aber hellen Terz.

Ein Lied, ein Gedicht voller persönlichster Ansprache. So wird der Sänger sehr frei mit der Länge der Konsonanten spielen, wird sie immer wieder früh platzieren und reicher klingen lassen, wird sie in einen wechselnden Farbstrom einbetten, wird alle klingenden Konsonanten ganz in die melodische Linie aufnehmen und sowieso immer alle auf der Tonhöhe ansetzen. In solch beweglichem Umgang werden die Konsonanten Träger des Ausdrucks, der Persönlichkeit, formen die Gestalt des Liedes. Die Vokale dienen allein dem gesungenen Klang, dürfen nie verfärbt werden, berühren im Timbre der Stimme. Deutsche Vokale wandern nicht, sind stetig in ihrem Klangbild. Allein, daß sie in vielen Worten »geliftet« werden, zum Schweben gebracht werden müssen, bildet eine typisch deutsche Sprachmelodie, die zum Beispiel das Italienische nicht kennt. Und die Liedpianisten spielen die Konsonanten ebenso bewusst. Darin eben unterscheidet sich das Musizieren mit anderen Instrumentalisten von der Arbeit mit Sängern. Gilt es doch, diesen ständig sich wandelnden melodischen Kraftstrom sprachbewusst vorauszuahnen, ins feinste eigene Rubato aufzunehmen und dem über und hinter den Worten und Tönen entstehenden Sinn Farbe, Raum und Szene zu geben.

Um diesen energetischen Strom in seinen unendlichen Wandlungen erleben, verfolgen und tragen zu können, um die Klavierklänge souverän nach den Konsonanten und auf die Vokale setzen zu können, muß ich mich selbst tragen, muß also durch den im Rücken und Bauch gestützten ganzen Arm schwebend phrasieren und im Verhältnis zum Sänger sozusagen einen Hauch zeitverschoben spielen. Diese körperliche Stütze und die dadurch möglichen Gegenkräfte formen auch die Qualität des Klanges. Die Kraft im Körper ist auch im Forte immer ein klein wenig üppiger als die Attacke in die Taste. Überhaupt stört meist nur der Moment der Attacke die Balance zum Sänger. Attacken schneiden in die melodische Linie, stören die Sprachverständlichkeit. Wer gewohnt ist, im Klang zu spielen, hat kein Problem mit ganz offenem Flügel zu musizieren. Unendlich mehr pianistische Farben, ein schwingender Ton, ein tragfähiges Pianissimo und ein sattes unaggressives Forte werden dadurch ermöglicht.

Dabei steuern die Empfindungen die körperlich eingesetzte Kraft. Beinahe könnte man sagen, daß jede Empfindung eine bestimmte Masse hat. Trauer wiegt viel schwerer als eine zärtliche Geste. Doch muß ich als Künstler Empfindungen herstellen können: Was mich in privat erlebter Zärtlichkeit weich werden läßt, braucht im Gegenteil um Klang zu werden eine entschiedene Kraft. So gilt es immer, gleichzeitig heiß und kühl zu musizieren. Ganz hingegeben an die aus dem Verstehen gewonnenen Empfindungen reagiere ich spontan im seelischen Erleben. Doch wie die Krähe der »Winterreise« darf mich das kritische Bewusstsein nie verlassen. Wie ein Schatten, den ich nicht ansehe, um den ich aber immer weiß, begleitet es mich. Wenn ich die Erstarrung aus der Winterreise spiele, gewinne ich die Kraft, die die Staccati des Schubertschen Satzes zu Eiskristallen werden läßt, aus der Enge, die ich im gehaltenen Atem fühle und die durch die Kontrolle meines Bewusstsein für das ganze Stück unerbittlich erhalten bleibt.

Nun steht der Sänger vor dem Publikum, stellt sich ganz in die Mitte des Werkes. Das Klavier gibt vor: In der Weite des ersten Akkordes von »Allerseelen« entsteht die traurige Sehnsucht des Willkommens, die Innigkeit der zärtlichen Erinnerung, der Schmerz des Verlusts, die Wärme der gefühlten Nähe. Längst bevor der Gesang anhebt, erleben wir dies alles auch in der Haltung, im Gesicht des Sängers mit, der vor sich sieht, in sich hinein zurückdenkt, der lauscht, träumt, hört. Das Publikum sitzt ihm entgegen: wie in einem Spiegel sieht es im Gesicht des Sängers, was dieser über all die Menschen hinaus vor sich hat. Dann hebt der Gesang an, entsteht aus dem intensiven Erleben des Geschehens und auf technisch sicherem Weg. Nicht für uns im Publikum wird hier gesungen, niemand soll mit diesem Gesang gefüttert werden. Sind es doch meist sehr private, persönliche Dinge, die erklingen, Lyrik eben. Wir alle dürfen dabei sein, dürfen heimlich lauschen, miterleben, in uns selbst und jeder für sich hörend, erlebend mitgestalten, dürfen unsere eigenen Welten bauen. Das ist mehr als genug.

»Heimlich lauschen« …

Die Gebüsche

Es wehet kühl und leise
Die Luft durch dunkle Auen,
Und nur der Himmel lächelt
Aus tausend hellen Augen.

Es regt nur eine Seele
Sich in des Meeres Brausen,
Und in den leisen Worten,
Die durch die Blätter rauschen.

So tönt in Welle Welle,
Wo Geister heimlich trauern;
So folgen Worte Worten,
Wo Geister Leben hauchen.

Durch alle Töne tönet
Im bunten Erdentraume
Ein leiser Ton gezogen,
Für den, der heimlich lauschet.

Friedrich Schlegels Gedicht hat Schubert herrlich vieldeutig vertont. Es ist das letzte vollendete Lied der »Abendröte«, einer Gedichtsammlung Schlegels, die durch ihre so verschiedenen Sujets ungeheuer vielfältige Musik inspirierte; darunter »Der Fluß«, ein Gedicht/Lied, das den Gesang selbst reflektiert. Warum Schubert die Vertonung der zweiundzwanzig Gedichte nicht vollendete, ist nicht bekannt. Schumann hat die letzte Strophe der »Gebüsche« seiner Klavierphantasie in C-Dur als Motto vorangestellt.

Unterrichten war und ist für mich Wegbegleitung, Gespräch über all das, was ich selbst ebenso tun muss wie der von mir Lernende. Die Sprache ändert sich mit den Orten und den Menschen. So empfand ich es immer als erfrischend, an verschiedenen Orten lehren zu dürfen: Frankfurt, Köln, Salzburg – hier war Peter Lang Mentor und Freund – Helsinki, heute in Karlsruhe und Zürich. Manchmal fühle ich mich wie auf einem Globus unterwegs – immer beim Versuch, den anderen zu treffen. Gemeinsam wollen wir zum Mittelpunkt, zum Zentrum gelangen. Doch weiß ich nie wirklich, wo der andere gerade mit sich selbst unterwegs ist, versuche immer wieder, andere Worte zu wählen, hoffe, mit anderen Sprachbildern besser verstanden zu werden, rufe dem anderen zu, mir doch mit seinen eigenen Worten zu bedeuten, wo er ist, was er fühlt und versucht. Die Wege zueinander auf dieser äußeren Hülle sind unterschiedlich lang und nicht einsehbar. Im Zentrum angekommen aber, ist der Weg überallhin gleichermaßen kurz und einfach.

So versucht man, vieles bewusst zu machen, was doch wieder unbewusst werden muss, um gelingen zu können. In meiner Kölner Zeit enthielt ich mich immer zwei Tage des Unterrichtens vor Konzerten, um zu vergessen und um wieder zu mir selbst zu gelangen.

Warum ist Unterrichten schwer? Man kann über das eine reden und über das andere, aber in der Kunst gilt es permanent, Gegensätze zu leben: Leidenschaft und Disziplin, Bewusstheit und Un-Bewusstheit, Texttreue und Freiheit vom Text, Genauigkeit des Augenblicks und überfliegende Energien; zentrale Kraft und Leichtigkeit, Gespanntheit und Beweglichkeit, geformte Attacke und weiches Lösen; das Piano im Forte wie das Forte im Piano, links und rechts wie auch oben und unten, das Ritardierende im Accelerando wie die weiterströmende Energie im Ritardando, nehmen und geben; Selbstbewusstsein – Selbstlosigkeit, Zuhören und zum Zuhören bringen; offen suchen, aber entschieden tun.

Immer geht es darum, Balancen zu finden, innerhalb des Werkes selbst, zwischen dem Werk und mir, zwischen dem Partner und mir, zwischen Erleben und Technik – ein körperlich-geistig-seelischer Prozess, eine stete Herausforderung, im Gelingen immer wieder ein reiches Geschenk. Für mich liegt darin das Vergnügen, einen künstlerischen Beruf zu haben.

Lied ist für mich wie eine Landschaft, die ich kennen und lieben gelernt habe, die mir vertraut wurde. Doch den Weg durch diese reiche Gegend kann ich immer wieder selbst wählen – bei wechselndem Licht und in anderer Luft – eine Reise zu ständig neuen und unverhofften Erfahrungs-Abenteuern.

VIII

*Kunst und Politik: Jerusalemer Meisterklasse für deutsches Lied •
Schubart/Schuberts »Forelle« • »Dem geliebten Feind« • Warschau:
Karol Szymanowski • Israel Festival: Michael Stark • Südafrika •
Alfred Mombert/Alban Berg • Hanns Eisler: Hölderlin-Fragmente •
Viktor Ullmann: Theresienstadt • Stéphane Hessel • Karol Szymanowski:
»Lieder eines verliebten Muezzin« – Anne le Bozec*

Da quälten wir uns, die Jerusalemer Meisterklasse für deutsches Lied in
Englisch zu unterrichten – die eigenen Gedanken gehen einfach schneller
als die andere Sprache. Doch am dritten Tag, als Vertrauen geschaffen
war, sagte die israelitische Sängerin, wir könnten ruhig Deutsch miteinander
sprechen. Ihre Familie käme aus Deutschland, doch habe ihre Mutter, eine
Sängerin, nach der Flucht vor Hitler Schubert, Schumann und Brahms nur noch
in Hebräisch gesungen!

Ich las, dass Francis Poulenc 1944 Pierre Bernac, der gerade an Schuberts
»Winterreise« arbeitete, kritisch schrieb, es werde demnächst eh keine Liederabende mehr geben, in denen Deutsch gesungen würde. Glücklicherweise ist es
anders gekommen.

Kunst und Politik – manche meinen, es habe nichts miteinander zu tun. Doch
kann sich niemand der eigenen Herkunft und der gesellschaftlichen Verflechtung
entziehen. In welcher Weise Kunst für politische Propaganda ge- und missbraucht
wird, soll nicht mein Thema sein. Doch denke ich an viele Lieder Schuberts, die
ohne ihren politischen Hintergrund nicht wirklich verstanden werden können,
zum Beispiel »Die Forelle«.

Von einem weltweiten Publikum wird dieses Stück mit Lust gehört. Doch
wenige im Publikum und oft auch die Ausführenden denken daran, dass
Schubarts Gedicht den Traum eines Gefangenen schildert, der sich in schwerer
Haft auf dem Hohenasperg bei Stuttgart seiner intriganten Verhaftung in der Nähe
von Ulm erinnert und verarbeitet. Man darf sicher sein, dass die letzte und von
Schubert nicht vertonte Strophe dem Ganzen nicht, wie oft angenommen, eine
erotische Wendung gibt, sondern vor der Zensur schützen sollte. Erschienen ist
das Gedicht in einem Band, der unter dem Titel »Gedichte aus dem Kerker« 1785
von Schubarts Sohn herausgegeben wurde. »Die Forelle«, dieses vergnügte
Stück, ist eigentlich eine blutige Geschichte.

Aus meiner Kindheit erinnere ich, wie meine Eltern auf Auslandsreisen überaus
zurückhaltend auftraten und immer wieder das Gespräch mit den Einheimischen

suchten. Als deutscher Pianist in London oder Amsterdam spürte ich oft, dass ich in der Begegnung mit Einheimischen in besonderer Weise beobachtet und eingeschätzt wurde. Spät erst begriff ich, mit wie vielen Menschen ich es zu tun hatte, deren jüdische Familien unter den Deutschen schwer gelitten hatten. Nach einem Liederabend im Amsterdamer Concertgebouw kam eine ältere Dame, begeistert und bewegt vom eben gehörten Konzert, und schenkte Dietrich Fischer-Dieskau ein silbernes Lorbeerkränzchen. Daran hatte sie einen kleinen Zettel befestigt und mit der Hand geschrieben: »Dem geliebten Feind«.

Das letzte Lied, das Debussy verzweifelt und bereits todkrank auf einen eigenen Text schrieb, ist ein Weihnachtslied der heimatlosen französischen Kinder im Ersten Weltkrieg »Sogar unseren Lehrer haben sie verbrannt.«

Noël des enfants qui n'ont plus de maisons

Nous n'avons plus de maisons!
Les ennemis ont tout pris,
Jusqu'à notre petit lit!
Ils ont brûlé l'école et notre maître aussi.
Ils ont brûlé l'église et monsieur Jésus-Christ!
Et le vieux pauvre qui n'a pas pu s'en aller!

Nous n'avons plus de maisons!
Les ennemis ont tout pris,
Jusqu'à notre petit lit!
Bien sûr! papa est à la guerre,
Pauvre maman est morte
Avant d'avoir vu tout ça.
Qu'est-ce que l'on va faire?
Noël! petit Noël! n'allez pas chez eux,
N'allez plus jamais chez eux,
Punissez-les!

Vengez les enfants de France!
Les petits Belges, les petits Serbes,
Et les petits Polonais aussi!
Si nous en oublions, pardonnez-nous.
Noël! Noël! surtout, pas de joujoux,
Tâchez de nous redonner le pain quotidien.

Nous n'avons plus de maisons!
Les ennemis ont tout pris,
Jusqu'à notre petit lit!
Ils ont brûlé l'école et notre maître aussi.
Ils ont brûlé l'église et monsieur Jésus-Christ!
Et le vieux pauvre qui n'a pas pu s'en aller!
Noël! écoutez-nous, nous n'avons plus de petits sabots:
Mais donnez la victoire aux enfants de France!

Weihnachtslied der Kinder ohne Häuser

Wir haben keine Häuser mehr!
Die Feinde haben uns alles genommen,
sogar unser kleines Bett!
Sie haben die Schule angezündet
Und unseren Lehrer auch.
Sie haben die Kirche angezündet und auch den Herrn Jesus Christus,
Und den armen Alten, der nicht weglaufen konnte!

Natürlich, Papa ist im Krieg,
die arme Mama war tot, bevor sie all dies sehen musste.
Was sollen wir nun machen?
Christkind, liebes Christkind! Geh nicht zu ihnen.
Bestrafe sie alle!

Räche die Kinder von Frankreich!
Und die kleinen Belgier und die kleinen Serben,
Und auch die kleinen Polen!
Und sollen wir welche vergessen, verzeih uns bitte, Christkind!
Christkind, vor allem gib uns keine Spielzeuge,

Aber bitte gib uns unser täglich Brot zurück.
Wir haben keine Häuser mehr!
Die Feinde haben uns alles genommen,
Sogar unser kleines Bett!
Wir haben keine Holzpantinen mehr,
Aber bitte gib uns Kindern von Frankreich den Sieg!

Ich habe es mit Mitsuko mehrfach aufgeführt und auch für CD eingespielt. Als
Pianist aus Deutschland fühlt man sich nicht wirklich gut dabei.

Auch Besuche in Warschau waren für mich immer zwiespältig. Zu deutlich sieht
man den Plattenbauten und breiten Straßen die vorausgegangene rücksichtslose
und vollständige Zerstörung durch die deutsche Wehrmacht an. Dass man kurz
nach dem Krieg sogleich begann, die Altstadt und das Schloss wieder aufzubauen,
zeugt vom Überlebenswillen der polnischen Menschen, die durch die Jahrhun-
derte so sehr von allen Seiten gedrückt und gedemütigt wurden.

Im prachtvollen großen Saal des Warschauer Schlosses musizierten Urszula
Kryger und ich – eingeladen von Elizabeta Penderecka – ein Liedprogramm, das
ausschließlich Karol Szymanowski gewidmet war. Nur die Zugabe war in
polnischer Sprache, ein Gedicht von Kazimierz Przerwa-Tetmajer, vertont in
elegisch-eleganter Manier als op. 2, 4.

Wenn ich zuweilen lang im Halbschlaf träume,
Lockt mich der Zauber einer Frauenstimme,
Lieder von Engeln, wie aus Himmelsräumen,
Seligkeitsgipfel, die ich erklimme.
Ich lausche zutiefst beseelt dieser Stimme,
Die Sehnsucht macht meine Herzschläge stocken;
Ich muss ihr folgen überall, immer
Ganz gleich ob die Liebe, ob der Tod mich locken.

Es war dies ein Abschiedsgeschenk an ein beinahe fassungslos begeistertes
Publikum, das zuvor in höchster Konzentration einem schweren Programm
gelauscht hatte, das ausschließlich deutsche Gedichte in der Musik dieses so
weltoffenen polnischen Komponisten erklingen ließ.

1987 waren Mitsuko und ich beim Israel Festival zu Gast. Die Reaktion des
hochsensiblen und intelligenten Publikums auf die drei Liederabende im Israel
Museum mit Werken von Haydn, Schubert, Schumann und Berg war
überschwänglich begeistert. Dieser Jubel galt nicht nur uns, sondern vor allem
auch der in vielen Herzen verwurzelten lebendigen deutschen Kultur. Vor dem
Konzert musste an der Bushaltestelle des Israel Museums noch eine in einer
Plastiktüte deponierte Bombe entschärft werden – Leben wird kostbar im
Bewusstsein des Todes. In späteren Jahren fuhr ich mehr und mehr schweren
Herzens in dieses besondere Land. Zu nah liegen die Gebiete der gedemütigten
palästinensischen Bevölkerung, als dass man in Tel Aviv unbeschwert Feste
feiern könnte im Gefühl, das einzige auserwählte Volk zu sein.

Bei einem Empfang im Rahmen des Israel Festivals lernten wir den großen
innovativen Chirurgen und Frauenarzt Michael Stark kennen, der zu einem engen
persönlichen Freund wurde. Wir bewunderten seine Arbeit für das Jerusalemer
Misgav Ladach Hospital, in dem er für Israelis und Palästinenser gleichermaßen

sorgte, sie ohne Zögern auch in gleichen Zimmern unterbrachte. Heute gilt sein ganzer Einsatz der Idee, auf der Grenze des Gazastreifens ein Hospital mit Eingängen von beiden Seiten zu errichten, ein Versuch, an einer friedlichen Zukunft dieser Region mitzuarbeiten.

Nach Südafrika wurden wir von Pim Broere eingeladen, einem Holländer, der in Johannesburg mit seinem schwarzen Freund zusammenlebte. Raymonds Henriques, dem wegen seiner Hautfarbe sein letztes ärztliches Examen verwehrt wurde, ging später nach New York, um dort für Aidskranke zu arbeiten. Wir waren aufmerksame Beobachter auf dieser Reise, sahen, wie ein weißer Ober im Restaurant seinem schwarzen Untergebenen beim Saubermachen nach einem Missgeschick half, erlebten aber auch herrische Weiße, die nicht im gleichen Aufzug wie Schwarze fahren wollten. Wir hatten ein Treffen für Amnesty International bei der südafrikanischen Kirche, musizierten für Weiße, auch für einige Schwarze, lernten Apartheid vor Ort kennen, aber auch Versuche, diese zu überwinden. Nachdenklich stimmte mich die Begegnung mit Hans Cramer, der Seele des Kapstädter Musiklebens. In seinem noblen englischen Auto fuhr er Mitsuko und mich durch die paradiesische Landschaft. Wir genossen unvergessliche Gastfreundschaft und eine einmalig großartige Szenerie und Vegetation. Hans Cramer und seine südafrikanische Frau waren herzensgute, liebe Menschen. Vor Hitler war Cramer aus Deutschland geflohen. Die Sorge aber, das von ihm in all den Jahren neu Geschaffene wieder zu verlieren, hatte ihn zum strikten Befürworter der Apartheid werden lassen. Er spürte nicht, was er damit anderen Menschen antat. Japaner galten in Südafrika als »Ehrenweiße«, Chinesen und Koreaner nicht.

Nach der Tournee berichteten die Zeitungen, Montserrat Caballé, Frank Sinatra und Mitsuko Shirai seien im Apartheid-Staat aufgetreten. Zunächst war es vergnüglich, gemeinsam mit solch illustren Namen genannt zu werden. Doch in der Folge wurde Mitsuko in die Black List der UN aufgenommen, gab es keine Engagements in England mehr, die Presse einiger Länder ignorierte unsere Konzerte. Honda und auch Mercedes hatten Konzerte gesponsert, zu Empfängen im Anschluss daran eingeladen. Viele Firmen machten üppige Umsätze im oftmals als »Süden Afrikas« umschriebenen Herkunftsland der Produkte, Sport und Kultur mussten der Weltöffentlichkeit lange Jahre als Feigenblatt dienen.

Zwei Jahre später rief Pim Broere an, fragte, ob wir wieder einmal kommen wollten. Ich sagte ihm, wie glücklich wir gewesen waren, welch große Schwierigkeiten wir jedoch danach hatten, bat um Bedenkzeit. Einige Tage später klingelte das Telefon. Das japanische Außenministerium meldete sich, man habe gehört, dass wir wieder nach Südafrika reisen wollten. Man riete uns dringend davon ab. Mich fröstelte. Heute, wenige Jahre nach dem Ende der Apartheit meint man schon, eine solche habe es nie gegeben.

Auch Alfred Momberts und Bergs Lieder Opus 2 wollen im Zusammenhang von Kunst und Politik bedacht sein. Alban Berg hat hier in genialer Weise Gedichte von Mombert mit einem Gedicht Friedrich Hebbels kombiniert. Dessen

Schlafen, schlafen, Nichts als schlafen!
Kein Erwachen, keinen Traum!
Jener Wehen, die mich trafen,
Leisestes Erinnern kaum.
dass ich, wenn des Lebens Fülle
Niederklingt in meine Ruh,
Nur noch tiefer mich verhülle,
Fester zu die Augen tu!

kann erst richtig begriffen werden, wenn man die Gedankenwelt des Karlsruher Dichters Alfred Mombert wirklich versteht. In seinen Gedichten geht es um Heimkommen, um Heimfinden, um die Überwindung des ihn umgebenden Chaos, der Schlünde, Gipfel und des dunkeln Meeres – alles Bilder für ein unwirtliches Leben, für die Zeit des Imperialismus, des die ganze Welt ergreifenden Kapitalismus.

Schlafend trägt man mich
In mein Heimatland!
Ferne komm ich her,
Über Gipfel, über Schlünde,
Über ein dunkles Meer
In mein Heimatland.

Nun ich der Riesen Stärksten überwand,
Mich aus dem dunkelsten Land heimfand
An einer weißen Märchenhand –
Hallen schwer die Glocken.
Und ich wanke durch die Straßen
Schlafbefangen.

Richard Strauss gibt in vielen seiner Lieder dem Pathos der wilhelminischen Ära berückenden Klang. Momberts Ich entzieht sich dieser Zeit, der für ihn chaotischen Außenwelt durch Rückzug ins Persönlich-Private, in den inneren Traum, ruht in sich selbst – schlafbefangen. So zwingt sich auch das Ich in Hebbels »Schlafen« gegen die Welt die Augen zu, will Ruhe finden, will ganz zu sich selbst kommen.

Karl Hofers Porträt zeigt die fragile Gestalt und das schmale Gesicht. Am Ende fiel Alfred Mombert seiner Zeit zum Opfer: Am 22. Oktober 1940 wurde der fast Siebzigjährige zusammen mit über sechstausend aus dem badischen Raum und der Rheinpfalz zusammengetriebenen Juden in das südfranzösische Konzentrationslager Gurs deportiert. Im April 1941 konnte sein Freund, der Schweizer Mäzen Hans Reinhart, die Freilassung und Einreise in die Schweiz erwirken. Doch Mombert starb ein Jahr später an den Folgen seiner KZ-Zeit in Winterthur. In seinem letzten Brief schreibt er: »Mein Werk ist in vollstem Sinne in den Abgrund der Zeit gestürzt – ich selber bin ins Geister-Reich gerettet.«

Plötzlich bekommt das Ende des vierten Liedes

Stirb!
Der Eine stirbt, daneben der Andere lebt:
Das macht die Welt so tiefschön.

einen ganz anderen – fremden, kalten Klang.

Alfred Mombert hatte Deutschland nicht verlassen. Hanns Eisler jedoch ging ins Exil wie Ernst Krenek und viele andere. Eislers Hölderlin-Fragmente zeigen alle Spuren solcher Heimatlosigkeit. Jeden idealistischen Anklang tilgt Eisler aus Hölderlins Texten. So werden sie zu seiner eigenen Stimme – voller Rückschau und dem Wunsch nach einem guten Deutschland. Unter dem Titel »Elegie 1943« schildert Eisler das ganze Unheil des Krieges.

Wie wenn die alten Wasser, in anderen Zorn,
In schrecklichern, verwandelt wiederkämen,
So gärt' und wuchs und wogte
Von Jahr zu Jahr die unerhörte Schlacht,
Dass weit hüllt in Dunkel und Blässe
Das Haupt der Menschen. Wer brachte den Fluch?
Von heut' ist er nicht und nicht von gestern.
Und die zuerst das Maß verloren,
Unsre Väter wußten es nicht.
Zu lang, zu lang schon treten die Sterblichen sich gern
Aufs Haupt, den Nachbar fürchtend.
Und unstet irren und wirren, dem Chaos gleich,
Dem gärenden Geschlecht die Wünsche nach,
Und wild ist und verzagt und kalt von Sorgen das Leben.

»An eine Stadt« erinnert sich mit Hölderlins Worten an die Schönheit Heidelbergs; das Klavier aber zerstört am Ende mit einem einzigen Akkord alle Illusion. Der Swing dieser Musik mag heute unterhaltsam wirken, doch sollte man sich bewusst sein, dass hier ein Deutscher, an der Westküste Amerikas sitzend, den Big Band Sound seiner Umgebung aufnimmt, einen Klang, der den Nationalsozialisten »undeutsch« war: Eislers freche Musik! Sie swingt, malt geräuschhaft den Lärm der Wagen und Menschen auf der Brücke; bei »Du hast dem Flüchtigen kühlenden Schatten geschenkt« denkt Eisler sich selbst, und die Musik bekommt einen reinen Schumann-Ton.

»O heilig Herz der Völker«, von den Nationalsozialisten missbraucht, wird Eisler zur »Erinnerung«; Brecht hatte wenig Verständnis dafür.

O heilig Herz der Völker, o Vaterland!
Allduldend, gleich der schweigenden Mutter Erd,
Und all verkannt, wenn schon aus deiner Tiefe
Die Fremden ihr Bestes haben.

Sie ernten den Gedanken, den Geist von dir,
Sie pflücken gern die Traube,
Doch höhnen sie dich, ungestalte Rebe,
dass du schwankend den Boden und wild umirrst.

Doch magst du manches Schöne nicht bergen mir.
Oft stand ich, überschauend das sanfte Grün,
Den weiten Garten, hoch in deinen Lüften
Auf hellem Gebirg, und sah dich.

Und an den Ufern sah ich die Städte blüh'n,
Die edlen, wo der Fleiß in der Werkstatt schweigt,
Die Wissenschaft, wo deine Sonne milde
dem Künstler zum Ernste leuchtet.

Ein einfaches Klaviernachspiel beschließt diesen eindrucksvollen Zyklus. Ich hatte lange Schwierigkeiten mit diesem scheinbar wenig wirkungsvollen Ende. Doch war Eisler ein überaus gescheiter, gewitzter und kenntnisreicher Komponist, raffiniert auch im Umgang mit Zitaten. So enthält dieses Nachspiel deutliche Anklänge an ein Lied aus Hugo Wolfs »Italienischem Liederbuch« und hält sich so in seiner Warnung an die deutschen Arier nicht zurück: »Heb auf dein blondes Haupt und schlafe nicht«.

»In der Fremde« wird von Eisler wörtlich genommen, ist betitelt »Erinnerung an Eichendorff und Schumann« und spiegelt die Gegenwart seines Exils.

Aus der Heimat hinter den Blitzen rot
Da kommen die Wolken her,
Aber Vater und Mutter sind lange tot,
Es kennt mich dort niemand mehr.

Der Zerbrechlichkeit und unendlichen Zartheit der folgenden Altenberg-Vertonung kann sich niemand entziehen.

Und endlich stirbt die Sehnsucht doch,
Wie Blüten sterben im Kellerloch,
Die täglich auf ein bißchen Sonne warten.
Wie Tiere sterben, die man lieblos hält.
Und alles Unbetreute in der Welt.

Man fragt nicht mehr,
Wo wird sie sein?
Ruhig erwacht man,
Ruhig schläft man ein.
Wie in verwehte Jugendtage blickst du zurück
Und irgendjemand sagt dir leise: 's ist dein Glück.
Da denkt man, dass es vielleicht wirklich so ist,
Wundert sich still, dass man doch nicht froh ist.

Vieles von der intelligenten und humanen Musik Hanns Eislers gilt es, wieder zu entdecken. Die Zeitbezüge in seinem Werk sind vielfältig, manches ist zeitgebunden und damit überlebt. Doch sind hier weiterhin vielfältige aufregende Entdeckungen zu machen.

Am 8. September 1942 wurde Viktor Ullmann ins Konzentrationslager Theresienstadt deportiert. In der sogenannten »Freizeitgestaltung« war er aktiv als Komponist, Kapellmeister, Pianist, Organisator, Pädagoge und Musikkritiker. Drei Klaviersonaten, Lieder, die Oper »Der Kaiser von Atlantis« und das Melodram »Die Weise von Liebe und Tod des Cornets Christoph Rilke« entstanden in dieser Umgebung. 1944 erfolgte der Transport nach Auschwitz-Birkenau, wo er zwei Tage später in der Gaskammer ermordet wurde.

Ullmanns Werke gewinnen ihren Wert nicht aus seiner Leidensgeschichte. Sie haben bleibende Bedeutung als hochsensible Musik des 20. Jahrhunderts. Doch wird man sein Schicksal immer mitdenken müssen. Und so schmerzt die private Zartheit von »Wendla im Garten« (Wedekind), die Kraft seiner Lieder nach Gedichten von C. F. Meyer, die Gebrochenheit seiner Hölderlin-Vertonungen, die Trauer seines »Cornet« in besonderer Weise. Ganz anders, aufbegehrend selbstbewusst und jazzig provokativ ist aber »Little Cakewalk«, »Zu singen bis an das Ende des Jahrhunderts«. In der Unterschrift spielt Ullmann mit seinem Namen, der Zeit und seiner Hoffnung: aus Viktor wird »Victoire«.

Lundi, Mardi fête,
Mercredi peut-être
Jeudi est Saint Nicolas,
Vendredi on ne travaille pas.
Samedi petite journée,
Dimanche on va se promener.

Karl Michael Komma hatte in der Studienzeit schon auf Ullmann aufmerksam gemacht. Seinem Sammelband mit Hölderlin-Vertonungen entnahmen wir:

Der Frühling

Wenn auf Gefilden neues Entzücken keimt
Und sich die Ansicht wieder verschönt und sich
An Bergen, wo die Bäume grünen,
Hellere Lüfte, Gewölke zeigen,

O! welche Freude haben die Menschen! froh
Gehn an Gestaden Einsame, Ruh' und Lust
Und Wonne der Gesundheit blühet,
Freundliches Lachen ist auch nicht ferne.

Gebrochene Harmonien geben dieser Szene von Anfang an einen fernen Klang, wenn auch der wiegende Rhythmus die Heiterkeit der Szene aufnimmt. Am Ende dann lässt die Musik hören, wie weit die eben noch emphatisch beschworene »Wonne der Gesundheit«, vor allem aber – wie unerreichbar fern »freundliches Lachen« diesem in Theresienstadt Gequälten geworden waren.

In der Württembergischen Landesbibliothek fanden wir die Handschrift der »Abendphantasie«, musizierten dieses große nachdenkliche Bild jahrelang aus dem Manuskript. Wie Ullmann den Text in großen Lettern notiert hat, scheint dem Fluss der Hölderlin'schen Sprache zu widersprechen. In F-Dur, Schubart kennzeichnete diese Tonart mit »Gefälligkeit, Ruhe und Frieden«, verbinden sich die Worte mit den Vierteln der Musik. Die Klavierakkorde sind mit dissonanten Schärfungen und Quartklängen gewürzt.

ABENDPHANTASIE

VOR SEINER HÜTTE RUHIG IM SCHATTEN SITZT
DER PFLÜGER, DEM GENÜGSAMEN RAUCHT SEIN HERD.
GASTFREUNDLICH TÖNT DEM WANDERER IM
FRIEDLICHEN DORFE DIE ABENDGLOCKE.

Achtelbewegung belebt dann das Bild:

WOHL KEHREN ITZT DIE SCHIFFER ZUM HAFEN AUCH,
IN FERNEN STÄDTEN FRÖHLICH VERRAUSCHT DES MARKTS
GESCHÄFTIGER LÄRM; IN STILLER LAUBE
GLÄNZT DAS GESELLIGE MAHL DEN FREUNDEN.

Danach fokussiert sich alles auf ein getriebenes Ich: ein heftiger Ausbruch, dynamisch die Idylle des Anfangs sprengend, melodisch zwischen fast unsingbarer Tiefe und der Verzweiflung hoher Noten schwankend:

WOHIN DENN ICH? ES LEBEN DIE STERBLICHEN
VON LOHN UND ARBEIT; WECHSELND IN MÜH UND RUH
IST ALLES FREUDIG; WARUM SCHLÄFT DENN
NIMMER NUR MIR IN DER BRUST DER STACHEL?

Was nun kommt, ist für mich in der Reinheit des himmlischen E-Dur ganz die Erinnerung an einen Frühling, der Ullmann nicht mehr geschenkt war. Seine Musik nimmt den Hörer im schmerzlichen Rückruf aller Sehnsüchte auf in die Farben, in Licht und Klang des Gedichts. Als ob Hölderlin um Ullmanns Situation gewusst hätte, bewahren seine Worte die Ferne und Zerbrechlichkeit dieses Glücks. Es ist ein *Abend*himmel; nicht der, sondern *ein* Frühling blüht auf, und die Welt *scheint* ruhig. Mitsuko hat dies unvergesslich schön gesungen.

AM ABENDHIMMEL BLÜHET EIN FRÜHLING AUF;
UNZÄHLIG BLÜHEN DIE ROSEN, UND RUHIG SCHEINT
DIE GOLDENE WELT; O DORTHIN NEHMT MICH,
PURPURNE WOLKEN! UND MÖGE DROBEN

IN LICHT UND LUFT ZERRINNEN MIR LIEB UND LEID'!
DOCH, WIE VERSCHEUCHT VON TÖRIGER BITTE, FLIEHT

DER ZAUBER; DUNKEL WIRD'S UND EINSAM
UNTER DEM HIMMEL, WIE IMMER, BIN ICH –

KOMM DU NUN, SANFTER SCHLUMMER! ZU VIEL BEGEHRT
DAS HERZ; DOCH ENDLICH JUGEND! VERGLÜHST DU JA,
DU RUHELOSE, TRÄUMERISCHE!
FRIEDLICH UND HEITER IST DANN DAS ALTER.

Die »törige Bitte« lässt die Gegenwart wissen, die Einsamkeit, die Leere und Kälte schmerzen, stehen sie doch so quer gegen den zuvor gesungenen Traum. Die letzte Zeile wirkt in der Komposition wie angehängt. Das langgezogene Nachspiel will nicht zu Ende kommen, weiß, dass es ein Ende sein wird. »Viktor Ullmann, Theresienstadt.« Es ist die Musik, die ich mir für meine Beerdigung wünsche; es hat aber keine Eile.

In seiner Empfindsamkeit ähnlich bewegend – diesem Schwanken zwischen erotischer Nuance, scheuem Zurückweichen und existentieller Angst – ist das große Melodram nach Rilke, das als letztes Werk entstand. Mag der Text auch jugendstilartig veredelt erscheinen, bleibt doch nach dem Hören dieser Komposition ein Friedensgedanke: »Nie wieder Krieg!«. Es war eine wunderbare Aufgabe, den »Cornet« mit Elisabeth Verhoeven für CD aufzunehmen, so leicht kamen ihr Atem und der Atem der Musik auf einander zu.

Viele Autografe Ullmanns aus der Zeit vor seiner Deportation gingen nach 1939, nach dem Einmarsch der deutschen Truppen in Prag, verloren. Ullmanns Opus 29, »Drei Sonette aus dem Portugiesischen« (Barett-Browning) in deutscher Übertragung von Rainer Maria Rilke für Sopran und Klavier, erschien 1940 im Selbstverlag. Diese Lieder gehören für mich zu den persönlichsten Liebesliedern der Literatur.

Schon als Schüler habe ich Menschen gesucht, die die Familie Frank vor ihrer Flucht und Deportation kannten, habe ehemalige Hausbedienstete in Frankfurt besucht und für einen Artikel in der Schülerzeitung befragt; später traf ich den Vater Anne Franks in Birsfelden, musizierte auch mit Mitsuko für ihn. Bewegt haben mich Fragen nach dieser deutschen Vergangenheit immer schon; die Folgen beschäftigen uns bis heute.

In Zeiten der Globalisierung aber reduzieren sich Überlegungen zur Wirkungsgeschichte und Bedeutung deutscher Kultur auf die Frage nach der wirtschaftlichen Verwertbarkeit. Die junge Generation der eigenen Studenten ist glücklich genug, schwierige Zeiten weit weg zu wissen. Doch wächst die Sensibilität für andere durch die Sensibilität für sich selbst. So sind mir all diese Begegnungen, die vielfältigen Erfahrungen und meine innere Unruhe ein unersetzlicher Schatz.

Und die Begegnung mit Stéphane Hessel – zuletzt bei zwei Zusammentreffen mit Studierenden der Karlsruher Hochschule für Musik – gibt Hoffnung. Mit seinem Büchlein »Empört euch!« hat dieser Zeitzeuge des vergangenen Jahrhunderts, der Überlebende von Buchenwald und Mitschöpfer der Menschenrechtscharta der Vereinten Nationen es verstanden, auf die Probleme des 21. Jahrhunderts aufmerksam zu machen. Innerhalb weniger Wochen wurde dieser Aufruf – in zwanzig Sprachen übersetzt – fast zwei Millionen Mal in aller Welt erworben. Stéphane Hessel ist leisen Tönen verpflichtet, beim Vortrag singt seine Stimme beinahe. Rilke und Hölderlin kann er auswendig. Doch seine politische Meinung ist entschieden. Dabei kann der heute 94-Jährige auf eine Lebenserfahrung verweisen, die Hitler, Stalin, die Sowjetunion und vieles andere kommen und vergehen sah. Das Interesse und die Aufmerksamkeit, die eine solche Persönlichkeit findet, lässt hoffen auf eine engagierte Jugend, auf eine sensibilisierte junge Generation.

Und Sensibilität, kritisches Denkvermögen, gegenseitiges Verstehen und Mitempfinden sind für das Überleben unserer Welt unverzichtbar wichtig. Heute jedoch, in unseren Tagen, die mental immer noch durch Bushs törichten Antiterroristenkrieg bestimmt sind, wachsen die Ressentiments. Anne Le Bozec, diese großartige Künstlerin, hat Karol Szymanowskis herrliche »Lieder eines verliebten Muezzin« für CD eingespielt. Die Sponsoren zogen ihre Unterstützung zurück, als sie hörten, dass das erste Lied mit »Allah Akhbar« beginnt. Diese Lieder eines polnischen Weltbürgers passen nicht in unsere Zeit.

IX

Studioproduktionen: Capriccio – Tonstudio Teije van Geest • Liededition: Von Mozart bis Webern • Hugo Wolfs Opernfragment »Manuel Venegas« • Doppel-CD: Schuberts »Winterreise« mit Tabea Zimmermann, Peter Härtling, Mitsuko Shirai und Hartmut Höll • »Europäisches Liederbuch« • »Quote« – Kunst und Markt • »Das Kunstwerk im Zeitalter seiner technischen Reproduzierbarkeit« • Musikalische Bildung • Peter Härtling/Willhelm Killmayer: »An meine andere Stimme«

1986 konnten wir fröhlich aufbrechen zu ganz neuen Möglichkeiten. Winfried Ammel lud Mitsuko und mich ein, für sein Label Capriccio Liedaufnahmen zu machen. Vermittelt hatte dies Christian Lange, der Manager von Hermann Prey. Schon zuvor hatten wir im Heidelberger Tonstudio von Teije van Geest Hölderlin-Vertonungen und Blumenlieder verschiedener Komponisten aufgenommen und in Teije einen phantastischen Partner gefunden. War es doch eine ganz neue Aufgabe, ohne alles Visuelle, ohne Körpersprache nur durch genaueste Arbeit an Klang und Sprache, die ganze Sinnlichkeit der Musik hörbar zu machen. So haben wir beide auch technisch von dieser Arbeit enorm profitiert.

Teije gibt sich selten zufrieden, achtet immer darauf, dass der Strom der Musik nicht versiegt, der musikalische Fluss nicht stehen bleibt. Er weiß zu überzeugen, wenn Nuancen, die im Konzert gut waren, in der Aufnahme nicht lebendig wirken. In solchen Fällen führen seine Vorschläge oft zu ganz neuen interpretatorischen Ansätzen, überrascht uns später selbst, was da unvermutet gelang. Zählt im Konzert die Unbedingtheit des Augenblicks, geht es bei Studioproduktionen darum, das Material so umfassend auszuschöpfen, dass Dokumente von bleibendem Wert entstehen. Capriccio zahlte für die Produktionen einen festen Betrag. Um unabhängig zu sein, entschieden wir bald, die Arbeit im Studio selbst zu finanzieren. Denn Dr. Ammel machte keinen Hehl aus seiner Meinung, dass das Mehr an Qualität, das zusätzliche Zeit ermöglichte – drei Tage waren Standard – die Verkaufszahlen nicht wesentlich erhöhen würde. Dem war schwerlich zu widersprechen. Doch wollten wir eine Aufnahme erst freigeben, wenn wir selbst fühlten, es nicht besser schaffen zu können.

Im Laufe der Jahre entstand so eine Liededition von Mozart bis Webern. Ohne Rücksprache konnten wir aufnehmen, was wir wollten, waren frei in unseren Entscheidungen und wussten, dass die fertige CD bestens beworben und vertrieben werden würde – paradiesische Verhältnisse.

In dieser engen Zusammenarbeit wurden Teije und wir bald gute Freunde. Wir lernten bei ihm, dass bei manchen Liedern vor allem die Sprache die Lebendigkeit bedingt, dass andere Werke aber eher klanglich-atmosphärisch gestaltet werden mussten. Tauchten Probleme auf, konnte er Wege weisen, und oft waren die Lösungen ganz anderswo zu finden, als wir vermutet hatten. Obgleich Holländer von Geburt, überrascht Teije immer wieder mit seiner Sprachsensibilität im Deutschen. Er ist ein hervorragender Techniker, der nie müde wird, das Optimum aus dem aufgenommenen Material beim Editing herauszuholen. Thomas Gärtner betreute regelmäßig den Bösendorfer Imperial. In Konzerten spiele ich nie Bösendorfer, doch der über hundert Jahre alte Flügel des Heidelberger Studios hat ein nicht zu übertreffendes Farbenspektrum.

Lieder von Mozart und Schumann waren die ersten Produktionen für Capriccio. Bei Mozart war uns wichtig, gegen den Geist seiner Zeit durch Freiheiten in der Farbgebung und im Rubato die liedtypische Subjektivität herauszuarbeiten. Die Schumann-Aufnahme mit dem Eichendorff'schen Wanderer habe ich schon erwähnt; sie folgte einem entgegengesetzten Konzept. Brahms war die nächste Station im Bemühen, seinem breiten Strom gerecht zu werden. Seine Musik ist selten ätherisch; so gehören Lieder wie der »Lerchengesang« zu den besonderen Kostbarkeiten. Mörikes »Agnes« hat er im versteckten 5/4-Takt durch die wechselnde Metrik seelenkranken Ton gegeben. Die Goethe-Vertonung »Dämm'rung senkte sich von oben« gehört für mich mit zu seinen poetischsten Schöpfungen.

Georg Friedrich Daumers Verse

Es träumte mir,
Ich sei dir teuer;
Doch zu erwachen
Bedurft' ich kaum.
Denn schon im Traume
Bereits empfand ich,
Es sei ein Traum.

zeigen einen Brahms von unerwarteter Zerbrechlichkeit. Worte und Töne verbinden sich zu einem höchst persönlichen Selbstgespräch. Dass Daumer der erste Lehrer von Kaspar Hauser war, erfuhr ich erst spät. Es eröffnete mir manch überraschende Zusammenschau. Eine Nachfahrin derer von Pilsach, in deren Kellerverlies Hauser wohl seine Jugendjahre zubrachte, war eine meiner Studentinnen in Köln.

Schubert ist schwer und fiel schwer. Doch höre ich heute noch mit Bewunderung, wie Mitsuko die erste Phrase von »Nacht und Träume« gestaltete:

»Heil'ge Nacht« sang sie überraschenderweise und gegen die Gewohnheit in einem Decrescendo – so fühlt man mit Staunen diese überaus helle Nacht herabsinken.

Bei Liszt war schon die Zusammenstellung des Materials ein Abenteuer. Wir schwankten zwischen der Originalausgabe und der von Eugen d'Albert. Aufregend war, wie kontrovers diese Musik ist, wie sie schwankt zwischen romantischer Attitüde und Modernität, zudem, wie Liszt mit Metrum und mit Pausen umgeht. »Blume und Duft« – ein Lied ganz nah bei Webern – oder auch die Zeitlosigkeit von »Des Tages laute Stimmen schweigen« stehen beispielhaft dafür.

Später erst – in der Zusammenarbeit mit Konrad Jarnot – lernte ich ein anderes großartiges Lied von Franz Liszt kennen und bedaure, dass wir es damals nicht in unsere Auswahl aufgenommen haben.

Ich möchte hingehn wie das Abendrot
Und wie der Tag mit seinen letzten Gluten –
O leichter, sanfter, ungefühlter Tod –
Mich in den Schoß des Ewigen verbluten!

Ich möchte hingehn wie der heitre Stern
Im vollsten Glanz, in ungeschwächtem Blinken,
So still und schmerzlos möchte gern
Ich in des Himmels blaue Tiefe sinken!

Ich möchte hingehn wie der Blume Duft,
Die freudig sich dem schönen Kelch entringet,
Und auf dem Fittig blütenschwangrer Luft
Als Weihrauch auf des Herrn Altar sich schwinget.

Ich möchte hingehn wie der Tau im Tal,
Wenn durstig ihm des Morgens Feuer winken –
O, wollte Gott, wie ihn der Sonnenstrahl,
Auch meine lebensmüde Seele trinken!

Ich möchte hingehn wie der bange Ton,
Der aus den Saiten einer Harfe dringet,
Und, kaum dem irdischen Metall entflohn,
Ein Wohllaut in des Schöpfers Brust verklinget.

Du wirst nicht hingehn wie das Abendrot,
Du wirst nicht hingehn wie der Stern versinken,
Du stirbst nicht einer Blume leichten Tod,
Kein Morgenstrahl wird deine Seele trinken!

Wohl wirst du hingehn, hingehn ohne Spur,
Doch wird das Elend deine Kraft erst schwächen,
Sanft stirbt es einzig sich in der Natur,
Das arme Menschenherz muss stückweis brechen!

Autor ist der 1817 in Stuttgart geborene Georg Herwegh, der 1836 des Tübinger Stiftes verwiesen wurde, der Bakunin, Karl Marx und Lassalle kannte, am badischen Aufstand von 1848 teilnahm, zusammen mit Richard Wagner und Franz Liszt ein Oratorium »Christus« plante. Zu seinen Freunden zählten auch Gottfried Keller und Gottfried Semper. Ein bewegter auffahrender Geist. »Reißt die Kreuze aus der Erden, alle sollen Schwerter werden. Gott im Himmel wird's verzeihen.« Für den Allgemeinen Deutschen Arbeiterverein dichtete Georg Herwegh im Jahr 1864 das Bundeslied, dessen sechste Strophe lautet:

Mann der Arbeit aufgewacht!
Und erkenne deine Macht!
Alle Räder stehen still,
Wenn dein starker Arm es will.

Zuletzt wohnte er in Baden-Baden, war im Gespräch mit Pauline Viardot-Garcia und Iwan Turgenjew. Dort starb er 1875. Im Schweizer Liestal liegt er begraben, in dem Land, das ihm immer wieder vor politischer Verfolgung Schutz gewährte.

Ein besonderes Unternehmen war Hugo Wolfs Opernfragment »Manuel Venegas«, eingebettet in Gesänge aus dem »Spanischen Liederbuch«. Josef Protschka war ein eindrucksvoller Venegas, Mitsuko die Soledad. Dieter Kurz, der junge Leute in so besonderer Weise zu begeistern vermag, wirkte mit seinem Württembergischen Kammerchor mit. Peter Lika und Cornelius Hauptmann, Christoph Späth, Oliver Widmer, Kor-Jan Dusseljee waren weitere Mitstreiter für dieses Werk Hugo Wolfs, das er am Vorabend seines Zusammenbruchs noch seinen Freunden vorspielte und sang. Was in Erinnerungen dieser Freunde darüber dokumentiert ist, erscheint mir deutlich auch Eingang gefunden zu haben in das Schlusskapitel des »Doktor Faustus« von Thomas Mann. Einige Skizzen Wolfs nutzte ich für eine Überleitung zu »Bedeckt mich mit Blumen«, so dass diese herrliche Musik auch einen konzertgemäßen Abschluss fand.

Heute legendär ist die Doppel-CD mit Schuberts »Winterreise«. Wir zögerten lange, als Dokument festzuhalten, was für ein Düsseldorfer Konzert entstand. Doch war der Versuch, Schuberts Musik, das Material der »Winterreise« instrumental meditierend zu musizieren, für Tabea Zimmermann und mich so aufregend, dass wir uns letztlich doch für eine Aufnahme entschieden. In der Instrumentalversion erlebt man ganz unmittelbar, wie dieser Zyklus »schauerlicher Lieder« in der nackten Kompromisslosigkeit seiner Musik den Hörer angreift. Nicht alle Lieder musizierten wir, Peter Härtling las manche Gedichte und zu Beginn seinen Essay zu Wilhelm Müller und Franz Schubert. Wie er in der »Post« »mein Herz« akzentuierte, verliere ich nicht aus meinem Gedächtnis. Die Arbeit an der vokalen Fassung, die Aufgabe, all dieser Herbheit, Bitterkeit und Ironie klanglich gerecht zu werden, die Anstrengung, einen Bogen zu spannen, der eine solche Lebensreise trägt, hat Mitsuko und mich nachhaltig verändert und geprägt. In vielen Konzerten – darunter Amsterdam, Helsinki, Frankfurt, Stuttgart – haben wir vier diese doppelte Winterreise aufgeführt. Immer waren diese Konzerte in neuer Weise aufregend und bewegend, öffneten die Ohren für die Ungeheuerlichkeiten, die Schubert seiner Zeit zumutete. Wie Hans Zender kurz danach die »Winterreise« musikalisch bebilderte, empfand ich dagegen als ziemlich unnötig.

Die drei CDs mit Liedern von Alban Berg, Arnold Schönberg und Anton Webern dokumentieren ein Repertoire, das uns in vielen Konzertprogrammen seit frühester Zeit bestimmte. Wichtig war uns, hörbar erleben zu lassen, in welcher musikalischen Tradition die Wiener Moderne steht, den Weg von Brahms her zu denken und nicht rückwärts im Blickwinkel der sogenannten Neuen Musik zu musizieren.

Bei Richard Strauss versuchten wir einen Querschnitt durch sein Liedrepertoire und schlossen auch Teile des »Krämerspiegel« ein. Auf Einladung von Seiji Ozawa musizierten wir später zwei Abende mit Strauss-Liedern in Tokyo – eine seltene Gelegenheit für so viel vorbereitende Arbeit. Es ist bedauerlich, dass so wenige Liedsänger sich dieses Repertoire über die bekannten Evergreens hinaus aneignen.

Die Trioaufnahme mit Tabea Zimmermann brachte viele Repertoireentdeckungen, Loeffler, Gounod, Reutter – eine Aufnahme in glücklicher Zeit, das Coverfoto lässt es spüren.

Robert Franz vertonte fast den ganzen Heine. Seine Eitelkeit isolierte ihn schnell von Schumann und anderen Komponisten seiner Zeit, die ihm zunächst gewogen gewesen waren. Doch viele seiner Lieder sind reich an Einfällen, wenn man die immer wiederkehrenden viertaktigen Sequenzen aufbricht und die Dynamik etwas freier auf das textliche Geschehen bezieht.

Die Mahler-CD kombiniert klavierbegleitete Lieder mit Orchesterversionen. Partner hierfür war Sir Neville Marriner. Das Tempo in »Um Mitternacht« ist leider verfehlt.

Zum Flop wurde die erste Kassette von Schuberts Liedopera, den Liedern Opus 1 bis Opus 108. Dabei war und ist mir Schuberts eigene Liedzusammenstellung von wegweisender Bedeutung. Doch täuschte ich mich bei der Realisierung. Die Lieder von Schuberts Werkgruppen lassen sich nicht leicht auf verschiedene Stimmen verteilen; Mitsuko war zudem gesundheitlich nicht in guter Form. Entscheidend aber war, dass die Vertreter des Vertriebs sich schlichtweg weigerten, einen Dreierpack mit Schubert-Liedern in die Läden zu tragen.

Was einem am vertrautesten ist, behandelt man vielleicht mit größter Scheu: Obwohl sie zu unseren ersten gemeinsamen Liederfahrungen zählen, nahmen wir erst sehr spät Mörike- und Goethe-Lieder von Hugo Wolf auf. Wahrscheinlich sind solche erinnerten Aufbrüche am schwersten festzuhalten.

Das »Europäische Liederbuch« von 2003 war uns ein großes Anliegen. Hier sprechen Kompositionen verschiedener Zeiten und Stile miteinander. Dabei sind diese Lieder aus der Schweiz, Österreich, Italien, Frankreich, Finnland, England, Polen und Deutschland natürlich eine ganz persönliche Auswahl von Texten und Musik. Die CD verbindet fünfzehn Komponisten des vergangenen Jahrhunderts aus acht Ländern Europas und lässt erahnen, welche kulturelle Vielfalt unseren Kontinent kennzeichnet, fernab seiner politischen Grenzen. Die Auswahl ist geprägt von Komponisten, die Grenzen überschritten und kulturelle Distanzen auflösten: Der Finne Seppo Nummi vertonte chinesische Lyrik, der Engländer Benjamin Britten widmete sich dem Deutschen Friedrich Hölderlin, der Pole Karol Szymanowski schuf Kompositionen zu Gedichten des Iren James Joyce. Europäische Vielfalt, das bedeutete lange nicht Miteinander und Harmonie, und so spiegeln sich schmerzliche Erfahrungen in einigen Liedern: Claude Debussys Kinderlied gegen die Deutschen ist vertreten, Francis Poulencs C reagierte mit Trauer auf den Zweiten Weltkrieg. Hanns Eisler, der Europa auf der Flucht vor Hitler verlassen und zurücklassen musste, lebte auch im amerikanischen Exil in seiner europäischen Identität und schrieb so seine wehen, bitteren Rückblicke auf das, was Europa vor der Machtübernahme Hitlers war. Ernst Kreneks 1931 selbst gedichtete und komponierte »Ballade vom Fest« atmet kafkaesken Geist, Angst, Ruhelosigkeit und versucht in Wort und Ton der Enge zu entfliehen.

Noch manches liegt unveröffentlicht bei Teije: Mahlers »Abschied«, das vierteltönige »Preludio a Colon« von Julian Carillo und Liedopera II ... Waren anfangs die Verkaufszahlen hervorragend, betraf auch uns die Krise des Klassikmarktes. Winfried Ammels langjähriger Mitarbeiter und Nachfolger Johannes Kernmayer braucht Mut und einen langen Atem.

ın des Schubert-Jahres 1997 hatte ich das Vergnügen, in der Kölner
onie bei einem großen Konzert mitzuwirken. Zweitausend Menschen
, m Schubert zu hören, ein Dutzend Rundfunksender übertrug live in alle
Welt. Ich beglückwünschte Hans Winking zu diesem Gelingen, der aber winkte
müde ab. Die Quote stimme nicht, habe ihn sein Intendant wissen lassen; so eine
Veranstaltung werde es in Zukunft nicht mehr geben. Dies markierte eine neue
Zeit, ein neues Denken und einen verstörend verantwortungslosen Umgang mit
Tradition.

In den letzten Jahren nun sind Kammermusikvereinigungen allüberall
dramatisch zurückgegangen, Schallplattenläden verschwanden. In New York
stellte die Alice Tully Hall ihre renommierte Liederabendserie ein – ein fatales
Signal für das ganze Land. Auch eine hochschwangere Christine Schäfer mit
Irwin Gage und Schuberts »Winterreise« im Boxring konnten diese desaströsen
Entwicklungen nicht stoppen. Die Quote ersetzt das Bewusstsein von Tradition,
Herkunft und inhaltlicher Bindung.

Erfolg wird heutzutage mit nackten Zahlen gemessen. Bestimmung des eigenen
Standorts in der Auseinandersetzung mit Tradition, Wissen um die eigene
Herkunft, die Rückbindung an unverzichtbare Werte, kulturelle Nachhaltigkeit
werden von solcher Mathematik nicht erfasst. Die Quote bestimmt, was
Existenzberechtigung hat, Statistik gibt sich als Spiegel demokratischen
Kulturschaffens. Doch so wenig über die Intonation eines Streichers oder Sängers
demokratisch befunden werden kann, ist es möglich, über Kunst durch
Mehrheiten zu befinden. Und überhaupt, egal wie hoch die Quote ausfällt, außer
Volksschule und Friedhofszwang leben wir alle immer Minderheitenprogramme.

Dabei ist das Publikum heute eher größer als noch zur Zeit von Beethoven.
Seinen Uraufführungen wohnten damals vielleicht achtzig oder hundert Hörer
bei. Und Wolfgang Rihm meinte kürzlich mit Blick auf die Quote, es sei ja keine
Schande, wenn statt 1200 nur 1199 Menschen in einem Konzert seien …

Bekannt ist diese Geschichte: Die Standbildkamera nach Sendeschluss zeigt
einen weiten Strand. Ab und zu läuft ein Mensch durch das Bild, von rechts nach
links, dann wieder von links nach rechts. Die Quote dokumentierte, dass dieses
Geschehen mehr Zuschauer fand als die Sendung des »Rosenkavaliers« auf dem
anderen Kanal. Die gezählte Zahl bestimmt das Angebot, und die Begründung der
Verantwortlichen klingt gut, argumentiert dabei höhnisch irreführend mit
Falschwörtern und Phrasen: »Die Ansprüche des Publikums sind gestiegen und
die Konkurrenz ist größer denn je«.

Lange Zeit waren die Musikredaktionen der Rundfunkstationen, Rundfunk-
orchester und -chöre Bastionen der vielfältigen, weitgehend marktunabhängigen
Produktion, offen für Neues, dabei vielfältig Kultur bildend und Repertoire för-
dernd. Heute gilt weithin das Wort des ehemaligen Intendanten des Südwestrund-

funks: »Musikgeschichte wird im Rundfunk nicht mehr geschrieben«. Orchester und Chöre werden wegrationalisiert. Musik läuft im Klassikradio ohne persönlichen Kommentar, denn niemand soll bevormundet werden oder sich gar mit einer entschiedenen Meinung auseinandersetzen müssen. Musik dient nicht der Horizonterweiterung, sondern fügt sich dem Muster: Musik für Verliebte, Musik zum Aufstehen oder für die blaue Stunde. Der NDR setzte im Februar 2006 Jürgen Kestings viel gehörte und heiß diskutierte Sendereihe »Große Stimmen« ab: Verlust einer Hörschule und ein neuer Fall der Nivellierung nach unten. Die Nachfolgesendung »Klassik für Neugierige und Liebhaber« klärte dann über »beliebte Handytöne von Edvard Grieg« auf. Die als Leiterin des Hörfunkprogramms dafür Verantwortliche zählt zur Kultur auch »den neuesten Golf aus Wolfsburg«. Wer wird in wenigen Jahren noch die Namen solcher »Verantwortlichen« kennen? Was sie in kurzer Zeit angerichtet haben, ist aber in Jahrzehnten nicht wieder einzuholen.

Die Verdummung der Menschen durch die Kulturindustrie ist gigantisch. Dass Paris Hilton aus einer Limousine steigt, genügt als Medienereignis, »Deutschland sucht den Superstar« zeigt: Jeder kann und jeder darf. Was Goebbels 1936 bei der Eröffnung der Rundfunkausstellung als Aufgabe für den Rundfunk forderte, er möge der »Entspannung und der Unterhaltung« dienen, wurde längst von den Medien eingelöst und im Übermaß erfüllt. Demokratie in der Kunst? Hölderlin formulierte es so: »Ach der Menge gefällt, was auf den Marktplatz taugt«. Kunst braucht Eliten, die viel wagen, die oftmals scheitern, die um ihren Freiraum wissen und daher auch bereit sind, Risiko zu tragen – die aber mit hohem Gewinn von unserer Gesellschaft begleitet und anerkannt werden.

Vielfach ist das Niveau an allgemeiner Bildung desaströs. Doch Kultur beginnt mit Bildung und endet mit Bildungsmangel. Ohne lebendigen Kopf gibt es keine lebendige Empfindung. Ohne Kenntnisse verflacht das geistige Leben, verlieren wir das Gespür für eine Sinnlichkeit, die auch unseren Verstand anspricht. Musik ist »große« Musik, wenn ihre Architektur uns im Begreifen staunen macht, wenn die Melodien, Harmonien und Klangfarben uns immer wieder mitreißen, begeistern und zum Nachdenken und Nachfühlen bringen.

Dabei sollten wir die europäische Musik nicht höher bewerten als die Musik der australischen Ureinwohner oder die am japanischen Kaiserhof. Bildung, Respekt und das Interesse, die Welt in ihrer ganzen Vielfalt kennen zu lernen, schützen vor Überheblichkeit. Die kulturbedingten Unterschiede sind gewaltig, Musik ist eine universale Sprache und doch zugleich auch nicht.

Ein kultureller Dialog, soweit er darauf gerichtet ist, Fremdes behutsam kennenzulernen, sich demütig Unvertrautem zu nähern, wird selten in den Schulen eingeübt, selten durch Politiker gefördert, findet kaum statt. Die digitale Allverfügbarkeit hat geduldiges gegenseitiges Verstehen nicht wachsen lassen.

Unser Erziehungssystem ist auf Zweck und Verwertbarkeit ausgerichtet. Das einstmals humanistische Menschenbild ist durch blanke Funktionalität ersetzt. Dies beginnt schon in den ersten Schuljahren. Häufig muss der Musikunterricht »wichtigeren« Fächern weichen. Musikpädagogik, die auf Singen aufbaut, wird gering geschätzt. Traditionelle Kinderlieder verschwinden aus dem gesellschaftlichen Bewusstsein. Dabei sind sie der Kern jeglicher Musikkultur. Keine Musik kann als hochwertig erkannt werden, wenn man sich nicht früh unbewusst und bewusst Wissen erworben hat. 1826 schrieb der Schweizer Komponist, Musikverleger und Musikpädagoge Hans Georg Nägeli in seinen in Tübingen verlegten »Vorlesungen über Musik mit Berücksichtigung der Dilettanten«: »Am Liede, als dem Kind der Kunst, hat auch das Menschenkind sich zu bilden. Kein Menschenkind kann die leidenschaftslose Unschuld des Gemüths, kann hier das ästhetische Zartgefühl sich erhalten, das nicht am einfachen Liede sich herangebildet hat, und auch im höhern Kunstleben immer noch sich damit befasst. Hier, wie nirgends, ist die Kunst im Kleinen groß, im Kleinen vollendet.«

Pop, und damit meine ich nicht manche charakteristische und ganz persönliche Musik im Idiom unserer Zeit, sondern den konventionellen Klang, den Maschinenrhythmus unserer Tage, der einem entgegenschallt, welchen Radiokanal auch immer man wählt, lernt sich von selbst: Es ist unsere Lebensumgebung geworden. Ob im Restaurant, auf der Toilette oder am Telefon, diesem Sound kann niemand entrinnen. Ob man hören will oder nicht: Es tönt. Was vielleicht einmal als Weltgefühl der Ausbruch aus bürgerlichen Konventionen war – Joan Baez und Bob Dylan waren für uns alle Idole – ist längst eine weltweite Diktatur des Seichten geworden. Die Umsätze sind riesig, der Markt bestimmt Gesellschaft und Kultur. Industrielles Komponieren und Musizieren ist die Tonkunst unserer Zeit. Ella Fitzgerald, Yves Montand, die Beatles, Louis Armstrong, Keith Jarrett, Schnuckenack Reinhard, die Comedian Harmonists – diese und so viele mehr waren (und sind) in ihrer Musik Persönlichkeiten mit einer ganz eigenen Kunst, einem spezifischen Klang und Zauber – oft auch geprägt durch eine sehr persönliche Geschichte. Industriemusik unserer Tage aber ist Konfektionsware. Hier bewegen sich E- und U-Musik aufeinander zu. Auch im sogenannten klassischen Bereich gibt es zunehmend die Routine der Interpretation, die nicht hinterfragte Wiederholung des allzu oft schon Wiederholten.

Kunst und Markt waren immer schon ein kontroverses Thema. 1825 schreibt die Berliner Allgemeine Zeitung: »Die gesuchteste, gangbarste Waare bleiben immer noch die Favorit-Gesänge aus den Possen der Vorstadt-Bühnen.« Doch »Kulturindustrie ist Bewusstseinsindustrie« (Enzensberger), abhängig vom Geist unserer Zeit und gleichzeitig ihn reproduzierend. Die stereotypen rhythmischen und melodisch-harmonischen Floskeln der industriellen Musik schließen Nachdenken von vornherein aus, ersetzen Empfindung durch softes Gefühl.

Dieser Sound kennt keine Brüche, die aufschrecken, aufhorchen lassen und zugleich Empfindung und Geist wecken, zum Nachdenken bringen. Dieser Musik ist keine Zeit eingeschrieben, sie will einfach permanent auf allen Kanälen wiederholt werden, kennt keine Vergangenheit und keine Zukunft, ist ohne Leben. So verflüchtigt sich heute, was einst Stimulans geistiger Bewegtheit war. Stumpfsinn breitet sich aus.

Dem Zeitgeist kann man schwerlich entrinnen. Dass Sprache wie Musik Kraft haben, formende und auch dauernde Wirkung, beschäftigt mich seit langem schon. Worte reagieren nicht nur auf Wirklichkeit, sie schaffen diese auch. Umso wichtiger ist es, in der Sprache Worte zu benützen, die inneren Zielen dienen, die nicht nur Sachverhalte bezeichnen, sondern auch den Inhalten Sprache geben. Selbst die Evangelische Kirche Deutschlands spricht heute im Zuge eines »Reformprozesses« von »betriebswirtschaftlicher Führungskultur«, einem »verlässlichen Qualitätsmanagement«, analysiert, die Kirche habe »einen erheblichen Marktverlust im Bereich ihres Kerngeschäfts erlitten«. Effizienzdenken findet sich allüberall. Dabei wird nicht bedacht, aus welchem kulturellen Urgrund wir alle leben. Was sich nicht verkauft, hat kein Existenzrecht. Was keine Ware ist oder sein will, wird zum bloßen Hobby. Der Wahrheitsanspruch von Kunst ist für »Standortpflege«, für Shareholder-Value völlig uninteressant.

Pop-Akademien entstehen, reichlich mit Finanzmitteln ausgestattet: eine großzügige Förderung von werkimmanenter Kurzlebigkeit, von stets neuen Medienereignissen, die immer auch neuen Umsatz bringen. Hier ist Kunst und Markt nicht kontrovers, stören nur die Downloads im Internet den gesicherten Umsatz.

Klassische Kunst, und das heißt nicht schlicht Beethoven oder Mozart, sondern Kunst als vielfältiger Ausdruck von physischem und geistigem Leben, Kunst, die Wesentliches in Struktur, Architektur, in der vielfältigen Empfindung, dem geistigen Gehalt, der übergreifenden Aura zu bedeuten weiß, aufgeklärte Musik als Sprache des Herzens und des Verstands, hat keine Lobby heute. Nur wenige Wohlhabende denken mäzenatisch, investieren ohne Rendite, fördern nicht allein, um Steuervergünstigungen zu nutzen: Yale School of Music wird zukünftig auf Studiengebühren verzichten können, mehr Professoren berufen, den Austausch mit ausländischen Musikhochschulen ausbauen – ein Ungenannter spendete Anfang 2006 100 Millionen Dollar. Auch am Curtis Institute of Music in Philadelphia, der amerikanischen Eliteschule, werden die handverlesenen Studenten gratis ausgebildet. Ich kann mich angesichts der zunehmenden Einschränkungen, Reglementierungen und Verteuerungen des Studiums an staatlichen europäischen Instituten der Vermutung nicht erwehren, dass sich wegen des öffentlichen Desinteresses künstlerische Ausbildung in absehbarer Zeit vor allem auf privates Stiftertum wird stützen müssen.

Die Kunsthochschulen selbst leisten den Zeitläuften wenig Widerstand, versäumen weithin, im eigenen Interesse Stellung zu beziehen, ihre unaufgebbaren Positionen zu bestimmen, und befördern so die Nivellierung nach unten. Im Bolognaprozess übernahm Europa ein System aus den USA, das dort schon längst nicht mehr unumstritten ist. Mit den Abschlüssen Bachelor und Master, vor allem aber mit dem neuen ECTS-Punktesystem soll der Wechsel an andere Lehrorte erleichtert werden. Doch wie könnte Bildung, die Ausdruck eines bewussten Lebens mit Gelerntem und Erfahrenem ist, wie kann Künstlerpersönlichkeit quantifiziert werden? Wie viel irgendwann einmal gelernt wurde, besagt in Mengenangabe nichts. Der humanistische Grundgedanke aller Geisteswissenschaften und das daraus erwachsende Menschenbild widersetzen sich einer Quantifizierung.

Mancherorts werden Schulmusiker ausgebildet, deren Eintrittsvoraussetzungen dieses Studium eigentlich ausschließen sollten. Dabei geht nur ein Teil der Absolventen dieses teuren Studienganges später wirklich an Schulen, viele andere in einen Modeberuf unserer Tage, ins Kulturmanagement. Doch ist dies von Politikern bequem öffentlich zu vertreten: Schulmusiker findet man einfach nützlicher als Künstler. Auch der frühere Vorsitzende des Wissenschaftsrates stützte diese populistische Meinung. Daniel Fueter, der nicht lange genug hochprofiliert die Züricher Musikhochschule als Rektor leitete, hält dagegen: »Wir müssen mehr Künstler ausbilden, die hoch qualifiziert sind, aber eben auch bereit, mit ihrer ganzen Begeisterung in Schulen zu gehen und für ihre Kunst schon bei den Jüngsten zu werben«.

Unter dem Stichwort »Neue Medien« ist heute fast alles möglich. Als Peter Eötvös der früheren Karlsruher Hochschulleitung bedeutete, er wolle sich zukünftig mehr der Komposition in Budapest widmen und daher die dirigentisch-pädagogische Tätigkeit in Deutschland aufgeben, zögerte die baden-württembergische Landesregierung nicht, viel Geld bereitzustellen, um Eötvös zu ermöglichen, seinen Dirigierunterricht per Internet von seinem ungarischen Wohnzimmer aus zu erteilen. Inwieweit persönliche Betreuung und Präsenz für die Förderung und Ausbildung junger Musiker wesentlich ist, wurde dabei wenig bedacht und erörtert. Doch durfte man sich mit diesem Lehrangebot besonders uptodate fühlen.

Schon vor Jahren, als die Firma Bösendorfer ihren ersten Computerflügel vorstellte, wunderte ich mich anlässlich einer Diskussionsrunde im österreichischen Fernsehen, warum keiner der Experten erwähnte, dass ein guter Musiker in verschiedenen Sälen unterschiedlich spielt. Denn der Raum musiziert doch mit. So war die Vorstellung, Horowitz gleichzeitig in der Carnegie Hall und im Wiener Musikverein erleben zu können, zwar hübsch, aber zutiefst antimusikalisch. Inzwischen gibt es weitaus kleinformatigere, elegante digitale Instrumente als den alten Bösendorfer-Computerflügel, und Yamahas Diskklavier findet auch an den Hochschulen deutlichen Zuspruch. Das Diskklavier ersetzt den Korrepetitor: Man lässt die Musik einmal einspielen und kann dann störungsfrei von menschlichen Unzulänglichkeiten, immer in gleicher Weise verlässlich den Klavierpart einer Klarinettensonate abrufen. Dass Brahms seine Werke »für Klavier und Klarinette« betitelte, spielt bei dieser technokratisierten Rangfolge sowieso keine Rolle. Maschine ersetzt Mensch – auch in der Kunst. Was einmal als persönlichster Bereich der menschlichen Phantasie und Seele zugedacht wurde, wird maschinenverfügbar – »Das Kunstwerk im Zeitalter seiner technischen Reproduzierbarkeit«.

Heutzutage tönt es an allen Orten, Musik wird mit dem Computer perfektioniert und manipuliert. Der Gedanke an Persönlichkeit, was immer schon Menschen in ihrer Unverwechselbarkeit, in ihrer ganz eigenen Erscheinung, ihrer umfassenden Geistes- und Herzensbildung bezeichnete, prägt kaum noch unser Menschenbild. Eigenständigkeit und Eigenwilligkeit widerstrebt unserer geglätteten normierten Gesellschaft. Die Popmusik bedient die Elemente dieser modernen Mengenlehre. Ihre Trends verlaufen zyklisch wie die Frühlings-, Sommer-, Herbst- und Wintermode.

In der sogenannten Klassik werden inzwischen die »Eigenarten« der großen Interpreten digital analysiert, werden maschinell abrufbar gemacht. So können wir die überlieferten Werke demnächst in einer Perfektion erwarten, die kein noch so viel Übender je erreichen wird. Zudem können durch den Computer, gefüttert mit den persönlich-künstlerischen Charakteristika, Werke zum Klingen gebracht werden, die die betreffenden Künstler zu Lebzeiten nie gespielt haben. Kunst ist da nicht mehr Überwindung der irdischen Beschränktheit, Ausdruck eines Über-sich-selbst-hinaus-Wachsens. Konnte Schubert, nachdem er Paganini mit einem Adagio gehört hatte, 1828 an Hüttenbrenner schreiben: »Ich habe einen Engel darin singen gehört«, ist das moderne Kriterium für Kunst allein das messbare und gemessene perfekte Produkt. Paganini hat abgedankt. Dass Menschengeist und Menschenkraft irdische Beschränktheit überwinden kann, ließ den Hörer überirdischen Zauber vernehmen. Heute ist alles »machbar«.

Ingo Metzmacher erinnert sich in seinem schönen Buch »Keine Angst vor neuen Tönen« alter Zeiten, als Musik noch nicht alltägliche Beschallung war: »Ich versuche mich manchmal zurückzuversetzen in eine Zeit, in der es im Alltag noch Stille gab. In der Musik nur in dem Augenblick lebte, in dem sie tatsächlich von jemandem gespielt oder gesungen wurde. Und natürlich davor. Damals hatte sie eine viel größere Bedeutung. Sie war die Ausnahme, das Besondere. Sie stand eben nicht für jedermann und zu jeder Zeit zur Verfügung wie heute. Wenn sie verklungen war, gab es nichts, was sie ersetzen konnte.«

Solch magische Augenblicke können Interpreten und Hörer auch heute zusammen schaffen. Die einzige Voraussetzung ist, dass wir alle wissen, wie nachhaltig reich man durch Musizieren und Musikerleben beschenkt werden kann. Die Erziehung dafür beginnt im Kindesalter und bringt lebenslangen Gewinn. Schulorchester schaffen Grundlagen der musikalischen Konversation, begründen Gemeinschaft, gegenseitiges Hören und Zusammenwirken. Örtliche Kammermusikvereinigungen schenken Konzerterlebnisse und Begegnungen mit Künstlern.

Zu Kindern spricht Musik immer. Sie erleben alte wie neue Musik, Rameau und Mozart, Stravinskij wie Jörg Widmann ganz ohne Vorurteile, reagieren auf das, was ihnen Spaß macht und was sie gerne hören. Die Bildung unserer Kinder ist die größte Chance für die Zukunft unserer Welt. Schon das junge Ohr lernt zu ordnen, kann hörend Strukturen und Klangfarben erkennen. Auch in Naturgeräuschen findet solch geschulter Verstand Muster, erkennt Veränderungen wie Wiederholungen, erlebt eine »sprechende« Natur wie ein vorkünstlerisches Ereignis – Urmusik. Im wachen Erleben all dieser lebendigen Klänge und im Bewusstsein für die uns tragende Kultur wachsen Persönlichkeiten, die die Zukunft unserer Welt bestimmen. »Per-sonare«, das klangliche Durchdringen unserer Welt schafft lebendigen Geist und begründet Personalität. Der Schlüssel hierzu ist umfassende Bildung von klein auf, eine Erziehung, die die Sinne schärft, die das Denken strukturiert und den ganzen Menschen betrifft. Musik selbst machen und verstehend erleben, ist hierbei unverzichtbar.

Zwei Menschen gleichzeitig zuzuhören und beide wirklich zu verstehen, ist im Alltag kaum zu machen. Doch in guter Musik ist dies Normalität, nicht nur im Lied mit seiner Spannung zwischen Gesang und Klaviersatz. Der Musikverständige hört jeden Part für sich und erlebt zugleich, wie die Stimmen und Klänge miteinander in Beziehung treten. In allen Kulturen der Welt spielt Musik in sozialen, religiösen und auch medizinischen Belangen eine herausragende Rolle. Das Fehlen von musikalischer Bildung verhindert emotionale und intellektuelle Reifung. »Musik ist der stärkste Reiz für neuronale Umstrukturierung, den wir kennen«, sagt der Musikphysiologe und Neurologe Eckart Altenmüller von der Hochschule für Musik und Theater Hannover. Aktives Musizieren macht klüger und sozial kompetenter, passive Berieselung stumpft ab.

Was Stille bedeutet, lernte ich in dunklen Winternächten auf Kivisaari. Stille kann beruhigen, aber auch lähmen, sie kann den Atem weiten, aber auch Atem nehmen. Klang wächst aus solcher Stille, gibt der Zeit Schwingung, rührt an: Man hört das eigene Herz, den eigenen Schritt, die Bewegung des Windes, den geräuschlos fallenden Schnee, die tief singenden Töne des nächtens zerspringenden Eises über dem See nach einem wintersonnigen Tag. Als Musiker kenne ich die Angst vor dem ersten Ton. Das Schweigen brechen, es ist das innerste Anliegen jeder Kunst. Peter Härtling hat es in einem sehr persönlichen Gedicht formuliert, Wilhelm Killmayer hat es fragil vertont.

An meine andere Stimme

Ich wollte,
mein Gedicht könnte
singen.
Denn ich höre
eine Stimme,
immer wieder
eine Stimme
hinter den Wörtern,
nach denen ich
suche,
die nach mir
suchen,
Wörter, die
nichts mehr wiegen,
leicht sind,
leichter geworden sind
von der Suche
nach einer Stimme,
ihrer Stimme, die
das Schweigen
bricht,
endlich bricht.

X

Hauskonzert im Hölderlinturm • Seoul und Bangkok • Luxus und musikalisches Event • Persönliche Verantwortung des Künstlers • Allgegenwärtige Tonkulisse • Vierhundert Jahre europäisches Musikschaffen • Weltmusik: unsere Zukunft? • Überhaupt: Renée! • Globalisierte Musikkultur und differenzierte Wortmusik • La Scala • Instrumentale und vokale Kammermusik • Musikalische Partner • Freundschaft mit Tabea • Noch einmal zurück nach Bangkok

Am Wochenende im Tübinger Turm: Hauskonzert bei Friedrich Hölderlin. Ein kleines verständiges Publikum füllte die drei Räume und lauschte Jörg Widmann und seiner »Fantasie für Klarinette solo« – Körpermusik, gewitzt komponiert, phantastisch von ihm selbst dargeboten. Am Abend dann Hölderlinvertonungen Wilhelm Killmayers von 1965. Thomas G. Bauer hatte mit den ekstatischen Koloraturen keinerlei Mühe. Nur in wenigen Takten klang an, was Killmayers späteren Stil auszeichnet und so eigen macht – kristalline Klarheit. So hatte man beim akrobatischen Auf und Ab fast das Gefühl, der Komponist sei noch auf der Suche nach sich selbst. Danach zwei Uraufführungen, entstanden als Auftragswerke der Stuttgarter Hugo-Wolf-Akademie und der Bayerischen Akademie der Schönen Künste München. Jens Joneleits »Beim Wort« fordert seine ganz eigene Zeit und zwingt die Hörer durch sparsame Klänge, sich ganz auf die Texte und ihren inneren Fluss einzulassen. Peter Ruzickas vier Fragmente von Hölderlin für Bariton und Klavier »... und möchtet ihr an mich die Hände legen ...« kennzeichnen die expressive Könnerschaft des erfahrenen Tonsetzers. Das dritte, melodramatische »Was ist Gott?« ist von besonderer Eindringlichkeit. Die Atmosphäre dieser Musiktage, die Nähe zum Publikum, Musizieren und Hören als gemeinsam-kreativer Akt – es tut gut, immer wieder zu erleben, dass solche Stunden auch heute noch zu schaffen sind.

Gestern in Seoul, Temperaturen wenig über null und ein kalter Wind, heute Abend ein Buffet außen bei 34 Grad C mit Blick auf den »Fluss der Könige«, die weiche, feuchte Nachtluft auf der Haut. Ich genieße das Lichterspiel, das herrliche Essen, verfolge die laternengeschmückten Boote mit ihren doppelt geschwungenen holzgeschnitzten Dächern. Ab und zu gleiten dunkle Frachter wie Totenboote vorbei. Räucherwerk mischt sich mit Grillgerüchen. The Oriental Hotel in Bangkok, wo Somerset Maugham, Graham Greene und andere wohnten und schrieben, ist ein unvergessliches Erlebnis. Die Menschen Thailands berühren durch eine ungeahnte Freundlichkeit, wenden sich dem anderen im Augenblick der Ansprache gänzlich zu und bewahren doch sich selbst. Manche Männer

kennzeichnet beinahe weibliche Schönheit. Das Lächeln der Frauen lässt m
Hölderlin und Eisler denken:

An Feiertagen gehn
Die braunen Frauen daselbst
Auf seidnen Boden ...

Im Reisegepäck habe ich Schubert und Brahms. Ich soll »Rastlose Liebe« in
dieser durch die Lust der Sextouristen verrufenen Weltgegend spielen und auch
»Von ewiger Liebe«, dieses Lied über den geschwätzigen Jüngling, dessen
tönenden Worten die Herzenssicherheit des Mädchens so gelassen entgegensteht
– von Brahms im schönsten wiegenden Klang gefasst, soll deutsches Gefühl in
Asien zum Klingen bringen, will damit verstanden werden. Ich empfinde mein
Hiersein grotesk und bin dennoch hochgehoben vom Leben ringsum und vor
allem neugierig auf das Konzertpublikum.

Luxus und musikalisches Event, Schönheit, Mode, Reichtum und Genuß
gehören oft zusammen, hierfür finden sich viele Orte rings um den Erdball. Dabei
verlieren sich die Gegensätze von E und U: Alle erfolgreiche Musik wird Pop,
und das Gespür für Musik, der Brüche und Gegensätze einkomponiert sind,
verliert sich. Mozarts Pausen, die oftmals Zeit schwebend still stehen lassen,
Schuberts Anfänge, die immer wieder schon Schlüsse sind, die Versuche von
Brahms, eine Musik fortzuschreiben, deren Grammatik zerbricht, Schönbergs
Versuch, Musik als Sprache neu zu begründen, um wieder musikalisch reden zu
können, hoffend, verstanden zu werden, das Wissen darum geht in der
allgemeinen und allgegenwärtigen Tonkulisse unserer Tage verloren, zieht sich
zurück in die persönliche Verantwortung des Künstlers. Wellness durchzieht alle
Lebensbereiche. Nicht die Notleidenden der Nachkriegszeit, nicht gegen
Unterdrückung ansingende Menschen im Baltikum, nicht die jüdischen Häftlinge
von Theresienstadt, die angesichts der Vernichtung darum kämpften, Giuseppe
Verdis urkatholisches »Requiem« noch einmal zu verwirklichen – der Chor
musste für die drei Aufführungen jeweils neu besetzt werden, da die anderen
bereits vergast waren – heute sind wir, denen es gut geht, die »gesellschaftlich
tragende Schicht« und bestimmen und verantworten die Entwicklung unserer
kulturellen Ansprüche.

Doch denke ich nicht zu resignativ, übersehe dabei, dass es nur zwei- oder
dreihundert, kaum vierhundert Jahre europäischen Musikschaffens sind, in denen
entstand, was so leicht als selbstverständliches Weltkulturerbe betrachtet wird?
Wer von uns Europäern versteht die Musik am thailändischen Königshof oder hat
sich mit den vielfältigen Formen und der Grammatik arabischer Klänge
beschäftigt? Wie lange ist es her, dass Friedrich Rückert den Koran übersetzte,

143

Goethe Hafis eine deutsche Stimme gab? Hört man nicht, »Weltmusik« sei unsere Zukunft?

Neugier auf Unvertrautes, sei es in der eigenen Tradition oder aus fremden Ländern, Begeisterung für die unendliche Vielfalt der Erscheinungen, die Bereitschaft, sich Zeit zu nehmen und sich hörend und sehend auf Kultur einzulassen, die Unterschiede zu erkennen und durch Bewahren zu würdigen, ein nie endender Elan, unsere Welt besser lernen und verstehen zu wollen, Verstand wie Empfindung gleichermaßen wirken zu lassen – dies alles sichert allein die kulturelle Vielfalt unserer Welt.

Und gerade, wo man es nicht vermutet, begegnet man neugierigen Menschen. Die Thais nennen ihren König ehrfurchtsvoll »The Supreme Artist«; er komponiert, malt und ist ein professioneller Klarinettist, spielte zusammen mit Benny Goodman. Seine Schwester reist zu Festivals überall in der Welt, um Konzerte zu hören und Künstler zu treffen. Ein königliches Sinfonieorchester wurde 1980 in Bangkok gegründet und widmet sich dem europäischen und amerikanischen Standardrepertoire. Und bei den Rezitals mit Renée Fleming in Bangkok, Singapore und Kuala Lumpur waren die Säle ausverkauft, die Menschen begeistert.

Überhaupt: Renée! Ich erinnere mich noch genau, wie sie in Frankfurt – wenig jünger als ich – im Duo mit der hochsensiblen Pianistin Helen Yorke zu mir, dem neuen Professor, kam. Ihre Stimme war beinahe weiß und sehr schlank, sie selbst eine wohlerzogene amerikanische Studentin. Wie sie immer wieder sagte, litt sie unter dem deutschen Müßiggang, war aus den USA gewohnt, vieles neben einanderher zu tun, Jazz und Klassik, Jobben, Üben und Studieren. Bei einer Meisterklasse von Elisabeth Schwarzkopf quälten wir uns gemeinsam. Niemand konnte ahnen, welche Weltkarriere sie machen würde. Nach der Studienzeit trafen Mitsuko und ich sie in New York zu einem Brunch im Waldorf Astoria – ohne Job und auf der Suche nach Engagements. Wir aßen viel und gut, dann eilte sie weg, um einem Agenten vorzusingen. So verlor ich sie aus den Augen.

Jahre später trugen sie die Medien in alle Welt, wurde sie zum »Gold Standard of Soprano Sound«. Dann kam eines Tages die Frage von Alec Treuhaft, den ich aus seiner Arbeit bei Columbia Artists Management und bevor er Chef von IMG wurde, gut kannte, ob ich Lust hätte, für Renée in Brüssel zu spielen. So sahen wir uns im Palais des Beaux Arts wieder, waren wohl beide etwas nervös und fanden dennoch Vergnügen miteinander. In Erinnerung ist mir geblieben, dass eine tüchtige Grafikerin, die unser beider Namen im gleichen Rahmenformat setzen wollte, es schaffte, meinen um einen Buchstaben kürzeren Namen somit größer zu schreiben als den des Sängerstars. Inzwischen haben wir viele Konzertreisen miteinander gemacht, besuchten Australien, tourten an der West- und Ostküste der USA, musizierten zusammen in der Carnegie Hall, bei europäischen Festivals, in München und Berlin, London, Amsterdam, Wroclav, Oslo, Stockholm, in de Sades provençalischem Lacoste, dessen neuer Eigentümer Pierre Cardin ist, und in fast allen Ländern Asiens.

Die Zusammenarbeit mit Renée bedeutet für mich nach der künstlerischen Intimität mit Mitsuko, der vielfachen Herausforderung durch Dietrich Fischer-Dieskau eine neue Qualität des Konzertierens. Renée Fleming ist für mich die Künstlerin unserer sich wandelnden Zeit. Hoch professionell in ihrer Kunst ist sie in wunderbarer Weise uneitel, arbeitet hart, ist wenig empfindlich, aufgeschlossen und immer kooperativ. Ihre Interviews lese ich mit Vergnügen, freue mich an ihren frischen, ungeschönten und eindeutigen Antworten. Auf dem Podium ist sie eine beständige und verlässliche Partnerin. Sie bezaubert durch den reinen Klang ihrer Stimme, ihre enorme Atembeherrschung, ihre ganz besondere Art, den Werken persönliche Farbe zu geben. Vor allem aber versteht sie es, jedes Publikum der Welt mit ihrem Gesang und ihrer Ausstrahlung für unsere Kunst zu gewinnen, mit ihrer persönlichen Hingabe Distanz gar nicht erst aufkommen zu lassen.

Nach den Konzerten warten Hunderte auf ein Autogramm. Renée schreibt bis Mitternacht, fragt, was vom Programm am besten gefallen habe, erkundigt sich, ob die Betreffende auch singt ... Ihr eigener Weg war alles andere als leicht. Ihr Buch erzählt davon. Vielleicht liegt es daran, dass sie es versteht, mit ihrer Kunst, ihrer Persönlichkeit und ihrer Zuwendung vielen Hoffnung zu geben, vor allem aber die Menschen wissen zu lassen, dass Kunst nicht außerhalb ihrer eigenen Möglichkeiten liegt, dass der Umgang damit immer lohnt.

Ihre Programme sind so vielseitig wie vor hundert Jahren üblich. Konzertarien, Lieder, Opernarien, Jazz, Swing, American Theatre Music ... Halte ich ein neues Programm in der Hand, staune ich oft über die Vielfalt, wundere mich dann aber noch mehr, wie sich alles im Konzert zusammentut, mischt und ergänzt. So sind diese Programmkompositionen wirkliche Herausforderungen. Dabei habe ich nicht nur Harold Arlens »Over the Rainbow« durch sie spielen gelernt, sondern auch die herrlichen, todesnahen Whitman-Vertonungen von George Crumb, die Emily-Dickinson-Lieder von André Previn. Amerikanisches Fühlen lernte ich durch zwei Arien aus »Susannah« von Carlisle Floyd: »Ain't It A Pretty Night« und »The trees on the mountains«. Auch Robert Schumanns »Hochländisches Wiegenlied« brachte erst sie mir nah.

Immer wieder hat sie darauf hingewiesen, dass das Publikum von heute auch mit den Augen hört, dass nicht nur ein kulinarisches Musikerleben erwartet wird, sondern auch ein Fest der Farben und des Designs. So spüre ich bei Renée immer auch das Vergnügen am Umgang mit schönen Stoffen und Formen, die Lust am Verkleiden. Escada, Oscar de la Renta, Giancarlo Ferré, Issey Miyake, Vivienne Westwood nützen diese Chance zur Präsentation und Werbung.

Ihr Arbeitstag ist voll durchgeplant. Klaglos stellt sie sich nach Ankunft in einer neuen Stadt den zahlreichen Interviews und Fototerminen. Wie sie sagt: »Man ist ein Produkt und das muss vermarktet werden«. So gilt es, jede Chance zu nutzen, denn die neue CD wird nur erscheinen, wenn die alte sich gut verkauft. Ihr Management IMG, dieser weltumspannende Konzern für »Arts and Entertainment«, der auch Tiger Woods vertritt, berät, hilft und befördert dabei nach Kräften. Die Konzerthallen sind groß, die Stimme muss unverstärkt auch die letzte Reihe erreichen. Und was Opernaufführungen betrifft, geht die Zahl der Menschen, die dabei erreicht werden, in die Tausende: Peter Gelb lässt die Aufführungen der Met inzwischen auch in Kinos live übertragen. Renées New Yorker Tatjana sahen und hörten an einem Abend mehr als 50 000 Menschen – zu Preisen, die weitaus geringer als die an der Oper waren. So feiert Paganini seine Auferstehung: Obwohl auf Leinwand übertragen, zeigt jeder Moment die künstlerische Selbstbeherrschung und Verwirklichung mit all seinen Risiken gerade in diesem Augenblick.

Anders als Anna Netrebko, die ihre Reputation ganz auf ihre Salzburger Erfolge gründet, ist Renée Fleming eine Künstlerin, die sich durch langjährige Arbeit eine Basis in den USA und Europa, ja weltweit gebaut hat. So wuchs sie zu einem international geachteten Star, war Gast im White House, sang für die Opfer von 9/11 wie für die Celebritäten der Nobelpreis-Zeremonie in Oslo. Als kein Linienflug sie rechtzeitig von St. Petersburg nach Amsterdam bringen konnte, wurde sie in Putins Präsidentenmaschine befördert. Dabei ist sie sich immer auch ihrer Verantwortung als amerikanische Künstlerin bewusst. In Korea verzichteten wir auf die humorvolle Puccini-Adaption »Poor Butterfly« von John Golden und Raymond Hubbell, einen Jazz Standard von 1916, da es nach der Vergewaltigung eines Mädchens durch einen US-Militär unmöglich war, vom »American way of love« zu singen. Im islamischen Kulturraum wurde Mozarts »Laudamus te« durch Händel-Arien ersetzt.

In Renée Flemings Kunst verkörpert sich für mich die globalisierte Musikkultur. Manchem mag das als allzu bunte Mischung erscheinen. Doch wenn nach einem reichen Programm auf die Frage, was am besten gefallen habe, die Zugabe »Morgen« von Richard Strauss genannt wird, freue ich mich: Wieder einer ist auf solch differenzierte Wortmusik aufmerksam geworden, wäre wohl nicht gekommen, wenn dieses Lied als Werbeträger plakatiert worden wäre.

Dabei brauchte ich einige Zeit, bis ich all dies akzeptieren konnte. In Australien war Renée nie zuvor gewesen. Ein wandgroßes Plakat zeigte sie in glorioser Robe. Darüber stand nur »The World's Top Selling Soprano«, unten waren klein Preise und Vorverkaufsadressen vermerkt. Am Abend vor dem ersten Konzert in Sydney waren wir beide zu einem Essen mit dem für die gesamte Tour verantwortlichen lokalen Manager und seiner charmanten Gattin geladen.

Sydney, Adelaide, Melbourne – alles war ausverkauft. Man hatte gute Arbeit geleistet. Als Renée sich kurz entfernte, fragte er mich, was denn morgen Abend auf dem Programm stünde. Ich konnte Antwort geben. Michael Storrs war der übergeordnete Manager, der uns als IMG-Vertreter auf der Reise begleitete. Wir hatten beide ein Vergnügen dabei, immer wieder humorvoll-kritisch Marketing und Public Relations zu hinterfragen und zu diskutieren. Staunend über den großen Erfolg dieser Konzerte erkundigte ich mich einmal, wie er denn einen solchen Erfolg plane und begründe. »Somehow personality«, war seine Antwort. Ich konnte es nicht lassen und fragte weiter, wie er es denn mit einer Schubert'schen »Winterreise« hielte. Er stutzte, dachte einen Moment nach. Dann kam seine Antwort, die ich bis heute nicht vergessen kann, die unsere Zeit gnadenlos wiedergibt, die so realistisch wie bitter ist: »Da kämen ja nur siebenhundertfünfzig Leute. Das würde IMG nie machen.«

Manchmal ist Kunst auch Überlebenskampf. Zu meinen eindrücklichen Erinnerungen gehört ein Abend an La Scala. Der Geist der Callas, die Ohren Toscaninis scheinen in diesen Kulissen noch lebendig. Das arrogante Publikum ergötzt sich daran. Zwei Tage hatte uns ein lebensvolles Publikum in Neapel gefeiert. In der Wintersonne sah ich den Vesuv, erinnerte, wie ich als Kind barfuß hinaufmarschiert war, sah Capri im Dunst über dem Wasser, freute mich, den koreanischen Pianisten Kun Woo Paik kennenzulernen. In Mailand war das Hotel dunkel und spartanisch, das Publikum empfing mit abwartender Kühle. Nie habe ich Renée so kämpfend erlebt. Bei jedem hohen Ton spürte man die Geringschätzung der Menge, gestern habe die XY diesen Ton aber länger ausgehalten, ihn strahlender platziert, lauter vermocht. Renée war dem guten Rat der Manager gefolgt und hatte alles Italienische im Programm vermieden. Andererseits war sie unsicher, ob nach Mozart, Schumann, Massenet und Korngold das verwöhnte Publikum amerikanischen Swing, »I could have danced all night« akzeptieren würde. Doch damit brach der Damm, wuchs die Zustimmung. Ich konnte mich allerdings des Eindrucks nicht erwehren, das verwöhnte Publikum meinte eigentlich, nun sei diese Amerikanerin endlich bei der ihr zustehenden Musik angekommen.

»Du bringst mich auf ein anderes Niveau.« So schmeichelhaft und großzügig so ein Wort ist, es ist schön, wenn man sich gegenseitig beflügeln kann, wenn Musik ineinanderwächst, man gemeinsam fühlt und zusammen unterwegs ist. Renée ist in wunderbarer Weise partnerschaftlich. Nie fühle ich mich als dienender Begleiter, weiß um ihre Wertschätzung und bringe ihr selbst hohen Respekt entgegen. Manchmal folge ich der Einladung, gemeinsam zu signieren, bin interessiert an den Reaktionen der Menschen, an ihren Äußerungen und Eigenarten. Manchmal vergnügt mich dabei zu erleben, wie sehr »echte« Fans sich in ihrer Nähe zum geliebten Star durch den Accompagnisten gestört fühlen. Die Augen versuchen tunlichst, den eigenen Blick nicht zu treffen, ein einziges verbindliches Wort würde schon als Treuebruch empfunden. Das Programmheft zwischen die Hände geklemmt, schleichen manche davon. Immer schon entschied ich früh, mit wem ich konzertieren wollte, habe meine Partner sorgsam ausgewählt. Oft blieb es bei einem einzigen Versuch. So belustigt es mich eher, als dass es stört. Doch weiß ich, wie viele Kollegen unter solchem Dasein leiden.

Gerne musizierte ich mit Yvonne Naef, die mit ihrem strömenden Mezzo Mahlers »Lied von der Erde« großartig sang. Eine hochgespannte »Dichterliebe« gab es mit Jochen Kowalski in Wien, Christoph Prégardien, Christian Elsner und Markus Schäfer wagten sich mit mir an Liedopera von Franz Schubert, David Wilson-Johnson brachte mir Charles Ives nah. Urszula Kryger hörte ich erstmals beim ARD-Wettbewerb 1994 in München. Sie sang »Von ewiger Liebe« von Johannes Brahms. Ich war tief berührt, mit welcher Schlichtheit es ihr gelang, dieses abgesungene Lied neu erscheinen zu lassen. Später hatte ich oft das Glück, mit ihr musizieren zu dürfen. Durch ihren so eleganten wie natürlichen Gesang lernte ich polnisches Repertoire, Lieder von Szymanowski, Lutoslawski und Mieczyslaw Karlowicz kennen; zusammen mit der Altistin Jadwiga Rappé, einer starken Persönlichkeit und selbstkritisch klugen Künstlerin, musizierten wir ein unvergessliches Duettprogramm mit Werken von Anton Rubinstein, Dvorák und Brahms. Bei Peter Schreier erinnere ich seine hochgewölbte Brust, die das Zeichen zum Einsatz gab. Roman Trekel ist ein lieber Partner, nur sind die Gelegenheiten zum gemeinsamen Musizieren allzu rar. Stella Doufexis war mehrfach eine intelligent singende Partnerin. Udo Reinemann ist nicht nur ein hoch geschätzter Lehrerkollege; unvergessen ist sein Part in Schuberts »Der Tod und das Mädchen« zusammen mit Mitsuko. Ein liebenswerter und nachdenklicher Kollege war immer auch Peter Lika mit seinem opulenten Bassbariton.

Eines seiner letzten Konzerte bestritt ich zusammen mit Hermann Prey. Jahre zuvor hatten Mitsuko und ich zusammen mit ihm und Helmut Deutsch sämtliche Mörike-Vertonungen von Hugo Wolf aufgeführt. Ich mochte seine unkomplizierte Nähe und Unmittelbarkeit. Zur Probe am Abend vor der Matinée im Münchener Prinzregententheater erschien er mit einem Metronom, sang keinen Ton, meinte nur, wir sollten versuchen, die ganze »Müllerin« auf einem einzigen Puls aufzubauen. Ich weiß nicht mehr, ob es ungefähr MM 60 war. Doch erinnere ich, dass es nicht einfach war, die »Ungeduld« entsprechend langsam zu beginnen. Es wurde ein großartiges Konzert, ein einziger intensiver Bogen vom Aufbruch bis zum Tod. So stark kann in der Kunst eine Idee Form geben und Gestalt bewirken.

Eine Stimme allerdings muss ich noch nennen, die ganz unvergleichlich ist im Reichtum ihres Timbres, der Farbigkeit des Vortrags, der rhythmischen Präsenz und der unendlichen Variation des Ausdrucks. Zusammen haben wir viel gewagt: Schuberts »Winterreise«, einzelne Brahms-Lieder, »Liebesleid« und »Schön

Rosmarin« von Fritz Kreisler, aber natürlich auch Schubert, Britten, Schosta-kowitsch, Rebecca Clarke und Roslavets: Wenn Tabea Zimmermann auf ihrer Bratsche singt, vergisst man das Instrument und hört einfach nur Musik, lässt sich von dieser reichen Persönlichkeit in eine ganz eigene Klangwelt führen. Sie versteht es, Schuberts »Winterreise« so harsch hören zu lassen, wie sie kom-poniert ist; jede Gesangsstimme verschönt hier sogleich durch die naturgemäße Weichheit des Ansatzes. Hoch begabt, seit den Kindertagen von den Eltern und klugen Lehrern bestens gefördert, gesegnet mit der Kraft großer Konzentration und von Natur aus reich beschenkt mit Temperament, ja Eigensinn und Körperkraft, gerät ihr Musik nie zweimal gleich. Die Freundschaft zu Tabea ist mir ein kostbares Gut; mit ihr zu musizieren eine immer neue belebende Herausforderung. Bei Hindemiths Sonate von 1939 nervte ich sie, weil sie mein Spiel als grundsätzlich »spät« empfand. Am Ende begriff ich, dass rein instrumentale Musik manchmal einen »direkten« Tonansatz erfordert, eben ohne die atmende Öffnung, die in der Sängerpartnerschaft so unverzichtbar wichtig ist. Solo, instrumentale oder vokale Kammermusik – hier gibt es große Unterschiede im musikalischen Denken, in der körperlichen Kondition, im inneren Anspruch.

Doch noch einmal zurück nach Bangkok. Ich musste, mich dieser glücklichen Tage erinnernd, oft denken, wie ignorant, vielleicht auch arrogant wir in Europa sind, uns allzu leicht als Wiege der Kultur selbst schmeicheln, den Rest der Welt weit weg denken. Auf dem Flug von Seoul nach Thailand schaute ich hinunter auf die Wälder und Felder Vietnams, fragte mich erneut, welcher Krieg hier einst geführt wurde, erinnerte die Fotos von brennenden Menschen. Bis heute sterben Menschen an Bomben, die von amerikanischen Piloten vor der Landung über Laos »entsorgt« wurden – ohne dass die Weltöffentlichkeit es wahrnimmt.

Welch große Kulturen sind in dieser Weltgegend zu bewundern – Vietnam, Cambodia, Laos, Thailand! Welcher Reichtum an Motiven, Farben und Formen kann hier entdeckt und hinterfragt werden. Wir trafen hochgebildete Menschen, die von ihrem Land, den Kriegen mit Burma, den Auseinandersetzungen mit dem Abendland erzählten, die aber gerade auch den Westen kannten, oftmals in den USA oder England studiert hatten. Mit unserem Rezital anlässlich der Feierlichkeiten zu Ehren des 80. Geburtstages des thailändischen Königs eingeladen zu sein, war eine hohe Ehre. Nach der königlichen Hymne, einem weichen geschmeidigen Gesang zu Beginn des Konzertes, verneigten sich die zweitausend Menschen zum königlichen Abgesandten hin, der in der Mitte des ersten Ranges in weißer Uniform stehend diesen Gruß entgegennahm. Dann aber hörten alle konzentriert und still Mozart, Schubert, Dvorák, Brahms, Korngold und Puccini zu, niemand unterbrach die einzelnen Gruppen. Die schwebende Stille von »Du bist die Ruh« wurde zu einem berührenden Erlebnis, das mehr

Applaus fand als manch virtuoses Stück. Am Ende dankte das Publikum mit standing ovations für einen Abend, der viele – auch uns - glücklich gemacht hatte.

XI

Europäisches Kulturerbe • Ausländische Studierende an deutschen Hochschulen • Liedklasse für Duos an der Hochschule für Musik Karlsruhe • Nachdenken über unsere Kunst • Mitsuko Shirai: Künstlerische Erfahrungen auf dem Hintergrund einer anderen Kultur • Gertrude Pitzinger: »Ich las Gedichte schon in meiner frühesten Jugend« • Herkunft, Kultur und Bildung – Körperhaltung und Körpersprache • Abendländisches Weltverständnis • Das Spiel der Kunst • Die Internationale Hugo-Wolf-Akademie für Gesang – Dichtung – Liedkunst

Beim New Yorker Maazel/Vilar Conductors' Competition 2002 kam Lorin Maazel nach dem Finale aufs Podium und sagte zum Publikum der ausverkauften Carnegie Hall: »Meine Damen und Herren, heute erleben Sie die Zukunft der klassischen Musik!«: Eine junge, zierliche Chinesin, Xian Zhang – ich begegnete ihr zusammen mit Renée Fleming nach unserem Konzert in Singapur – und ein junger Thai, Bundit Ungrangsee, teilten sich den ersten Preis.

In China baut man, ich hörte staunend darüber, innerhalb nur eines Jahres eine neue Musikhochschule für 15 000 Studierende – und das nicht etwa in Peking, sondern irgendwo in diesem riesigen Land. Wenn auch nur ein Promille der Absolventen solcher Institute eines Tages ihren Weg auf internationale Konzertpodien finden, wird es in wenigen Jahren viele Lang Langs geben. Dann wird sich bewahrheiten, was heute schon deutlich abzusehen ist: Das europäische Kulturerbe wird vornehmlich im asiatischen Raum weitergepflegt und bewahrt werden. Die Trivialisierung des musikalischen Angebots in unseren Landen wird weitergehen. Auch werden sich die Grenzen zwischen Hochkultur und Alltagskultur immer mehr auflösen, das globalisierte Angebot einer »Weltmusik« werden in kleinen Zirkeln gepflegte regionale Spezialitäten und Experimente ergänzen. Anlässlich der Semestereröffnung in Karlsruhe 2007 sprach Bundesaußenminister a. D. Kinkel vom beginnenden »asiatischen Zeitalter«. Amerikas Eliten haben die Zeichen der Zeit längst erkannt: Die Kids lernen Mandarin in der Schule, und chinesische Kindermädchen sind gesucht und werden fürstlich entlohnt.

Jeder hat bei den Aufnahmeprüfungen zum Studium die gleiche Chance; nur stehen wenigen deutschen oder europäischen zahllose Bewerber entgegen, die von weither kommen. Zu prüfen ist natürlich, ob ausreichende deutsche Sprachkenntnisse ein sinnvolles Studium gewährleisten. Am Ende bekommen dann die musikalisch besten Anwärter die Studienplätze. So entscheidet sich, wessen Interesse und Können weit genug trägt, wer letztlich die Zukunft unserer Kultur mitgestaltet. In Karlsruhe sind ungefähr 30 % Ausländer eingeschrieben, in Basel und Genf 65 % und mehr. Doch machen wir uns hierzulande immer wieder Skrupel, um der öffentlichen Meinung nicht Vorschub zu leisten, zu viele Steuergelder würden für die Ausbildung ausländischer Studierender ausgegeben. Wir verkennen die Zeitläufte: Angesichts der großen kulturellen Umwälzungen müssen wir froh sein, wenn ausländische Studierende Deutschland und nicht die Schweiz, die USA oder England als den Ort wählen, der ihre Bildung prägen soll. Auch entsteht hierbei ein großer Markt: Instrumente werden gekauft, in die Heimat mitgenommen, neue Lehrer schicken eines Tages neue Studierende, die hier essen, leben, konsumieren. Das Leben in Europa schafft vielfältige Bindungen. Impulse zu geben, der eigenen Kultur neue Freunde zu gewinnen, zahlt sich am Ende immer aus.

So kam Kanako Nakagawa in die Klasse, deren persönliche und pianistische Kraft bei jedem Wettbewerb Erfolge schaffte, deren Intensität und Konzentration jedes Konzert zu einem Erlebnis macht. Die großartige Tomomi Mochizuki singt als Japanerin französisches Repertoire mit solchem Geschmack und tiefer Empfindung, dass man in Paris nur beglückt staunen kann. Fan Yang aus Peking, deren Familie unter der Kulturrevolution litt, so dass die Mutter sich ein besseres Leben für ihre Tochter erhoffte, ist heute Korrepetitorin an der Karlsruher Hochschule, wurde wie die fabelhafte koreanische Sopranistin Jae Eun Lee von der Kulturstiftung Baden-Württembergs gefördert. Der Chinese Hao Chen verblüfft mit seinem Können als Sänger in der Peking-Oper, war hinreißend mit deutschen Chansons. Lillian Lim machte als Malaysierin staunen mit höchst differenzierten Fragen zur deutschen Sprache. Locky Chung erinnerte englische Freunde in seiner stimmlichen Beweglichkeit an Fischer-Dieskau. Yu-Wei Ku, Asami Koshida, Izumi Kawakatsu – letztere heute selbst Dozentin für Liedgestaltung, die sensible Koreanerin Kyoung Soung Han, der großartige Bassbariton Young Myoung Kwon, inzwischen am Opernhaus Hannover engagiert, die so überaus erfrischend lebendige taiwanesische Pianistin Hsu-Chen Su, Yu-Hsuan Lin, die heute in Saarbrücken arbeitet, Yoon Shil Kim, die empfindsame Makiko Takeo, die versierte Satoko Kato – die Liste mit ehemaligen Studierenden aus Asien ließe sich noch lange fortsetzen.

Markus Hadulla lehrt heute selbst und konzertiert rund um die Welt. Die virtuose Irina Puryshinskaja fand ihren Weg aus Moskau nach Karlsruhe, ist heute Professorin in Österreich und spielt auf internationalen Podien; ihre langjährige Duopartnerin Evgenia Grekova fand den Zugang zur Oper. Stephan Genz wurde mit Lied und Oper international bekannt, Christoph Sökler ist heute am Stuttgarter Opernhaus engagiert. Kathryn Goodson lebt und arbeitet wieder in den

USA und setzt sich mit Enthusiasmus für das deutsche Lied ein. Die Niederländerin Claar ter Horst lehrt als Professorin in Berlin und bereiste das östliche Europa im Rahmen eines Forschungsprojektes für osteuropäisches Liedrepertoire. Mit leiser Verzweiflung schrieb sie mir, dass es allein in jedem baltischen Land ungefähr zweihundert Komponisten gibt, die fast alle auch Lieder komponiert haben. Die Bretonin Anne Le Bozec, einzigartig in ihrer künstlerischen und pianistischen Persönlichkeit, studierte ganz im Bewusstsein der unterschiedlichen Kulturen. Dass dies reiche Frucht trug, freut mich besonders: Wieder zurück in Paris übernahm sie die Liedklasse am dortigen Conservatoire national supérieur de musique et de danse; eine Stiftungsprofessur für französisches Lied – großzügig von Dieter Schwarz geschenkt - ermöglichte, dass sie fünf Jahre lang auch in Karlsruhe unterrichtete. Anne Le Bozec, eine Brückenbauerin. Assumpta Mateu bringt den Glanz eines Engels aufs Podium; heute singt sie Lied und Oper und ist wieder in Spanien beheimatet. Und der deutsche Bariton Andreas Beinhauer und seine Pianistin Melania Kluge versprechen in all ihrer Differenziertheit schönste Zukunft.

So kann der Schwerpunkt Lied an der Karlsruher Hochschule für Musik viele Erfolge vorweisen. Dass Mitsuko und ich dort seit 1992 als Duo eine Liedklasse für Duos leiten, ist ein einzigartiges Unternehmen. Zu verdanken ist es einer wunderbaren Rektorin, die siebzehn Jahre lang für das Haus arbeitete und viel Gutes auf den Weg brachte: der brasilianischen Pianistin Fany Solter. Geburtshelfer war Hans-Jürgen Müller-Arens, der der Karlsruher Hochschule wie der Stuttgarter Hugo-Wolf-Akademie vielfach Wege gewiesen hat.

Ich hatte nie Probleme mit Studierenden, die nicht aus dem deutschen Sprachraum kommen. Nachdenken über unsere Kunst müssen wir alle. Und diejenigen, deren Muttersprache Deutsch ist, verpassen oftmals die richtigen Fragen an den Text, weil sie vorschnell vermuten, eh alles zu verstehen. Wer aus fernen Landen kommt, muss hingegen langsam lernen, dass Selbständigkeit nur durch wachsendes eigenes Denken zu schaffen ist und nicht durch den stillen Glauben, der Lehrer werde es schon richten. Mangelnde Leistung gibt es überall, sie ist nur manchmal bei Ausländern vordergründiger und schafft schnell Vorurteile.

Mir war früh bewusst, dass ich durch Mitsuko die große Chance hatte, Vertrautes neu zu hinterfragen. So ergaben sich im Gespräch mit ihr viele Aspekte, die mir ohne ihren Mut, es genau wissen zu wollen, nicht bewusst geworden wären. Auch belebt eine Sensibilität, die in einem anderen Kulturraum gewachsen ist, enorm, eröffnet neue Sichtweisen, erfrischt die eigene Empfindungswelt. Gedanken werden anders gefasst, Nuancen anders empfunden, Fragen neu gestellt. Das mag nicht immer zueinanderpassen. Doch ist diese Auseinandersetzung letztlich ein großer Gewinn. In welcher Weise Mitsuko in tiefem

Verstehen gegründet die jeweilige Liedsituation in sich aufnimmt, wie frei sie ihr eigenes Ich der geforderten Situation anverwandelt, wie sehr sie als nicht deutsch Geborene es versteht, die deutsche Sprache ganz persönlich zu nutzen, sie technisch dem Verstehen und der Empfindung gemäß klanglich zu drehen und zu wenden, das alles ist in höchstem Maße ganz einzigartig, beispielhaft und bewunderungswert.

Was Mitsuko Shirai im Bereich des deutschen Liedes an exemplarischen Leistungen geschaffen hat, ist in besonderer Weise eigenständig. Es wurzelt in der Kraft einer fernöstlich meditativen Konzentration, wurde durch ein fokussiertes Repertoire ermöglicht und entspringt der künstlerischen Fähigkeit, sich mit genauer Beobachtung, reicher Vorstellungskraft und größter körperlicher und technischer Freiheit ganz in die jeweilige Situation hineinzubegeben. Gleichsam gefiltert durch die Phantasie, die Empfindungen und den Körper einer anderen Kultur, wird so die europäische neu wahrgenommen. Mitsuko Shirai hat uns mit ihrer Kunst vieles neu geschenkt, zurückgeschenkt. Und ich selbst habe unendlich viel in der Zusammenarbeit mit ihr gelernt. Dass ihre Meisterschaft durch eine kaiserliche Auszeichnung in Japan und durch das Bundesverdienstkreuz in Deutschland gewürdigt wurde, ist schön.

Oft hat mich gewundert, mit welcher Hellsichtigkeit Menschen aus anderen Kulturräumen auf Wesentliches in unserem Bereich hinweisen können. So habe ich viel über Japan *und* Europa von Sunao Kumakura gelernt, einer Sängerin, deren letztes Konzert in Tokyo ich als ganz junger Pianist begleiten durfte. Auch dem Freund Mitsumasa Ito und seiner Frau Sakuko haben Mitsuko und ich viel zu verdanken. In seiner Firma Harmonic Drive Systems stellt er spezielle Getriebe her, die im Mondfahrzeug der Amerikaner, bei Mars-Expeditionen der Russen gleichermaßen Verwendung finden. Seine persönliche Neigung aber gehört der Musik. Und er – der Kunstinteressierte aus Japan – kümmerte sich bis zuletzt in Frankfurt um Getrude Pitzinger. In einem Interview fand ich, was ein wenig von dem lebendigen Interesse dieser in Deutschland vergessenen großartigen Altistin wissen lässt: »Auch lesen die jungen Leute keine Gedichte mehr, sie finden das wohl zu altmodisch. Aber wie kann man Lieder singen, ohne sich vorher das Gedicht zu eigen gemacht zu haben? Denn die Komponisten haben sich doch auch erst lange mit den Gedichten beschäftigt: Hugo Wolf hat sie zunächst tagelang, ja wochenlang auswendig gelernt, bevor er sie vertont hat. Und wie wird Schubert sich über jedes neue Gedicht gefreut haben? Ich glaube, ich hatte da viel mehr Glück, ich las Gedichte schon in meiner frühesten Jugend. Und wenn ich in Leipzig im Gewandhaus im Konzert war, war ich jedes Mal Gast im Hause Kippenberg oder Brockhaus. Wie schön war es, in der Goethe-Sammlung des Insel-Verlegers Kippenberg zu schmökern. Wie herrlich, Originalbriefe Schillers oder anderer großer Menschen in die Hand nehmen zu dürfen.« Gertrude

Pitzingers Aufnahme von Regers »An die Hoffnung« hat bleibende Bedeutung. Dass Amerikaner nach Europa kommen, um den Lebensraum ihrer Vorfahren kennenzulernen, erstaunt nicht. Auch nach Russland gibt es viele gewachsene Verbindungen. Was aber motiviert Menschen aus Japan, China, Korea oder Malaysia, in Deutschland zu lernen? Immer wieder frage ich nach. Oft reagiert man mit erstauntem Lächeln, denn es erscheint doch so selbstverständlich. Wir vergessen ja zumeist, wie sehr das westliche Idiom diesen Menschen aus ihrer Alltagsumgebung von Kindheit an vertraut ist, wie stark bis heute das wirkt, was schon seit vielen Jahrzehnten an Kulturimpulsen vermittelt wurde. Häufig ist es einfach die Freude am Schönen, das Interesse, genauer kennenzulernen, was das eigene Leben lange schon bereichert. Bei Studierenden aus Japan, diesem Land, wo Vollkommenheit und Ganzheit im Kleinsten von großer Bedeutung ist, hilft vielleicht, was Hans Georg Nägeli geschrieben hat (ich habe es zuvor erwähnt): »Hier, wie nirgends, ist die Kunst im Kleinen groß, im Kleinen vollendet.« Sicherlich spielt auch eine Rolle – so kurios es klingt – dass durch entsprechende Bildung die Heiratschancen der Frauen steigen. Die Antwort eines chinesischen Studenten aber hat mich überrascht. Er verwies auf die kaum vorstellbare Größe seines eigenen Landes, auf die unterschiedlichen Sprachen und die Mühe, die eigenen Landsleute zu verstehen. Da gehöre Neugier auf anderes zu einem sinnvollen Leben immer dazu. Das habe ihn auch nach Europa aufbrechen lassen.

Herkunft, Kultur und Bildung äußern sich deutlich auch in der Körperhaltung und der Körpersprache. Wie groß sind hier schon innerhalb Europas die Unterschiede zwischen Deutschen, Franzosen, Engländern oder Italienern. Auch die Sprache bestimmt die Mimik, die Spannung der Gesichtsmuskulatur, den Ausdruck. Chinesen sind frei in ihrem Verhalten, ungezwungen und deutlich. Koreaner behindert – von Europa aus betrachtet – oftmals eine allzu große Freundlichkeit und Weichheit. Dadurch verliert künstlerische Entschiedenheit ihren Fokus. Menschen aus Japan müssen meistens lernen, Raum zu gewinnen und auch zu beanspruchen, sich nicht aus Höflichkeit anderen gegenüber schmal zu machen und zurückzunehmen. So beschäftigt mich immer, wenn ich in Asien gefragt werde, ob man bei mir studieren könne – die ganz frühe »Penthesilea«-Erfahrung fällt mir ein –, die Frage, ob all denen, die da mit großer Sehnsucht aufbrechen wollen, bewusst ist, wie revolutionär für sie selbst diese Begegnung mit Europa sein wird. Keiner, der irgendwann gekommen ist, geht unverändert zurück. Wenn es das Glück bringt, finden sich Umstände, die es erlauben, das Neugewonnene hier oder in der alten Heimat zu leben. Doch viele müssen sich wieder integrieren, müssen sich resignativ beschränken und zurücknehmen.

In der Arbeit mit ausländischen Studierenden merkt man besonders schnell, wie wichtig es ist, Hintergrund zu vermitteln. Die von weither gekommenen jungen Leute müssen die ganze Kultur begreifen, die andere Luft atmen, auf der Straße wie im Kino Menschen beobachten, deutsche Freunde gewinnen, deutsch essen, sprechen und träumen. Es gilt, im Unterrichtsgespräch begreifbar zu machen, dass sich Musik nicht in schönem Gefühl erschöpft. Der Musiker von heute ist neugierig-forschend, die besten waren es immer schon. Was uns allen aus dem Alltag vertraut klingt, ist nur die Oberfläche; um zu verstehen und um selbst sinnvoll gestalten zu können, muss der ganze musikalische Organismus begriffen werden. Hierzu gehören ebenso wie christliches Denken die Mythen der Griechen und Römer, in denen sich abendländisches Weltverständnis gründet. Es gilt, die rhetorischen Formeln der Barockzeit zu lernen und bis hin zu Schuberts Werken als sinntragende Bausteine wiederzuerkennen. Die Zahlensymbolik und das Bewusstsein für Proportionen lässt einen Architektur als Stein gewordene Musik erkennen wie Musik selbst als klingende Kosmologie. Zur Musik der Aufklärung gehört das Wissen um Metrik und Verslehre, um Syntax und Grammatik. Es ist des Lernens kein Ende.

Doch gilt all dies nicht auch für uns selbst, für uns, die wir es wissen sollten? Weithin ist uns die eigene Kultur leer geworden, leben wir mit den vertrauten Erscheinungen ohne eigentliches Verstehen. So sind Neugier und Begeisterung unersetzliche Begleiter, müssen wir alle unsere Welt in vielen Dimensionen lernen und begreifen. Nur dann können wir lebendig Tradition bewahren wie auch Gegenwart und Zukunft sinnvoll gestalten. Ohne dass wir wissen, wo wir stehen und wer wir sind, wird uns eine immer stärker multikulturell orientierte Welt Angst machen. Gegenseitiges Verstehen baut auf Kenntnis und ganz stark auf Vermittlung.

Im koreanischen Sprachgebrauch »schlägt« man das Klavier. Auch im Gedanken an das erhoffte klangliche Ergebnis gefällt es mir besser, Klavier zu »spielen«. Der Heidelberger Philosoph Hans-Georg Gadamer hat darüber geschrieben, wie sehr dieses Spielen alles Lebendige auszeichnet, beim Menschen aber der Ernst hinzukommt. Regeln ordnen unser Leben und ermöglichen es erst. In der Kunst sind Spiel und Ernst aufs schönste miteinander verwoben. Ohne das Zusammenwirken dieser beiden gibt es keine Kultur. Dabei ist das »im Spiel der Kunst Gespielte keine Ersatz- oder Traumwelt, in der wir uns vergessen. Das Spiel der Kunst ist vielmehr ein durch die Jahrtausende hindurch immer aufs Neue vor uns auftauchender Spiegel, in dem wir uns selber erblicken – oft unerwartet genug, oft fremdartig genug –, wie wir sind, wie wir sein könnten, was es mit uns ist.«

Im Umgang mit Kindern und Jugendlichen, bei der Finanzierung von kulturellen Projekten durch Sponsoring oder durch öffentliche Mittel im Zuge von politischen Entscheidungen, in der Gestaltung unseres eigenen Lebens – uns allen muss bewusst sein, welch unverzichtbarer Bestandteil unserer Lebensqualität solch künstlerisches Spiel ist, das, dem Ernst innig verbunden, über das

Alltägliche hinausdenken lässt, das Perspektiven eröffnet, das Genuss und Freude mit Geist, mit dem Wissen um Bindungen und Freiheiten vereint.

Als ich 1985 nach dem Tode des Stuttgarter Komponisten Hermann Reutter gefragt wurde, ob ich die künstlerische Leitung des Hugo-Wolf-Vereins übernehmen wolle, war ich gerne bereit. Entscheidend dabei war der Gedanke, es sei sinnvoll, über das eigene Konzertieren und Lehren hinaus für das Lied auch organisatorisch etwas zu tun, mitzuhelfen, dieser Kunst eine breitere Basis zu gewinnen, größere Programmideen zu verwirklichen, vor allem auch jungen Liedsängern und -pianisten ein Podium bieten zu können. Aus zunächst 24 Mitgliedern wurden bald 600, der neue Name Programm: Internationale Hugo-Wolf-Akademie für Gesang • Dichtung • Liedkunst Stuttgart. Finanziell wurde das Unternehmen von Mitteln der öffentlichen Hand, von eigenen Einnahmen und von wenigen hilfreichen Freunden aus der Wirtschaft getragen. Hier gilt mein persönlicher Dank vor allem dem Hause Berthold Leibinger und seiner Familie. Doch auch ein regelmäßiger stiller Besucher aus den USA, Edward Chicura, bedachte die Akademie. Testamentarisch vermachte er einen Großteil seines Vermögens der IHWA, um damit Meisterklassen und Jugendförderung zu ermöglichen. Eine Chicura-Schwarzkopf-Stiftung konnte so gegründet werden.

Hugo Wolf war die Akademie eng verpflichtet. So galten dem Wiener Komponisten bislang zahlreiche Liederabende und Meisterklassen, die »Ur«Aufführung des Opernfragments »Manuel Venegas«, drei von Wien nach Stuttgart geholte internationale Hugo-Wolf-Wettbewerbe – Christiane Oelze, Stephan Genz, Matthias Goerne, Dietrich Henschel, Markus Hadulla, Eric Schneider machten sich hier erstmals der Öffentlichkeit bekannt – eine große »Hugo Wolf in Deutschland« gewidmete Ausstellung in der Baden-Württembergischen Landesbibliothek, die seit 1904 erste Neuedition der Briefe Hugo Wolfs an Hugo Faißt sowie einige Faksimiledrucke. Norbert Beilharz dokumentierte für den SWR und Arte Meisterklassen von Elisabeth Schwarzkopf, in denen sie exemplarisch Hugo Wolf erarbeitete. Eine Publikation der IHWA galt Henriette Faißt und Hugo Wolf.

Der Sohn von Henriette Faißt, Hugo Faißt, hatte die Stuttgarter Gesellschaft 1898 gegründet. Faißt war Rechtsanwalt, ein hochbegabter Sänger, den Wolf 1896 bei einem Stuttgarter Liederabend selbst begleitete. Es existieren noch sehr liebevolle und verehrende Briefe von diesem Faißt'schen Verehrerkreis, dessen Zentrum der Musiksalon der Henriette Faißt in Heilbronn war. 1931 entstand in New York eine »International Hugo Wolf Society for the Promotion of the Art Song«. Gründungsmitglieder waren Thomas Mann, Thornton Wilder, Bruno Walter, Elena Gerhardt, Lotte Lehmann und Darius Milhaud. Hermann Reutter und Carl Orff belebten dann 1968 die Stuttgarter Gesellschaft neu – auf einen Hinweis aus Amerika hin. Hermann Reutter spielte in diesen Konzerten zumeist selbst. Viele seiner Liedwerke wurden hier auch uraufgeführt.

Elisabeth Schwarzkopf unterstützte die Akademie von Anfang an, mit ihrer Hilfe wurden die »Stuttgarter Meisterklassen für Lied« gegründet, die inzwischen eine illustre Reihe von Lehrenden aufweisen können: Dietrich Fischer-Dieskau, Gérard Souzay, Julia Varady, David Wilson-Johnson, Evkaterina Grekova, Christoph Prégardien, David Owen Norris – wahre Aufbauarbeit für das Lied. Der Theatermann und wunderbare Musiker Daniel Fueter zeigte, mit welcher Präzision die scheinbare Leichtigkeit von Chansons erarbeitet werden muss, wie Pointen platziert werden wollen, in welch besonderer Weise die Persönlichkeit des Interpreten diese Kunst bestimmt und in die Gestaltung einfließt. »Kann denn Liebe Sünde sein?« war eine bestimmende Frage und das Publikum freute sich an Stücken wie »Ich lass mir meinen Körper schwarz bepinseln« von Robert Liebmann und Friedrich Hollaender, »Wie lange noch« von Walter Mehring und Kurt Weill, ganz besonders auch am »Neandertaler« in Text und Musik vom Kabarettisten Günter Neumann.

In unserer Zeit ging es natürlich nicht mehr in erster Linie um die Förderung des Werkes von Hugo Wolf. Die Form eines Liederabends kann man schwerlich ändern: ein Flügel in der Mitte des Podiums, die Sängerin oder der Sänger davor. Doch war es eine Grunderfahrung vor allem aus den Gesprächen mit Peter Härtling, dass Lyrik, Lied, ja Kunst ganz allgemein, nicht schmückendes Beiwerk sind. Sie entspringen immer Lebenszusammenhängen, sind Lebenskondensate. So strebte ich in der programmatischen Arbeit immer an, Hintergründe biografisch, historisch, atmosphärisch mitzudenken, dabei nicht zu belehren, sondern all dies im ästhetischen Hörvergnügen mitklingen zu lassen. Die Programme versuchten schon früh, Lyrik und Lyrikvertonungen in größere Zusammenhänge einzubinden. Es entstanden große thematische Reihen wie nach der Wende »Deutschland*e*« (1990), Musik und Texte aus der BRD und der DDR. »Europa im Aufbruch/Menschen • Metropolen • Wanderungen« (1992/93) – gemeinsam mit Aila Gothóni und Antje Contius konzipiert – bot 46 Veranstaltungen an elf Wochenenden, an denen Europa in seinen verschiedenen Kulturräumen vorgestellt wurde: Armenien, dieses frühe christliche Land war dabei, Georgien, das Baltikum, Paris, Berlin, St. Petersburg, aber auch »Fremde« - eine Landschaft ohne politische Grenzen, aber in uns oder um uns herum immer da und weithin verbreitet, tagespolitisch, wie wir wissen, von höchster Brisanz. Wir hatten Gäste von weither, die ihre Lieder, ihre Musik, auch ihre Sprache und Schrift mitbrachten, große Künstler, wenn auch nie das Cover einer Modezeitschrift ihr Gesicht berühmt machte ... »Naturlaut/Menschenlaut« (2000) mit Musik aus fünf Jahrhunderten – von Janequin bis Nono versuchte das Schema Alte Musik/Neue Musik zu überwinden, die Programme waren so wundervoll gemischt, dass es den Hörern bald schwer fiel, zu entscheiden, was nun neu oder alt sei. »Konstellationen am Ende des Jahrhunderts« (2000) brachte Gesprächskonzerte zu Konfliktthemen wie Deutschland Ost – West, Palästina – Israel, aber auch Korea – Japan. Mich beschäftigte in der Vorbereitung, wie Menschen sich durch ihre jeweilige Geschichte voneinander entfernt fühlen und dennoch vielfältige Bindungen untrennbare Abhängigkeit schaffen. So studieren junge Japaner und Koreaner zusammen, klammern aber ihre schmerzhafte gemeinsame Vergangenheit aus. Darauf angesprochen werden bei den Koreanern vielfache Verletzungen artikuliert, die von Japan bis heute niemals eingestanden wurden. Die Gesprächsrunde war kontrovers, dennoch versöhnlich. Was an Musik erklang, stammte vom Koreaner Isang Yun und seinem japanischen Schüler Toshio Hosokawa – Brückenmusik. Eine Donaureise in sechs Stationen (2002/3) machte mit den vielfältigen Aspekten der europäischen Kultur von Passau bis zum Schwarzen Meer bekannt. 2001 wurde ein eigener Internationaler Wettbewerb für Liedkunst gegründet, neu im außergewöhnlichen Repertoirean-spruch, in der Durchführung und der Art der Jurywertung. Im ersten Jahr war das Thema Strauss – Kilpinen – Pfitzner, 2004 Brahms und die Wiener Moderne, 2007 Schumann – Wolf – Reutter. Komponistenwettbewerbe sind konzeptionell keine Gesangsolympiaden, in sehr besonderer Weise geht es um Musik.

»hugo«, wie die Akademie liebevoll von Mitarbeitern wie vom Publikum genannt wurde, war ein wunderbares Teamwork. Programme entstanden aus persönlichen Interessen. Engagiert wurde, wer die Programme am besten tragen und lebendig werden lassen konnte. Mitarbeiter? Diese Akademie war eine Bürgerinitiative und ein Freundeskreis. Wer anders könnte besser solch ein Unternehmen tragen und am Leben halten? Brigitte Kurz betreute die Geschäftsstelle, Elisabeth Hackenbracht brachte ihre Literaturkenntnis ein, Elmar Budde wusste musikwissenschaftlichen Rat, Maris Gothóni und andere lieferten Programmideen, Antje Contius betonte immer wieder den gesellschaftspoliti-schen Hintergrund, Felicitas Strack kümmerte sich um Kinder und Jugendliche. Zu kurz war Aila Gothóni eine stille, aber intensive Wegweiserin. Durch ihren frühen tragischen Tod habe nicht nur ich eine belebende, weltbewusste Herzensfreundin verloren. Peter Härtling hat ihr mit einem sehr persönlichen Gedicht nachgerufen.

Aila

Einen Engel sah ich,
Piroggen in den offenen
Händen.
Unterwegs zur Insel,
die unsere Sommer
verwahrt.

Mit Liedern spielte er
und Wörtern
aus vergessenen Sprachen.
Häuser belebte er
und Wälder
und hieß sie wandern.
Bis sie mit dem Wasser
verwuchsen und
den Himmel streiften.
Wunderbar trat er,
vor unserer Zeit,
ins Leben
und nun, ungeachtet
der Liebe,
hob er sich auf.
Einen Engel sah ich.
Er ging. Er ging.

Die Arbeit trugen lange Jahre ehrenamtlich Tätige, denen diese programmatische Arbeit ein persönliches Anliegen ist, für das sich jede Mühe lohnt. Claudia Seeger sorgte als Grafikerin nicht nur für ein ansprechendes Gesicht; in wunderbarer Weise dachte sie sich in die Themen hinein und begleitete und vertiefte sie durch ihre Gestaltung der anspruchsvollen Abendprogramme und der ergänzenden Buchveröffentlichungen.

Grenzüberschreitungen beunruhigen, wühlen auf, durchbrechen Hör- und Wahrnehmungsweisen. Man muss sich als Publikum darauf einlassen, muss Schwellenängste überwinden, wird aber letztlich reich belohnt. Die Fülle der Erscheinungen unserer Welt lebt ja nicht nur im Internet oder auf den Bildschirmen, sondern vor allem in der lebendigen Kultur, das heißt im unmittelbaren Gespräch mit dem Werk, mit sich selbst, mit den anderen.

Für solches Publikum, das bereit ist, sich einzulassen, muss man kämpfen. Am leichtesten verkäuflich sind Jubiläen, wenn auch oft nur der Eröffnungsabend, wie es das Schubert-Jahr 1997 zeigte. Die Stuttgarter Akademie hat in diesem Jahr die 108 Werkgruppen geschlossen aufgeführt, die der Komponist selbst für den Druck zusammenstellte und veröffentlicht sehen wollte. Hier machte wirklich Schubert selbst Programm, und das große musikalische Unternehmen, in den Veranstaltungen begleitet von einer Schubert und seiner Zeit nahen biografischen Lesereihe – Presserezensionen, Modejournale, in denen damals auch Erstveröffentlichungen zu finden waren, James Fenimore Coopers »Der letzte Mohikaner« – war eine die Schubert-Rezeption verändernde Erfahrung.

Immer war es den Mitarbeitenden bewusst, dass der Anspruch solcher Programme hoch ist, dass wir uns weitab von einer Eventkultur bewegen, dass wir oftmals dafür arbeiteten, gerade das Unbekannte, Unvertraute dem Publikum näherzubringen, Vergessenes daraufhin zu befragen, was es uns heute bedeuten kann, ein aufklärerisches Denken auch in einer Zeit zu bewahren, in der ein über Generationen gewachsener Bildungskanon weithin abhanden gekommen ist. So reichten die Programme immer wieder ganz selbstverständlich bis in gesellschaftspolitische Themenkreise, sprach die IHWA mit ihrer programmatischen Arbeit auch verschiedene Nationalitäten an.

Viele Auftragskompositionen konnten vergeben werden. So wurde vielfältig neues Liedrepertoire geschaffen und durch Komponisten wie Wolfgang Rihm, Wilhelm Killmayer, Karl-Michael Komma, Peter Ruzicka, Jens Joneleit verwirklicht.

Anerkennung fand die Arbeit der IHWA durch Kooperationen mit der Alice Tully Hall in New York, mit dem Auditorium du Louvre Paris, der Kölner Philharmonie, der Bayerischen Akademie der Schönen Künste München. In Zusammenarbeit mit Bayer Records und dem Tonstudio van Geest, Heidelberg, wurde es möglich, eine eigene CD-Reihe zu etablieren, die einerseits ausgewählte Programme und Themen dokumentiert, andererseits gerade auch jungen Künstlern die Chance gibt, sich bekannt zu machen.

Heute ist allerorten festzustellen, dass die Situation der Kunst sich weitgehend und umfassend verschlechtert hat. Wie in den USA vermindern sich auch in Europa die Möglichkeiten für sogenannte »klassische« Musik, für instrumentale und vokale Kammermusik dramatisch. Dies betrifft den Veranstaltungsbereich wie das CD-Angebot. Das gebildete Bürgertum stirbt weg, in den Schulen wurde jahrelang eine fundierte, eben auch geisteswissenschaftlich geprägte Ausbildung versäumt, so dass kaum durch Elternhaus und Schule geformtes jüngeres Publikum nachwächst. Dies alles macht ein anspruchsvolles und außergewöhnliches Programm wie das der IHWA in besonderem Maße schwierig, in solcher Zeit aber zugleich auch in besonderem Maße unverzichtbar. Funktionieren konnte solch programmatische Arbeit, solange der Konsens ungebrochen war, dass unverzichtbar wichtig ist, wofür hier selbstlos gearbeitet wurde.

Diese beispielhafte Arbeit zerbrach, als es einem neuen Vorstand wichtig wurde, die Einnahmen zu erhöhen, die »Deckung« (Kosten/Einnahmen) als Wertmaßstab zu etablieren, als vom neuen Vorsitzenden Überlegungen angestellt wurden, die Programmatik in den Pop-Bereich hinein zu erweitern, als die Vorgabe unbedingter künstlerischer Qualität und Einzigartigkeit zugunsten wirtschaftlicher Effizienz aufgegeben wurde. Stuttgarter Kleingeist. Doch leider auch anderenorts weit verbreitet.

Was ist Musik? Klassik/Pop, U und E, high and low – nichts stimmt mehr wirklich. Dazu kommt das, was ich industrielles Komponieren und Musizieren nenne – für mich die eigentliche Krankheit der Tonkunst unserer Zeit.

Alle durch Menschen entstehende Musik ist vor allem Sprache, Tonsprache – mit sich selbst, mit der Welt, mit dem Werk und mit dem Publikum. Jeder von uns hat seinen eigenen Dialekt; jeder Künstler ebenso: bestimmt durch sein Instrument, sein Timbre, seine Persönlichkeit, sein Wissen und Können. Doch bei aller wunderbaren Individualität ist Musik dennoch eine allgemeine Sprache, eine Sprache, die sich immer auch an ein Publikum richtet. Musik will verstanden werden und entsteht im Verstehen.

Wie viele Nationalitäten hat »Europa im Aufbruch« nach Stuttgart gebracht? Aus wie vielen Ländern kommen die Studierenden in Karlsruhe? »50 Nationen – eine Sprache« war der Slogan eines Imageplakates der Hochschule für Musik. 50 Nationen, aber alle sprechen eine Sprache. Eine Sprache unendlicher Nuancen, vielfältiger Erscheinungen und sehr persönlichen Ausdrucks. Kultur hält sich nicht an Staatsgrenzen, sie ist nicht an Nationalitäten gebunden, lebt vom lebendigen Interesse und durch Menschen, die transformieren, bewahren und immer wieder zu neuem Leben bringen.

Transformieren?

Wenn ich in deine Augen seh,
So schwindet all mein Leid und Weh

aus Schumanns »Dichterliebe« war das erste deutsche Lied, das in Japan an der Schwelle zum 20. Jahrhundert veröffentlicht wurde. Ich erinnere ein ganz besonderes Foto in Mitsukos Familie, ihr Onkel hatte es als verdienter Parlamentsschreiber verehrt bekommen: der holländische Sprachlehrer inmitten der japanischen Samurai mit ihren hochgebundenen Haaren; jeder in Japan kennt auch heute noch ihre Namen – die Protagonisten der Meiji-Revolution, die das Land zum Westen öffneten. Damals war es unmöglich, ein Lied mit diesem Text zu publizieren. Man hielt den Blick gesenkt, alles andere war unhöflich. So wählte man für die Übertragung ins Japanische einen literarischen Topos, der poetisch und hochwertig genug war, um dieses kostbare Gefühl auszudrücken: »O du schöne Mandarine«.

XII

Franz Schubert: Selbst veröffentlichte Werke, Opus 1 bis 108

1 Schuberts Liedopera – innere thematische Zusammenhänge
2 Schuberts Liedopera • Moritz von Schwind • Caroline
3 »Schwanengesang« – kein Zyklus • »Die schöne Müllerin« •
Schuberts Pianissimo • »Winterreise« – Gedankenmusik
4 Das blaue Blümchen

Elisabeth Schwarzkopf
(3. August 2006)

Heute ging mit einem großen Konzert der Schubert-Kurs in Savonlinna zu Ende. Gearbeitet wurden ausschließlich Werkgruppen, die Schubert selbst in 108 Opusnummern zwischen 1821 und 1828 für den Druck zusammengestellt hat. Beim sich anschließenden gemeinsamen Essen sprachen wir auch von Elisabeth Schwarzkopf, ihrem Anspruch, ihrem Singen. Auf der Heimfahrt über stahlgraue Seen, vor mir regenschwere Wolken, im Rücken goldfarbenes Abendlicht, der Himmel über mir endlos offen, erfuhr ich durch ein Telefonat, dass die Schwarzkopf am frühen Morgen in Schruns gestorben war. In solchen Augenblicken verbinden sich die Sinne in einem einzigen Erleben und Erinnern: der berückende Klang ihrer Stimme, ihr »Im Abendrot« von Eichendorff/Strauss angesichts des finnischen Himmels in seinem gebrochenen Licht, die zwingende Kraft ihres Künstlertums, das Musikzimmer in Zumikon und ihr blühender Garten, der gemeinsame Besuch am Grab ihrer Eltern, die vielen gemeinsamen Stuttgarter Unternehmungen, die nun für immer nicht mehr befragbare Fülle ihres Wissens, ihre kompromisslose Entschiedenheit in der Kunst, ihre mütterliche Weichheit wie ihre unerbittliche Schärfe.

Mitsuko habe ich Schwarzkopfs Tod telefonisch in einem Gespräch nach London mitgeteilt. Sie weinte, war tief bewegt und sehr traurig, dass ihre Hoffnung, Elisabeth wieder sehen und noch einmal sprechen zu können, nicht mehr wahr werden würde. Regelmäßig hatten die beiden sich über Programme, musikalisch-technische Details, über Unterrichten, Zeiterscheinungen, Moden und Publikumsreaktionen ausgetauscht. Die Schwarzkopf nannte Mitsuko mit dem Kosenamen von Maria Ivogün – Mizzi. Zwei Monate auf der Intensivstation einer Londoner Klinik hatte Mitsuko in ihrer schweren Erkrankung wohl nur mit reichen Erinnerungen und vielfältigen Hoffnungen überstehen können.

1

Schuberts Liedopera – innere thematische Zusammenhänge

Franz Schubert war knapp zwanzig Jahre alt, als er 1817 drei Lieder komponierte – Deutsch führt sie unter den Nummern 514, 515 und 531 –, deren Veröffentlichung als siebtes Werk am 27. November 1821 von Cappi und Diabelli angekündigt wurde.

Die abgeblühte Linde (Ludwig Graf von Széchényi)
Der Flug der Zeit (Ludwig Graf von Széchényi)
Der Tod und das Mädchen (Matthias Claudius)

Beginnend in a-Moll schaffen die einleitenden Takte des ersten Liedes den Raum und die Zeit des eigenen Nachdenkens – hierbei sind die Pausen fast wichtiger als die Töne –, die Zeit, die man braucht, um dem geliebten Partner eine solche Frage zu stellen:

Wirst du halten, was du schwurst,
Wenn mir die Zeit die Locken bleicht?

Eine Figur in c-Moll auf dem dominantischen G in der linken Hand zeigt die eigene Trauer, die wehmütige Einsicht ins Unabänderliche. Dann folgt in einem leichten C-Dur, was für uns alle gilt:

Änd'rung ist das Kind der Zeit,
Womit Trennung uns bedroht,
Und was die Zukunft beut,
Ist ein blässer's Lebensrot.

Das wärmere As-Dur zum Ende dieser Zeile führt über einen Dominantseptakkord wieder nach C-Dur: »Sieh, die Linde blühet noch«. Das »die« versieht Schubert hierbei mit einem Triller, der ganz dem Ausdruck glücklichen, vollen Lebens entspricht. Verzierungen im Sinne Vogls hat Schubert vielleicht aus seiner Zeit heraus toleriert, doch sind seine eigenen und nicht häufigen derartigen Bezeichnungen (z. B. Der Schäfer und der Reiter, Ganymed, Auf der Donau) immer dem inneren Ausdruck verbunden oder allenfalls Naturlaut – nie Ornament. Der abgeblühten Linde bleibt allein der Gärtner treu, »denn er liebt in ihr den Baum«: Wer liebt, sieht nicht auf das Äußere, sondern weiß um den Menschen, seine Seele und sein Leben.

In A-Dur schließt sich »etwas geschwind« eine Lebensreise an, die entfernt an den ein Jahr zuvor komponierten »Schwager Kronos« erinnert:

Der Flug der Zeit

Es floh die Zeit im Wirbelfluge
Und trug des Lebens Plan mit sich.
Wohl stürmisch war es auf dem Zuge,
Beschwerlich oft und widerlich.

So ging es fort durch alle Zonen,
Durch Kinderjahre, durch Jugendglück,
Durch Täler, wo die Freuden wohnen,
Die sinnend sucht der Sehnsucht Blick.

Bis an der Freundschaft lichten Hügel
Die Zeit nun sanfter, stiller flog,
Und endlich da die raschen Flügel
In süßer Ruh' zusammenbog.

Das Nachspiel wiederholt erinnernd »etwas langsamer« die Lebenslust des 6/8-Taktes. Der Schlussakkord in A-Dur wird dominantisch, denn nachdem der Tod hier als »süße Ruh« angesprochen ist, ändert sich das Licht. Wie ein heller Schatten, schwerelos wie die Berührung eines leichten Lufthauchs erklingen pianissimo die ersten Takte von »Der Tod und das Mädchen«.

»Vorüber! ach, vorüber!
Geh, wilder Knochenmann!
Ich bin noch jung, geh, Lieber!
Und rühre mich nicht an.«

Das Mädchen reagiert panisch.

Das »und rühre mich nicht an« aufnehmend endet das Klavier ohne Ritardando in einer langen Fermate. Diese bewegungslose Stille lähmt. Alle Sinne offen wartet man auf das, was kommt. Dann spüren wir wieder den Hauch des Todes, hören die umhüllenden Worte:

»Gib deine Hand, du schön und zart Gebild',
Bin Freund und komme nicht zu strafen.

Sei gutes Muts! Ich bin nicht wild,
Sollst sanft in meinen Armen schlafen.«

In Dur und einer offenen Pause, einem klingenden Nichts endet dieses Lied.

Beim Zusammenstellen der 108 Werkgruppen ging Schubert sehr sorgfältig vor. Schnell begreift man, dass die böse Anekdote, von Witwe Vogl in die Welt gesetzt, falsch sein muss, er habe angesichts der Überfülle seines Schaffens seine eigenen Werke nicht mehr erkannt. Immer wieder kombiniert Schubert eben Komponiertes mit Werken, die Jahre früher entstanden sind. Was ihn dabei leitet, sind meist innere thematische Zusammenhänge. Er kümmert sich nicht darum, ob die Liedgruppen publikumswirksam gemischt sind, etliche Zusammenstellungen sind schwerlich von ein und derselben Stimme aufzuführen. Manche der heute beliebtesten Lieder fehlen, dagegen finden wir einige recht unbequeme Werke, die Schubert persönlich aber offensichtlich wichtig waren. Unser heutiges Schubertbild ist bestimmt von der chronologischen Ordnung, die Otto Erich Deutschs Bezeichnungen deutlich machen. Nur 108 Werkgruppen hat Schubert zu seinen Lebzeiten bezeichnet und für den Druck freigegeben. Darunter befinden sich 189 Lieder, d. h. etwas weniger als ein Drittel seiner sämtlichen Liedkompositionen; hinzu kommen Klaviersonaten, vierhändige Klaviermusik, Tänze, Kammer- und Chormusik sowie Bühnenmusiken. Deutsch-Nummerierungen und Opuszahlen bei Programmangaben zu mischen, macht keinen Sinn. Doch wurde mir wie schon im Schubert-Jahr 1997, als die Stuttgarter Hugo-Wolf-Akademie alle 108 Werkgruppen aufführte, auch bei der intensiven Kurswoche in Savonlinna wiederum deutlich, wieviel über Schubert in der Beschäftigung mit seinen eigenen Liedzusammenstellungen zu erfahren ist.

In Halben gedacht haben die drei Lieder Opus 7 in etwa denselben Tempofluss, einen ähnlichen Lebensrhythmus; die Tonarten a-Moll, A-Dur, d-Moll halten sie zudem wie einen einzigen Gedanken zusammen. Fragen, die meist erst einem Älteren kommen, bestimmen das erste Lied, das zweite überschaut die Lebensreise vom Ende her, dies Ende wird dann im letzten Lied nochmals thematisiert, dabei wird auch deutlich, dass der Tod zum Leben gehört und jedes Lebensalter betrifft. So wird aus drei Liedern ein einziger Gedanke, und was wir als Einzellied zu kennen meinten, erscheint in diesem Zusammenklang in anderem Licht.

Die uns überlieferten Dokumente zu Schuberts Werken lassen an keiner Stelle erkennen, dass Verlag oder Rezensenten solch inhaltliche Überlegungen anstrengten. Für das 7. Werk wurde mit diesen Hinweisen geworben: »Aus Schuberts Tondichtungen sind hier solche zusammengestellt, welche mit ihrer innern Trefflichkeit auch den Vortheil verbinden, dass sowohl die Begleitung leicht auszuführen ist, als auch die Singstimme keines großen Umfanges bedarf. Dieser Umstand gibt diesem Hefte auch den Werth der Gemeinnützigkeit.« Wohl der Zeit, die in dieser Weise Gemeinnützigkeit denken konnte!

Im Jahr nach Schuberts Tod berichtet Joseph von Spaun über die ersten Anstrengungen, Schubert'sche Werke zu veröffentlichen: »Mehrere Mahle waren nun wohl Schubert'sche Lieder in öffentlichen Concerten gegeben worden. Vor einem großen Publicum geschah dieses das erste Mahl im Jahre 1821, wo im Hoftheater nächst dem Kärnthnerthore der ›Erlkönig‹ von Vogl vorgetragen wurde. Die gespannteste Aufmerksamkeit, und allgemeiner stürmischer Beyfall des zahlreichen Publicums, lohnte den Tonsetzer und auch den Sänger, der das kaum beendigte, so anstrengende Lied sogleich wieder beginnen musste. Der bescheidene Schubert hatte damahls noch keinen Verleger für seine Werke finden können. Nun ermunterte die Allgemeinheit des Erfolges einige seiner Freunde, den Erlkönig auf eigene Rechnung stechen zu lassen, und in kurzer Zeit war die Auflage vergriffen, und zur allgemeinen Verbreitung durch Verlag mit einem Mahle die Bahn gebrochen.« Die ersten zwölf Opusnummern wurden so vom Freundeskreis finanziert und einer breiten Öffentlichkeit bekannt gemacht.

Das Opus 1, »Der Erlkönig«, war damals schon an Popularität kaum zu überbieten, wenn auch die Schwierigkeit des Klavierparts kaum gemeinnützig genannt werden kann. »Das Triolen-Accompagnement erhält das Leben durch das Ganze und gibt ihm gleichsam mehr Einheit, allein es wäre zu wünschen, dass Herr Schubert es ein Paar Mahl in die linke Hand gelegt und dadurch den Vortrag erleichtert hätte; denn der immerwährende Anschlag eines und desselben Tons durch ganze Tacte in Triolen ermüdet die Hand, wenn man das Tonstück in dem schnellen Tempo nehmen will, das Herr Schubert fordert.« Ratschläge, wie sie hier am 12. Mai 1821 die Allgemeine musikalische Zeitung in Wien gibt, zeigen den bewussten Umgang mit zeitgenössischer Musik in früherer Zeit. Ratschläge zur Melodiebehandlung, sehr oft zur Harmonisierung, Hinweise auf »falsche« musikalische Fortschreitungen finden sich regelmäßig in den Besprechungen, inhaltliche Auseinandersetzung dagegen kaum. Immerhin spricht die Allgemeine musikalische Zeitung in Leipzig beim »Erlkönig« von einer »gewissen geheimen Teufeley«. Der Gedanke an Kinderschändung liegt bei Goethes Gedicht nah, wie auch der an eine Vergewaltigung beim sich harmlos gebenden »Heideröslein«.

»Gretchen am Spinnrade«, als zweites Werk veröffentlicht, bereits 1814 komponiert, macht ganz deutlich, auf welchen neuen Wegen Schubert geht. »Der junge Componist Schuberth hat mehrere Lieder der besten Dichter (meistens von Göthe) in Musik gesetzt, welche das tiefste Studium, verbunden mit bewunderungswürdiger Genialität, beurkunden und die Augen der gebildetern musikalischen Welt auf sich ziehen. Er versteht es, mit Tönen zu malen und die Lieder: »Die Forelle«, »Gretchen am Spinnrad« (aus Faust) und: »Der Kampf«

von Schiller, übertreffen an charakteristischer Wahrheit Alles, was man im Liederfache aufzuweisen hat.«, bemerkt die Dresdner Abend-Zeitung am 30. Januar 1821. Schubert malt nicht nur, er schafft eine Szene mit musikalischen Mitteln. Der Herzschlag in der linken Hand, die Drehbewegung des Spinnrades in der rechten, die Stimme Gretchens, die, ohne es zu wissen, von Mephisto getrieben, ihre Liebesverwirrung bemerkt: Drei Ebenen sind hier komponiert und gestaltet, durchdringen sich in vielfältiger Weise und innerer Bedeutung. Dabei will die Komposition so genau ausgeführt werden, wie sie geschrieben ist: Das erste lange »dahin« entstammt vielleicht dem österreichischen Tonfall des Komponisten. Das »zerstückt« macht aber erst in seiner bewusst gesungenen Kürze die Verzweiflung deutlich. Der gespannte Herzschlag im Staccato der linken Hand darf auch im Crescendo nicht verwischen. Wie unfrei unter dem Einfluss Mephistos diese Liebesverzückung ist, zeigt die sich höher und höher schraubende Tonbewegung: »Mein Busen drängt – B C – sich nach – C DES – ihm hin. Ach dürft – C D – ich ihn fassen – D ES – und halten – D E – ihn, und küssen – E FIS«.

Wie die unter Opus 3 zusammengefassten Liebeslieder

Schäfers Klagelied
Meeres Stille
Heidenröslein
Jägers Abendlied

gehört auch »Gretchen am Spinnrade« zu der Sammlung von sechzehn Goethe-Vertonungen, die Joseph von Spaun 1816 nach Weimar schickte und die unkommentiert zurückkam.

»Schäfers Klagelied« enthält eine Zeile, die leicht unbeachtet bleibt und doch die Brücke bildet zu Opus 3, 2 »Meeres Stille«.

Sie aber ist fortgezogen,
und weit in das Land hinaus.
Hinaus in das Land und weiter,
vielleicht gar über die See.

Für einen Schäfer, der in den Bergen lebt, gleicht der Gedanke an die See dem Erschrecken über die Lebensfeindlichkeit einer gänzlich anderen Welt. Von c-Moll (Schäfers Klagelied) nach C-Dur (Meeres Stille) gehend schildert Schuberts Tonsprache diese »Todesstille fürchterlich!«. Schubert selbst hat das Meer nie gesehen. Ein Meeresbild wie dieses, bei dem die Musik selbst am Ende ins

Schweigen fällt, gibt es in seinem Werk nicht noch einmal. Später münden die Bäche ins Meer, »trinkt das Meer die Bächlein aus«, wird das Meer zu einem großen Bild des Ankommens. Vielleicht fließen in diesem Schuberts Themen zusammen: der Bach, die Liebe, der Wanderer und die Sehnsucht.

Mit neunzehn Jahren hat Schubert das »Abendlied eines Fremdlings« vertont, jenes Gedicht des Georg Philipp Schmidt von Lübeck, das Friedrich Dieckmann in seinem verdienstvollen Buch »Franz Schubert. Eine Annäherung« so bedenkt: »Denn dies ist eins der großen Gedichte der deutschen Romantik, vollkommener Ausdruck der abgründigen Enttäuschung einer Generation, deren Jugendhoffnung auf Freiheit, auf Fortschritt sich am Gang der Geschichte gebrochen hatte«. Schubert gibt ihm den Titel »Der Wanderer«. Die dritte Fassung erscheint als Nr. 1 des 4. Werks Ende Mai 1821

Der Wanderer (Georg Philipp Schmidt von Lübeck)
Morgenlied (Zacharias Werner)
Wanderers Nachtlied (Johann Wolfgang von Goethe)

und beginnt in cis-Moll, endet in E-Dur. Es zeigt einen Wanderer, der sich abkehrt vom falschen Leben, der sich selbst fremd macht.

Die Sonne dünkt mich hier so kalt,
Die Blüte welk, das Leben alt,
Und was sie reden, leerer Schall;
Ich bin ein Fremdling überall.

Und der weiß: »Dort, wo du nicht bist, dort ist das Glück.«

Ihm entgegen steht in a-Moll/A-Dur ein Lied, in dem die Vögel allzu munter plappern, die Menschen immer wieder nachfragend Jugend und Altwerden bedenken, sich »geduckt im Nest« sitzend zu Hause fühlen und sich eine »stille, sinnige Fröhlichkeit« als »Widerschein der Jugend« herbeidenken. Dies ist das Gedicht eines katholischen Predigers: »Und was sie reden, leerer Schall«.

»Süßer Friede!/Komm, ach komm in meine Brust!« hatte Schubert schon mit achtzehn Jahren vertont. »Wandrers Nachtlied« ist überschrieben »Langsam, mit Ausdruck«. Musik ohne Ausdruck gibt es nicht. So zeigt dieser Zusatz, dass Schubert dieses Gedicht sehr persönlich nahm, als er es »tondichtete«.

Der du von dem Himmel bist,
Alles Leid und Schmerzen stillst,
Den, der doppelt elend ist,

Doppelt mit Entzückung füllst,
Ach! ich bin des Treibens müde!
Was soll all der Schmerz und Lust?
Süßer Friede,
Komm, ach komm in meine Brust!

Eine wunderbare Wärme schenkt das Ges-Dur dieses Liedes – eine entlegene Tonart für einen ersehnten Frieden, der auf Erden nicht zu finden ist. So rundet dieses Lied das ganze Werk, schafft eine menschliche Mitte zwischen dem Lebensverdruss und dem Fremdsein des Wanderers und dem herbeigeredeten Glück des Zacharias Werner.

Erst im Erleben aller 108 Werke, die wie nichts sonst uns Schubert nahe bringen durch seine persönliche Auswahl und Zusammenstellung, ist mir aufgegangen, dass pp bei Schubert nicht einfach sehr leise meint. Piano bezeichnet leise als Gegensatz zu laut oder besser »schwach/stark«, doch mit Pianissimo verweist Schubert immer auf einen inneren Gedanken: hier lebt die Seele, hat die Sehnsucht ihren Klang, leben die Erinnerungen, denkt Schubert zurück oder ahnt voraus.

Immer wieder beeindruckt mich Schuberts realitätsbezogene kompositorische Kraft; ebenso könnte ich sagen, es berührt zutiefst, wie Schubert es versteht, die Realität magisch zu überschreiten. So steht »Wandrers Nachtlied« im Piano: Nächtens singt man eben nicht laut. Schmerz und Lust, an beidem wird schwer getragen, die Musik steigert sich im Crescendo, und die ganze Müdigkeit drückt sich in belasteten Sechzehnteln des Klaviers aus. Doch die Bitte »Süßer Friede,/Komm, ach komm in meine Brust!« entsteht ganz innen in schwebendem pp, setzt in Schuberts Wiederholung unvermittelt – was als Übergang musikalisch schwer zu gestalten ist – im Forte ein, eine Reaktion auf, eine Befreiung von »Ach! Ich bin des Treibens müde!«, um dann wieder pp zu verklingen, auszuatmen.

»... neu, eigenthümlich, grossartig, seltsam, stechend, kräftig und zart; kein Geklimper: Musik«. Was die Allgemeine musikalische Zeitung in Leipzig in einer Besprechung des Trios op. 100 im Dezember 1828 anmerkt, gilt für alle Musik Franz Schuberts. Gesang und Klavierpart gelten ihm gleich. Im Erfassen der jeweiligen Liedsituation, im Durchdringen von Gesang und Klavier, im Verweben der Bedeutungsebenen – eine nahtlosere Verschmelzung ist kaum vorstellbar. Schon zu seiner Zeit wurde darauf hingewiesen, wie eigenständig seine Klavierbehandlung ist: Musikalisch-motivisch wird oft ein Grundgedanke des Textes aufgenommen, damit dem Lied Szene und Einheit gegeben; keinesfalls geht es mehr um die »Begleitung« einer schönen Melodie. Manche seiner Zeitgenossen sahen dadurch das Lied seiner Unschuld, seiner Natürlichkeit beraubt, fanden diese neuen Schöpfungen überladen und willkürlich, »kaltem Verstand« entsprungen. Doch schuf Schubert das Lied in der Vieldeutigkeit, die der unergründlichen menschlichen Seele ihren musikalischen Ausdruck gibt, die bis heute zu immer neuer Auseinandersetzung reizt. Seine Musiksprache entspringt der überlieferten musikalischen Rhetorik, weiß um die tradierte Bedeutung der Tonarten. Immer wieder benutzt er musikalische Wendungen, die schon seit der Barockzeit Grundbestand des musikalischen Ausdrucks sind und von den Gebildeten auch so gehört und in ihrer Bedeutung verstanden wurden. Doch setzt er all dies kompromisslos für die ganz eigene Ausdruckswahrheit ein. Seine Liedanfänge sind musikalisch gesehen oft Schlussfiguren, zeichnen das Ende schon im Anfang. So weiß die Musik oftmals schon mehr als der Text, weist voraus, gibt Antworten, die das Wort noch nicht kennt. Schubert ist Tondichter, aber auch Tonsetzer, der die Kompositionswissenschaft wie die Verslehre beherrscht, der durch tägliche, geregelte Arbeit, Ausarbeit seine Werke formt. Sein Können ist gegründet in einer Bildung, die von uns allen wiederzuentdecken und nachzuholen ist, wenn wir Musik wirklich als Sprache begreifen und verstehen wollen. Hinzu kommt eine tiefe Empfindung und eine umfassende intuitive Kenntnis alles Menschlichen. »Meine Erzeugnisse sind durch den Verstand für Musik und durch meinen Schmerz vorhanden; jene, welche der Schmerz allein erzeugt hat, scheinen am wenigstens die Welt zu erfreuen.« (Schubert in seinem Tagebuch am 24. März 1824)

Im Juli 1821 wurden als 5. Werk fünf Liebeslieder Goethes veröffentlicht. Die ersten vier waren bereits 1815, das letzte 1816 entstanden.

Rastlose Liebe – *Schnell, mit Leidenschaft*
Nähe des Geliebten – *Langsam, feierlich, mit Anmut*
Der Fischer – *Mäßig*
Erster Verlust – *Sehr langsam, wehmütig*
Der König in Thule – *Etwas langsam*

Das ist nicht einfach eine Sammlung schöner Liebesgedichte, Opus 5 umfasst in weitem Bogen, was Liebe bedeutet. Es beginnt mit dem Bekenntnis, ein Leben ohne Liebe sei unvorstellbar, trotz Schmerzen könne niemand »wälderwärts«, in die Barbarei, die Wüstenei ziehen, um der Liebe zu entfliehen. Liebe – eine Lebenskraft. Nie zur Ruhe kommende Sechzehntelpassagen, staccatierte Bassnoten, explosive fp, wogende ff-Klänge machen das »Glück ohne Ruh« deutlich. »Rastlose Liebe« steht in E-Dur, der himmlischen Tonart.

Das zweite Lied lässt uns miterleben, wie Welt durch Liebe anders erlebt wird, wie Liebe Schönheit entstehen lässt, wie Nähe und Ferne sich durchdringen. Musikalisch setzt es »entfernt« ein, beginnt auf der Dominante der Moll-Parallele,

171

schraubt sich chromatisch höher nach Ges-Dur. Emphatisch setzt die Singstimme ein, um in ein Pianissimo zurückzusinken, das das Lied und seine schweifenden Gedanken bestimmt: »O wärst du da!«

»Der Fischer« zeigt die Gefährdung durch Liebe, steht in B-Dur wie das Eröffnungslied der »Schönen Müllerin« und lockt wie der »Tränenregen« mit dem lebensgefährdenden »tiefen Himmel« im »feuchtverklärten Blau«.

Halb zog sie ihn, halb sank er hin
Und ward nicht mehr gesehn.

Nach dem Lebenselixier der »Rastlosen Liebe«, der feierlichen Anmut der »Nähe des Geliebten«, der Gefährdung durch Liebessehnsucht im »Fischer« bringt »Erster Verlust« die Trauer »ums verlorne Glück«. Die Tonart ist f-Moll.

Ach, wer bringt die schönen Tage, (…)
Jene Tage der ersten Liebe, (…)
Ach, wer bringt nur eine Stunde
Jener holden Zeit zurück?
Einsam nähr' ich meine Wunde,
Und mit stets erneuter Klage (…)
Traur' ich ums verlorne Glück,
Ach, wer bringt die schönen Tage,
Jene holde Zeit zurück!

Musikalisch führt der Anfang ganz auf den zweiten Takt zu. Das »schönen« wird durch ein fp hervorgehoben, die Drei im dritten Takt ist eine Viertelpause, die wie von selbst entsteht, wenn die »Tage« auf Eins schwebend erreicht wurden. Die zweite Zeile fließt auf die »Liebe« zu. Da gilt es, die Stimme geschmeidig zu halten, zu drehen und zu wenden. Der Kummer, der sich im »Ach, wer bringt nur eine Stunde« ausdrückt, zeigt sich in den belasteten crescendierten Akkorden der rechten Hand. Hier wird auch die Stimme jeweils Taktanfang und Taktmitte espressivo greifen; die melodische Formung lässt gar keine andere Wahl. »Jener holden Zeit zurück?« – wieder wie das ganze Lied in seiner Erinnerung pp – wird durch die Klavierfigur schmerzlich belebt: links Viertel, rechts synkopierende Achtel. »Einsam« – hier setzt die Stimme mit ganzem Gewicht auf der Eins ein, »nähr' ich meine Wunde«. Was dabei wie eine harmlose Begleitfigur aussieht, hat in Schuberts musikalischer Sprache tiefe Bedeutung, zeigt, dass hier jemand aus seiner Mitte gerissen wurde. Diese Terzfigur in der linken Hand – auf ab auf ab – findet sich in Schuberts Werken immer wieder, wenn um die eigene Balance gerungen wird. »Und mit stets erneuter Klage« ist Gegenwart, ist mf bezeichnet und wird durch die Arpeggien im Klavier in seiner Expressivität unterstützt. Das Nachspiel endet auf einer schwebenden Drei – als ob die Gedanken in weite Ferne gehen. Würde man die Achtelfigur auftaktig spielen zur Drei hin, wäre im dadurch belasteten Schlussakkord kein Raum für die schweifende Seelenregung.

Ein schwer zu gestaltendes, balladenartiges Lied, das leicht monoton wirkt, ist »Der König in Thule«. Immer ist man versucht, es durch dynamische oder agogische Differenzierungen zu beleben. Doch wie so oft bei Schubert kann man Kraft und Weg für ein Stück finden, wenn man die Situation erkennt, beinahe möchte ich sagen, realiter versteht. Schuberts Finale in diesem Liebes- und Lebenszyklus ist ein Gedicht, das die Liebe in Treue über alles setzt.

Es war ein König in Thule,
Gar treu bis an das Grab,
Dem sterbend seine Buhle
Einen goldnen Becher gab.

Es ging ihm nichts darüber,
Er leert' ihn jeden Schmaus;
Die Augen gingen ihm über,
So oft er trank daraus.

Und als er kam zu sterben,
Zählt' er seine Städt' im Reich,
Gönnt' alles seinem Erben,
Den Becher nicht zugleich.

Er saß beim Königsmahle,
Die Ritter um ihn her,
Auf hohem Vätersaale,
Dort auf dem Schloß am Meer.

Dort stand der alte Zecher,
Trank letzte Lebensglut,
Und warf den heil'gen Becher
Hinunter in die Flut.

Er sah ihn stürzen, trinken
Und sinken tief ins Meer.
Die Augen täten ihm sinken
Trank nie einen Tropfen mehr.

Insofern ist es das Gegenstück zu Opus 5,3, wo der Fischer dem Liebeslocken des »feuchten Weibes« nachgibt:

»Sein Herz wuchs ihm so sehnsuchtsvoll
Wie bei der Liebsten Gruß.«

Nun sind Nr. 1, 2 und 4 von Opus 5 alles Ich-Lieder. Eine starke Persönlichkeit steht jeweils im Zentrum. »Der Fischer« und »Der König in Thule« dagegen sind Erzählungen, schildern Liebesgefährdung und unerschütterliche Liebestreue. Dass dabei das letzte Lied dieses Werks weitgehend pp notiert ist, zeigt, dass das Ich dieses Liedes außerhalb des Gedichtes steht. Hier gewinnt einer eigene Sicherheit im Gedanken an den König von Thule, sein Leben und Sterben, seine Größe und Großzügigkeit, seine persönliche Unerschütterlichkeit, vergewissert sich dieses Ideals im leisen Selbstgespräch. Hierzu braucht es künstlerische Gelassenheit und große persönliche Kraft, sich die dafür notwendige Zeit zu nehmen. Schubert hat alles notiert, die Lebenslust, mf: »Er leert' ihn jeden Schmaus«, Tränen, die alle sehen dürfen, p(!): »Die Augen gingen ihm über,/So oft er trank daraus.« und das großartige erhebende Bild einer enormen inneren Freiheit im Sterben, pp (!): »Dort stand der alte Zecher,/Trank letzte Lebensglut,/Und warf den heil'gen Becher/Hinunter in die Flut.«

Ich glaube nicht, dass es Schuberts Anliegen war, schöne Musik zu komponieren; so emphatisch es klingt: Wahre Musik ist angemessen. Sein Werk entspringt einer starken Mitte, die um das ganze Leben weiß und es in all seinen Facetten in Töne fasst: Glaube, Liebe, Hoffnung, Tod und der Übergang vom Leben zum Tod, Sehnsucht, äußere Notwendigkeit und innere Stimme, jugendlicher Drang und Altersweisheit, Humor, Liebesentzücken und Liebesschmerz, Einsamkeit, Verzweiflung, Depression und Überschwang. Schubert weiß um die Wechselhaftigkeit der Lebensreise, er kennt tiefe Trauer, Selbsthass und Trost, die Eiseskälte der Welt wie die Schönheit der Natur, Heiterkeit und Übermut. Über einen Besuch Schuberts bei ihm im Juli 1825 schreibt Anton Ottenwalt an seinen Schwager von Spaun: »Wir saßen bis nicht weit vor Mitternacht beisammen und nie hab' ich ihn so gesehen, noch gehört, ernst, tief, und wie begeistert. Wie er von der Kunst sprach, von Poesie, von seiner Jugend, von Freunden und anderen bedeutenden Menschen, vom Verhältnis des Ideals zum Leben u. dgl. Ich musste immer mehr erstaunen über diesen Geist ...«

Schubert kümmerte sich wenig um die Realisierbarkeit seiner Lieder. Welcher Sänger wird es wagen, den »König in Thule« pp vorzutragen? Auch hat niemand, dessen bin ich mir ganz sicher, niemand es bis heute vermocht, das erste Lied der »Winterreise« pp vorzutragen, wie es Schubert Strophe für Strophe immer wieder notiert. Die »Winterreise« eine Kopfwanderung? Vieles spricht dafür. Auch sind die Finalstücke seiner Werkgruppen selten publikumswirksam. »Trank nie einen Tropfen mehr« – so ist es eben. Schuberts hellsichtiger, überbewusster Realismus. Am 9. Mai 1822 heißt es in der Verlagsankündigung »Kenner und Liebhaber haben bereits Schubert's Werke nach Verdienst gewürdigt; es bedarf daher dieses Heft keiner weitern Anempfehlung«. So erscheint Schuberts Opus 8.

Der Jüngling auf dem Hügel (Heinrich Hüttenbrenner) / November 1820
Sehnsucht (Johann Mayrhofer) / 1816 (?)
Erlafsee (Johann Mayrhofer) / September 1817
Am Strome (Johann Mayrhofer) / März 1817

Auch dieses Werk hat einen ernüchternden Schluss, der ein saturiertes Publikum eher ratlos zurücklässt: »Finde nicht das Glück auf Erden.« Was den Liebhabern so unverfänglich angekündigt wurde, ist ein wenig zuversichtliches, versteckt trostloses Werk. Ich kann es nicht lesen, verstehen und spielen, ohne die Zeitumstände zu bedenken, in denen die Lieder geschrieben und zusammengestellt wurden. Im Oktober 1817 nach einer Kundgebung auf der Wartburg für nationale Einheit verschärfte Metternich die Zensur in Österreich. Solche Zeit kann ich nur denken in Erinnerung an oftmals erniedrigende Zustände in der DDR, wo Bespitzelung und Denunziation den Alltag vergifteten. Im März 1819 ermordete der Tübinger Theologiestudent August Kotzebue – fast täglich ging ich in meiner Tübinger Zeit an dem Haus vorbei, in dem er lebte – den russischen Staatsrat, Theaterdichter und Gründer des »Literarischen Wochenblattes«. Darin hatte dieser gegen die politischen Ziele der studentischen Burschenschaften, gegen Demokratie und Pressefreiheit polemisiert. Die Karlsbader Beschlüsse folgten prompt, verstärkten die Zensur und formulierten Beschlüsse zur Unterdrückung nationaler und liberaler Bewegungen. In diesem Klima entsteht im November 1819 Schuberts Lied »Die Götter Griechenlands« als Teil eines größeren Gedichtes von Friedrich Schiller. Veröffentlichen konnte Schubert es wohl nicht; erst 1848, nach dem Sturz Metternichs, wurde es publiziert.

Schöne Welt, wo bist du? Kehre wieder,
Holdes Blütenalter der Natur!
Ach, nur in dem Feenland der Lieder
Lebt noch deine fabelhafte Spur.
Ausgestorben trauert das Gefilde,
Keine Gottheit zeigt sich meinem Blick.
Ach, von jenem lebenwarmen Bilde
Blieb der Schatten nur zurück.

Im März 1820 wird der Freund Johann Senn verhaftet. »Dabey sollen seine Freunde, der Schulgehilfe aus der Roßau Schubert, ... in gleichem Ton ein-gestimmt, und gegen den amthandelnden Beamten mit Verbalinjurien und Be-schimpfungen losgezogen seyn ...«, heißt es im Bericht des Polizei-Ober-kommissärs. Seit 1818 wohnt Schubert mit Johann Mayrhofer zusammen, dessen Gedichte er schon 1814 kennengelernt und seitdem immer wieder vertont hatte. Mayrhofer arbeitete beim Bücherrevisionsamt der zentralen Zensurbehörde. 1820 kommt er in eine höhere Position; Schubert verlässt die gemeinsame Wohnung.

Bauernfeld charakterisiert Schuberts Freundesrunde in seinem Tagebuch 1826: »Schober ist uns allen im Geiste überlegen, im Reden nun gar! Doch ist manches an ihm gekünstelt, auch drohen seine besten Kräfte im Nichtstun zu ersticken. – Schwind ist eine herrliche, reine Natur – nur immer in Gärung, als wollt' er sich aufzehren. – Schubert hat die rechte Mischung vom Idealen und Realen. Die Erde ist ihm schön. Mayrhofer ist einfach und natürlich, obwohl Schober behauptet, er sei eine Art gemütlicher Intrigant«.

Mayrhofer endete im Selbstmord. Man darf annehmen, dass die Arbeit als Zensor ihn als Dichter in einem inneren Dauerkonflikt hielt. Jedenfalls findet sein Freiheitssinn unvermutet klare Worte:

Sehnsucht

Der Lerche wolkennahe Lieder
Erschmettern zu des Winters Flucht,
Die Erde hüllt in Samt die Glieder
Und Blüten bilden rote Frucht.

Nur du, o sturmbewegte Seele,
Nur du bist blütenlos, in dich gekehrt,
Und wirst in goldner Frühlingshelle
Von tiefer Sehnsucht aufgezehrt.

Nie wird, was du verlangst, entkeimen
Dem Boden, Idealen fremd,
Der trotzig deinen schönsten Träumen
Die rohe Kraft entgegenstemmt.

Du ringst dich matt mit seiner Härte,
Vom Wunsche heftiger entbrannt,
Mit Kranichen ein sterbender Gefährte,
Zu wandern in ein milder Land.

Am Strome

Ist mir's doch, als sei mein Leben
An den schönen Strom gebunden;
Hab' ich Frohes nicht an seinem Ufer,
Und Betrübtes hier empfunden?

Ja, du gleichest meiner Seele;
Manchmal grün und glatt gestaltet,
Und zu Zeiten herrschen Stürme
Schäumend, unruhvoll, gefaltet.

Fließest zu dem fernen Meere,
Darfst allda nicht heimisch werden;
Mich drängt's auch in mildre Lande,
Finde nicht das Glück auf Erden.

Auch das erste Lied des achten Opus endet mit dem Traum eines »mildren
Landes«. Doch dieses ist angesichts des Todes der Liebsten die christliche
Hoffnung auf »des Wiedersehens Glück«. Man darf annehmen, dass solch
fromme Gebärde im Gedicht Hüttenbrenners zu Beginn dieses Werkes zusammen
mit der Idylle des »Erlafsees« einem Zensor wenig Anlass bot, genauer zu forschen.

Nie wird, was du verlangst, entkeimen
Dem Boden, Idealen fremd,
Der trotzig deinen schönsten Träumen
Die rohe Kraft entgegenstemmt.

Hoffnungsloser als hier kann ein Lebens- und Zeitgefühl jedenfalls kaum
formuliert werden.

Erlafsee

Mir ist so wohl, so weh'
Am stillen Erlafsee;
Heilig Schweigen
In Fichtenzweigen,
Regungslos
Der blaue Schoß,

Nur der Wolken Schatten flieh'n
Überm glatten Spiegel hin,
Frische Winde
Kräuseln linde
Das Gewässer
Und der Sonne
Güldne Krone
Flimmert blässer.
Mir ist so wohl, so weh'
Am stillen Erlafsee.

Dieses Lied war als erstes überhaupt bereits Anfang 1818 veröffentlicht worden. In seiner harmlosen Naturschönheit war es genau das Richtige für das »Mahlerische Taschenbuch für Freunde interessanter Gegenden, Natur- und Kunst-Merkwürdigkeiten der Österreichischen Monarchie«. Dessen Herausgeber, Dr. Franz Sartori, war zugleich Chef Mayrhofers in der Zensurbehörde, und man darf annehmen, dass die Veröffentlichung auf Mayrhofers Initiative zurückgeht, ist das Lied doch so betitelt: »Am Erlaf-See. Gedicht von Johann Mayrhofer, mit Musik begleitet von Franz Schubert.« Dabei überhöht Schuberts Musik das Gedicht und macht es unverwechselbar schön. Das Klavier eröffnet mit einem d-Moll-Seufzer, der schnell ins leichtere F-Dur (D. F. Schubart charakterisiert dies als »Gefälligkeit und Ruhe«) moduliert. Aus jeweils zwei Verszeilen bildet Schubert viertaktige Perioden, beleuchtet sie mit wechselnden Harmonien: F-Dur, d-Moll, B-Dur – hier wiederholt die rechte Hand des Pianisten die Melodie über einem schwerelos staccatierten Bass, ein Duett entsteht im Angesicht der Lichtspiele auf dem dunklen See. Den zweiten Teil des Gedichts untermalt ein fülliger Kontrabass; diese ländliche Musik im Volkston ist von heiterem Vergnügen einer Landfahrt getragen. Von A-Dur geht es über einen Dominantseptakkord auf C zurück nach F-Dur, in die Wiederholung des Anfangs. In aller Einfachheit entsteht ein reiches und in Melodie und Klang unvergessliches Naturbild. Die drei Takte des Nachspiels im pp allerdings weisen weit voraus. Ihr Sehnsuchtston macht deutlich, dass das Lied, so gegenwärtig es wirkt, eine Erinnerung ist. In seiner melodischen Figur aber, die bis in den Vorschlag zum arpeggierten Schlussakkord hinein das grundtönige F umspielt und überhöht, sehnsuchtsgetragen nicht zur Ruhe kommen kann, entsteht etwas Neues, das später Schumann aufnimmt und zu seiner Grundformel für solche Seelenregungen macht.

Schuberts Liedopera haben mich, seit ich sie durch die wichtige Edition von Fischer-Dieskau/Budde kennenlernte, mehr und mehr fasziniert. Doch muss ich gestehen, dass der Versuch, darüber zu schreiben, mit Worten diese Musik zu fassen, mir schwerfällt trotz der Fülle des Materials. Dies liegt in Schuberts reiner musikalischer Sprache. Schumann folgt den beim Lesen entstehenden Bildern, findet Tonwege für die Verschränkungen der Psyche. Schubert geht es nie darum, literarische Phantasie in Klang umzusetzen. Er steht mit sich selbst in der Mitte des Lebens (»Die Erde ist ihm schön.«), seine Sprache ist ganz und gar Musiksprache, die analytisch nur mit Begriffen der Kompositionswissenschaft erfasst werden kann. Schuberts persönliche Kraft ist realitätsbezogen. So wählt er durchwegs Texte, die ihn selbst in der Direktheit ihrer Aussage betreffen und ansprechen. Seine Musik allerdings hebt all diese Vorlagen weit über sich hinaus, schafft Räume neuer Dimensionen, hellhörig musikalisiert und zukunftsweisend gültig. Eichendorffs/Schumanns »Mondnacht« mit ihren schwebenden Konjunktiven war von ihm nicht zu komponieren; Schuberts Wanderer trösten sich nicht mit Tag- und Nachtträumen, sie stellen sich in für den Hörer oftmals erschreckender Weise ihrer Gegenwart. So endet das 8. Werk nicht mit einem resignativen und dabei fast zu schönen »als flöge sie nach Haus«, sondern im bewusst gesetzten Gegensatz eines glücklichen Spätnachmittags an einem See in Oberösterreich und der lakonischen Feststellung »Finde nicht das Glück auf Erden«.

Im Juni 1823 erschienen drei weitere Mayrhofer-Lieder als Opus 21. Auch diese waren 1817 bereits entstanden. »Für eine Baßstimme mit Begleitung des Pianoforte in Musick gesetzt und dem Verfasser der Gedichte gewidmet von seinem Freunde Franz Schubert.«

Auf der Donau
Der Schiffer
Wie Ulfru fischt

Die Notation im Bassschlüssel lässt einen das besondere Gewicht spüren, das Schubert diesen Gesängen zugedacht hat. Das kommt besonders dem zweiten Lied zugute, das damit nicht zu schnell und virtuos gerät, sondern im etwas gefassteren Tempo seine Eigenwilligkeit betont. Denn auch diese Lieder haben einen betont politischen und dabei im zweiten und dritten Lied äußerst selbstbewussten Charakter. »Auf der Donau« (beginnend in Es-Dur, endend in fis-Moll) passt zu unserer eigenen Zeit: der Zerfall der Kultur, der Verlust der Werte – das Leben wird als bedroht und gefährdet empfunden.

Auf der Wellen Spiegel schwimmt der Kahn,
Alte Burgen ragen himmelan,
Tannenwälder rauschen geistergleich,
Und das Herz im Busen wird uns weich.

Denn der Menschen Werke sinken all',
Wo ist Turm, wo Pforte, wo der Wall,
Wo sie selbst, die Starken, erzgeschirmt,
Die in Krieg und Jagden hingestürmt?
Wo? Wo?

Trauriges Gestrüppe wuchert fort,
Während frommer Sage Kraft verdorrt:
Und im kleinen Kahne wird uns bang,
Wellen drohn wie Zeiten Untergang.

Dem »Schiffer« indessen kann nichts etwas anhaben.

Im Winde, im Sturme befahr ich den Fluß,
Die Kleider durchweichet der Regen im Guß;
Ich peitsche die Wellen mit mächtigem Schlag,
Erhoffend, erhoffend mir heiteren Tag.

Die Wellen, sie jagen das ächzende Schiff,
Es drohet der Strudel, es drohet das Riff.
Gesteine entkollern den felsigen Höh'n,
Und Tannen erseufzen wie Geistergestöhn.

So musste es kommen, ich hab es gewollt,
Ich hasse ein Leben behaglich entrollt;
Und schlängen die Wellen den ächzenden Kahn,
Ich priese doch immer die eigene Bahn.

Drum tose des Wassers ohnmächtiger Zorn,
Dem Herzen entquillet ein seliger Born,
Die Nerven erfrischend – o himmlische Lust,
Dem Sturme zu trotzen mit männlicher Brust.

Das letzte Lied des Werks ist für mich eines der köstlichsten überhaupt. Seine Musik ist so keck wie sein Titel, denn mit »Ulfru« kann eigentlich neckisch nur ein Zensor gemeint sein. Hier steht die Freiheit der Fische gegen Eiseshöh'n, Hagel und Frost der Metternich-Zeit.

Die Angel zuckt, die Rute bebt,
Doch leicht fährt sie heraus.

Ihr eigensinn'gen Nixen gebt
Dem Fischer keinen Schmaus.
Was frommet ihm sein kluger Sinn,
Die Fische baumeln spottend hin;
Er steht am Ufer fest gebannt,
Kann nicht ins Wasser, ihn hält das Land.

Die glatte Fläche kräuselt sich,
Vom Schuppenvolk bewegt,
Das seine Glieder wonniglich
In sichern Fluten regt.
Forellen zappeln hin und her,
Doch bleibet des Fischers Angel leer,
Sie fühlen, was die Freiheit ist,
Fruchtlos ist Fischers alte List.

Die Erde ist gewaltig schön,
Doch sicher ist sie nicht.
Es senden Stürme Eiseshöh'n,
Der Hagel und der Frost zerbricht
Mit einem Schlage, einem Druck,
Das gold'ne Korn, der Rosen Schmuck;
Den Fischlein unter'm weichen Dach,
Kein Sturm folgt ihnen vom Lande nach.

Bei Wolf/Eichendorff heißt es später »Die Gedanken sind frei!«

Opus 12 verbindet Gesänge von Goethes Harfners entstanden 1816 und 1822. Das erste Lied beginnt eigentlich gar nicht, das Klavier intoniert suchende gebrochene Akkorde einer abschließenden Phrase. Daraus erst erwächst der Gesang des Harfners. Der müde Atem, die Endphrasen, die eigentlich Anfänge begründen sollen, hier macht sich einer fremd, schaut in den sich erhebenden Fermaten nach dem Leben, dem Leben der anderen. Mit dem Aufbäumen gegen den Schmerz beginnt ein ganz eigenes Vexierspiel. Auch der Sänger muss zu Beginn dieser langen Phrasen wissen, was das inhaltliche Ziel ist: »bin ich nicht allein«, »lässt sie mich allein«, – ein verwirrendes Spiel. Hier wäre viel zu unzähligen Details zu sagen. Hinweisen möchte ich aber nur auf den wienerischen Tanzrhythmus, der den Zeilen

Ja! Laßt mich meiner Qual!
Und kann ich nur einmal
Recht einsam sein,
Dann bin ich nicht allein.

unterlegt ist. Schubert benutzt diese Figur oft in Situationen großer Verzweiflung
– ein Wiener Schmäh. Nur durch ein »unfreies« Staccato, das die nichtklingende
Zeit zwischen den Noten bewusst erlebt, und durch geschickte Rubatisierung ist
Schuberts Wendung gegen die Konvention deutlich zu machen. Am Ende dann –
im Gedanken an den erlösenden Tod und deshalb in besonderer Weise unerwartet
und tief berührend – beginnt die Musik in intervallisch ausgespielten Oktaven zu
atmen, Musik – eine Befreiung vom unerträglichen Leben.

Im März 1821 komponiert und im Dezember 1822 erschienen bringt das 14.
Werk mit zwei Liedern von Goethe eine ganz besondere Konstellation.

Suleika
Geheimes

Suleika – Marianne von Willemer – fragt von Frankfurt aus nach Osten,

Was bedeutet die Bewegung?
Bringt der Ost mir frohe Kunde?
Seiner Schwingen frische Regung
Kühlt des Herzens tiefe Wunde.

Kosend spielt er mit dem Staube,
Jagt ihn auf in leichten Wölkchen,
Treibt zur sichern Rebenlaube
Der Insekten frohes Völkchen.

Lindert sanft der Sonne Glühen,
Kühlt auch mir die heißen Wangen,
Küsst die Reben noch im Fliehen,
Die auf Feld und Hügel prangen.

Und mir bringt sein leises Flüstern
Von dem Freunde tausend Grüße;
Eh' noch diese Hügel düstern,
Grüßen mich wohl tausend Küsse.

Und so kannst du weiter ziehen!
Diene Freunden und Betrübten.
Dort wo hohe Mauern glühen,
Dort find' ich bald den Vielgeliebten.

Ach, die wahre Herzenskunde,
Liebeshauch, erfrischtes Leben
Wird mir nur aus seinem Munde,
Kann mir nur sein Atem geben.

Goethe »antwortet« schmunzelnd in Weimar.

Über meines Liebchens Äugeln
Stehn verwundert alle Leute
Ich, der Wissende, dagegen,
Weiß recht gut, was das bedeute.

Denn es heißt: ich liebe diesen
Und nicht etwa den und jenen.
Lasset nur, ihr guten Leute,
Euer Wundern, euer Sehnen!

Ja, mit ungeheuren Machten
Blicket sie wohl in die Runde;
Doch sie sucht nur zu verkünden
Ihm die nächste süße Stunde.

Alle Naturbilder des Suleika-Gedichtes sind Empfindungen der Zärtlichkeit,
sehnen sich den Geliebten herbei in den Berührungen, die die Natur schenkt. Der
Ostwind ist sanft, kühlt die liebesglühenden Wangen, küsst und kost. Ein nicht
endendes glückliches Atmen in der Erwartung seines Kommens trägt den »etwas
langsameren« Schlussteil.

Dass Schubert Goethe antworten lässt, ist für mich ein kleines Wunder. Denn er
konnte nicht wissen, dass Marianne von Willemer Goethes Suleika war, dass
beide im Sommer 1815 zusammenkamen, und dass in seiner Zusammenstellung
ein großes Liebespaar sich Botschaften sendet. Erst im Jahre 1849 ließ Marianne
von Willemer Hermann Grimm ihr Geheimnis wissen; erst 1869 enthüllte dieser
ihrem Wunsch gemäß in den »Preußischen Jahrbüchern«, dass einige der
Gedichte des »Westöstlichen Divans« von ihr stammten.

Goethes Gedicht wirkt von großem inneren Vergnügen und auch souveräner Gelassenheit getragen. Das schöne Wort »Äugeln« nicht nur als Verkleinerungsform, sondern eben auch als süßes Kitzeln wurde mir erst klar, als ich es in glücklichen Briefen von Christiane Vulpius fand, die aus ihrem Aufenthalt in Bad Lauchstädt das Tanzen, »Äugeln« und Amüsieren in vielen Facetten schildert. Als Goethe dann doch leise mahnt, beruhigt sie ihn: »wegen der Augen kannst Du ganz außer Sorge sein: aber Äuglichen gibt es, dass man sich nicht zu retten weiß. ... Wie Du gibt es keinen Mann in der ganzen Welt.« So kann er lächeln angesichts der »ungeheuren Mächte«, die andere Männer vielleicht schwach machen, ihm allein aber ein köstliches Liebesversprechen sind.

Ach, um deine feuchten Schwingen,
West, wie sehr ich dich beneide:
Denn du kannst ihm Kunde bringen
Was ich in der Trennung leide!

Die Bewegung deiner Flügel
Weckt im Busen stilles Sehnen;
Blumen, Auen, Wald und Hügel
Stehn bei deinem Hauch in Tränen.

Doch dein mildes sanftes Wehen
Kühlt die wunden Augenlider;
Ach, für Leid müßt' ich vergehen,
Hofft' ich nicht zu sehn ihn wieder.

Eile denn zu meinem Lieben,
Spreche sanft zu seinem Herzen;
Doch vermeid' ihn zu betrüben
Und verbirg ihm meine Schmerzen.

Sag ihm, aber sag's bescheiden:
Seine Liebe sei mein Leben,
Freudiges Gefühl von beiden
Wird mir seine Nähe geben.

Dieses andere Suleika-Lied hat Schubert vermutlich auch im März 1821 komponiert, aber als einzelnes Lied erst vier Jahre später als Opus 31 veröffentlicht. Anna Milder, die große Sopranistin ihrer Zeit, hat es am 9. Juni 1825 mit enormem Erfolg in Berlin gesungen. Sieben Tage danach geht eine zweite Sammlung von Goethe-Liedern von Wien nach Weimar; diesmal schreibt Schubert selbst, doch Goethe antwortet wiederum nicht.

Am 25. Juli 1825 wird das 43. Werk angezeigt:

Die junge Nonne (Jakob Nicolaus Craigher de Jache Lutta)
Nacht und Träume (Matthäus von Collin)

Beide Nachtlieder waren im gleichen Jahr geschrieben worden. Schildert das Lied der himmlischen Braut Nacht und Sturm als Gefährdung durch das ach so wilde, verführerische Leben, die Finsternis der Nacht als die Schwärze des Grabes, so ist »sein« Lied hell und schwebend leicht. Ist das Lied der jungen Nonne von religiös-ekstatischer Hysterie getragen, so strömt »Nacht und Träume« gegen den Lärm des Tages eine berückende innere Ruhe aus, weiß um die einer großen inneren Gelassenheit erwachsenden Träume des Menschen, um das Atmen der Seele in lichten Nächten, um die nächtliche Inspiration. Ist das erste Lied ein Sopranlied, so zeigt die tiefe Lage des Klaviersatzes im zweiten, dass Schubert an einen Tenor dachte, dass er, sich selbst begleitend, die eigene Stimme quasi in der Hand hatte, so verflochten ist der Gesang, eine Oktav tiefer klingend als notiert, mit dem Klavier.

Opus 52 bringt eine Sammlung von Vertonungen nach Versen von Walter Scotts »Lady of the Lake«, einer sehr populären Lektüre dieser Jahre. Bruder Ferdinand schreibt am 4. August 1825 zu Schuberts Plänen mit diesen Kompositionen: »Mit der Herausgabe Deiner Lieder anders zu manipulieren, wäre wohl schon lange gut gewesen, vorzüglich aber gefällt mir Dein Plan mit den Walter Scottschen Liedern, nämlich dieselben auch mit englischem Texte erscheinen zu lassen. – Schon träumt mir, wie Du in England aufgenommen werden, wie Du Dich durch größere Kompositionen, z. B. durch Sinfonien, Oratorien oder vielleicht durch Opern zu jener Höhe unter den deutschen Tonsetzern emporschwingen wirst, wie der ägyptische Josef unter seinen Brüdern.« Es ist dies eine der wenigen überlieferte Bemerkungen zur Zusammenstellung der Schubert'schen Werkgruppen.

Doch zurück zum Licht, das schon Opus 43 bestimmte. Opus 65, Anfang 1827 erschienen, verbindet in ganz wunderbarer Weise drei Lieder, die alle unter dem Gedanken stehen, dass Licht Leben schenkt und schützt – die Sterne, der Mond und die Sonne.

Lied eines Schiffers an die Dioskuren (Johann Mayrhofer)
Der Wanderer (Friedrich Schlegel)
Aus Heliopolis I (Johann Mayrhofer)

Ein tief gegründeter innerer Atem und gelassenes Selbstvertrauen charakterisieren das erste Lied; stets in Gefahr vertraut der einsame Schiffer dem Licht der Dioskuren und bleibt seiner Bahn treu. Die Berliner allgemeine musikalische Zeitung bemerkt dazu am 14. März 1827: »... man kann unmöglich zugleich milder und kräftiger zum Herzen sprechen ...«

Ebenso unbeirrt schreitet der Schlegel'sche Wanderer voran, wählt bewusst keine Heimat, weiß sich gelassen »froh umgeben, doch alleine«. Dieses Lied ist so klaglos hell, so unbeschwert in allem Sehen und Erkennen, dass mich immer etwas überrascht, wenn in der zweiten Strophe plötzlich die Dunkelheit benannt und damit dem Hörer wieder bewusst wird.

Wie deutlich des Mondes Licht
Zu mir spricht,
Mich beseelend zu der Reise;
»Folge treu dem alten Gleise,
Wähle keine Heimat nicht.
Ew'ge Plage
Bringen sonst die schweren Tage;
Fort zu andern
Sollst du wechseln, sollst du wandern,
Leicht entfliehend jeder Klage.«

Sanfte Ebb und hohe Flut,
Tief im Mut,
Wandr' ich so im Dunkeln weiter,
Steige mutig, singe heiter,
Und die Welt erscheint mir gut.
Alles Reine
Seh ich mild im Widerscheine,
Nichts verworren
In des Tages Glut verdorren:
Froh umgeben, doch alleine.

Der leichte innere Konjunktiv »erscheint mir gut« wie auch, dass alles mild nur im Widerscheine gesehen wird, lassen den Boden, auf dem hier mutig gestiegen und heiter gesungen wird, äußerst fragil erscheinen. Doch das Licht ist klar und wegweisend.

Heliopolis – ein Mayrhofer'sches Sonnen-Utopia – macht deutlich, wie unabdingbar Licht und Leben zusammengehören.

Im kalten, rauhen Norden
Ist Kunde mir geworden
Von einer Stadt, der Sonnenstadt.
Wo weilt das Schiff, wo ist der Pfad,
Die mich zu jenen Hallen tragen?
Von Menschen konnt' ich nichts erfragen,
Im Zwiespalt waren sie verworren.
Zur Blume, die sich Helios erkoren,
Die ewig in sein Antlitz blickt,
Wandt' ich mich nun, und ward entzückt.

»Wende, so wie ich, zur Sonne
Deine Augen! Dort ist Wonne,
Dort ist Leben; treu ergeben
Pilgre zu und zweifle nicht;
Ruhe findest du im Licht.
Licht erzeuget alle Gluten,
Hoffnungspflanzen, Tatenfluten!«

Mit einer erzählenden Geste in e-Moll beginnend, mit Dominantseptakkorden die
Suche, wie man in die Sonnenstadt gelangen könne, untermalend, verminderte
Klavierakkorde zeigen danach den Zwiespalt der Menschen, wendet sich das Lied
über einen sehnsüchtigen, zarten Dominantseptakkord auf E nach A-Dur und lässt
die Blume selbst sprechen. Immer wieder ist hier dem Klavier in höchster
»Sonnen«lage die Melodie zugewiesen, während die Stimme sich harmonisch im
Tenorbereich klingend einordnet. Bis zu siebenstimmige Akkordketten
versuchen, die »Hoffnungspflanzen« zu greifen, herbeizuziehen, festzuhalten.
Hier ist Leben im Licht ganz der Zukunft zugewandt, auch die beschließenden
Klaviertakte scheinen immer weiterzuströmen. Die drei Lieder, die sich hier so
sinnfällig ergänzen, sind zu unterschiedlichen Zeiten entstanden: 1816, 1819 und
1822.

Drei Nachtlieder nach Gedichten von Johann Gabriel Seidl – alle 1826
geschrieben, verbindet das 80. Werk, das im Mai 1827 erschien.

Der Wanderer an den Mond
Das Zügenglöcklein
Im Freien

Hier erscheint nach dem düsteren des Schmidt von Lübeck, dem gelassenen von
Friedrich Schlegel ein dritter Wanderer, der zwar »fremd«, »ernst und trüb«

seinen Weg wählt, doch vom Mond gelernt hat, sich eben da zuhause zu fühlen, wo er nun gerade ist. »Heimatfroh« nennt das eine Besprechung der Wiener Allgemeinen Theaterzeitung vom Juli 1827. So muss der Sänger einen Klang finden, in dem sich Melancholie ohne jedes Lamento mit innerer Zuversicht verbindet. Ich kann nicht vergessen, wie Wout Oosterkamp, der holländische Bassbariton, diese herbe Kraft und gleichzeitig helle Leichtigkeit gesungen hat. In den Zwischenspielen dieses Liedes scheint das Klavier ein aufmunterndes Liedchen zu pfeifen, und am Ende »begleitet« der Gesang diese Melodie sogar, verliert sich der Wanderer in der Ferne. Wout Oosterkamp aber zog sich in ein Kloster zurück, suchte Schutz vor der Welt.

Der Ton des Glöckchens, das geläutet wird in der Todesstunde eines Mitbürgers, lässt den Wandernden über Leben und Tod nachdenken:

Das Zügenglöcklein

Kling' die Nacht durch, klinge,
Süßen Frieden bringe
Dem, für wen du tönst!
Kling' in weite Ferne,
So du Pilger gerne
Mit der Welt versöhnst!

Aber wer will wandern
Zu den lieben Andern,
Die voraus gewallt?
Zog er gern die Schelle?
Bebt er an der Schwelle,
Wann Herein erschallt?

Gilt's dem bösen Sohne,
Der noch flucht dem Tone,
Weil er heilig ist?
Nein, es klingt so lauter,
Wie ein Gottvertrauter
Seine Laufbahn schließt.

Aber ist's ein Müder,
Den verwaist die Brüder,
Dem ein treues Tier
Einzig ließ den Glauben

An die Welt nicht rauben,
Ruf ihn, Gott, zu dir!

Ist's der Frohen einer,
Der die Freuden reiner
Lieb und Freundschaft teilt,
Gönn ihm noch die Wonnen
Unter diesen Sonnen,
Wo er gerne weilt!

Über »Im Freien« habe ich zuvor schon geschrieben. Doch muss ich ergänzen: Nach der tiefen Nachdenklichkeit des Zügenglöckleins berührt mich jedes Mal das »steh' ich wieder nun« in der ersten Phrase. Auf welches Erleben zuvor bezieht sich »wieder«? Der Gedanke daran gibt im Nachempfinden dem Vorspiel eine große Ruhe inmitten allen Sternefunkelns.

2

Schuberts Liedopera • Moritz von Schwind • Caroline

Die Lieder Opus 5, die so umfassend Liebe bedenken, sind in der Zeit von Schuberts Nähe zu Therese Grob entstanden. Wahrscheinlich hatte Schubert einige Zeit gehofft, Therese Grob heiraten zu können. Doch ließ dies auch das Metternich'sche Ehe-Consens-Gesetz von 1815 nicht zu: Weder hatte Schubert als Schulgehilfe die Rechte des bürgerlichen Standes, noch erlaubten seine Finanzen einen solchen Schritt. Therese Grob heiratete im November 1820 einen Bäckermeister.

Drei der vier Lieder Opus 59 sind 1823 nach Schuberts syphilitischer Infektion komponiert. Im selben Jahr entstand auch »Die schöne Müllerin«, die als Opus 25 ein Jahr später veröffentlicht wurde. Ich erlebe Opus 59 als Gegenstück zu den frühen Liebesliedern. Aufregend an dieser Zusammenstellung, die am 21. September 1826 von Sauer und Leidesdorf angekündigt wurde, ist für mich auch, dass zumindest das dritte und vierte Lied sehr häufig einzeln mit leichtfertigem Genuss vorgetragen werden. Im Zusammenhang des 59. Werkes begreift man erst ihre tiefe Verzweiflung.

Du liebst mich nicht (August Graf von Platen-Hallermünde)
Dass sie hier gewesen (Friedrich Rückert)
Du bist die Ruh (Friedrich Rückert)
Lachen und Weinen (Friedrich Rückert)

Diese Liederreihe setzt mit einem existentiellen Schock ein, wird sich des geliebten Menschen noch einmal ganz bewusst, fühlt die zunehmende Ferne, sucht die verlorene Balance und endet in einem irren Taumel, ohne zu wissen, wohin es weitergehen soll.

Mein Herz ist zerrissen, du liebst mich nicht!
Du ließest mich's wissen, du liebst mich nicht!
Wiewohl ich dir flehend und werbend erschien,
Und liebebeflissen, du liebst mich nicht!
Du hast es gesprochen, mit Worten gesagt,
Mit allzu gewissen, du liebst mich nicht!
So soll ich die Sterne, so soll ich den Mond,
Die Sonne vermissen, du liebst mich nicht!
Was blüht mir die Rose, was blüht der Jasmin,
Was blühn die Narzissen, du liebst mich nicht!

Die Worte dieses Gedichts sind eingezwängt in ein striktes rhythmisches Schema, das einen freien Atem nicht zulässt. Anfangs ist jedes Komma eine Pause, jeder Satzteil ein neues Ansetzen, ein nicht nachlassendes Sich-Vorsprechen dessen, was war, ein Nicht-Begreifen-Können. Mit dem »So soll ich«, was das zukünftige Leben oder besser: das Nicht-Leben-Können meint, beginnt eine pausenlose, endlose Reihung, die in den verzweifelten Schreien »Du liebst, du liebst mich nicht, du liebst, du liebst mich nicht!« endet. Dabei verstärkt diese Textversion Schuberts, bei der immer nur der zweite Ausruf in der Verneinung gipfelt, die Ausweglosigkeit. Der markant punktierte Rhythmus der Melodie unterstreicht die Herzensenge, die Harmonisierung ist so unstet hin- und hergerissen, wie es der Lebenssituation entspricht, die Dynamik geht innerhalb von nur vier Takten vom pp zum ff. Endend auf einer ganztaktigen Dominante ist der a-Moll-Schluss-akkord nur ein resigniertes Aufhören, kein Schluss.

Dass der Ostwind Düfte
Hauchet in die Lüfte,
Dadurch tut er kund,
Dass du hier gewesen.

Dass hier Tränen rinnen,
Dadurch wirst du innen,
Wär's dir sonst nicht kund,
Dass ich hier gewesen.

Schönheit oder Liebe,
Ob versteckt sie bliebe?
Düfte tun es und Tränen kund,
Dass sie hier gewesen.

Von a-Moll geht es nach C-Dur. Doch wird die Tonika nur bei »gewesen«
erreicht. So wird Vergangenheit zur Gegenwart. Alles andere sind Klänge auf
einer Sehnsuchtsdominante: Septakkorde, Verminderte, Sekundreibungen, die
sich nicht auflösen, sondern wieder in verminderten Akkorden neue Verschränkungen eingehen, dazu fast so viele Pausen wie Klänge – ein Stück weit
hinaus über alles, was die Regeln der Kunst zu Schuberts Zeit erlaubten. Ein
wiederholtes pp macht deutlich, wie Düfte und Tränen Erinnerungen wach
werden lassen, Gedanken wecken, das eigene Ich im Du gegründet sein möchte.
Nach der rhetorischen Frage »Schönheit oder Liebe,/Ob versteckt sie bliebe?«
wogt die Musik beinahe wagnerianisch, ganz dem Schmerz und den Tränen
hingegeben; kurz wird f-Moll erreicht, As-Dur gestreift, Subdominante und
Dominante führen wieder zurück in den C-Dur-Raum, doch nur im letzten kurzen
Ton des Klaviers wird das C erreicht, gewärmt durch eine Terz im Baß.

Du bist die Ruh,
Der Friede mild,
Die Sehnsucht du
Und was sie stillt.

Ich weihe dir
Voll Lust und Schmerz
Zur Wohnung hier
Mein Aug und Herz.

Kehr ein bei mir,
Und schließe du
Still hinter dir
Die Pforten zu.

Treib andern Schmerz
Aus dieser Brust!
Voll sei dies Herz
Von deiner Lust.

Dies Augenzelt
Von deinem Glanz
Allein erhellt,
O füll es ganz!

Es gibt Schallplattenaufnahmen, die spüren lassen, dass der größte Ehrgeiz der Sängerin war, diese »Ruh« so langsam wie möglich auszuführen, so gut es eben ein souveräner Atem und die Sicherheit in die Höhe des schwierigen Schlusses hinein zulassen. Dabei heißt – und der Text ist hier ganz deutlich – »Du bist die Ruh«: Ich habe meine Ruhe verloren, du allein kannst sie mir wiedergeben. So zeugen die Terzbewegungen im Klavier wieder einmal von der verlorenen persönlichen Balance, wächst aus solcher Unsicherheit die Melodie, der persönliche Gesang, atmen die Klavierzwischenspiele dunkel verschattet. Wie Schubert den Text verteilt, zeigt wie immer in seinen Liedern ganz deutlich, welche Worte ihm am wichtigsten sind. Oft hört man den ersten Takt wie einen Auftakt für die »Ruh«, doch beginnt Schubert volltaktig: Das Du des vorausgegangenen Liedes wird hier weitergesungen.

Du bist die Ruh,
Der Friede mild,
Die Sehnsucht du
Und was sie stillt.

Ich weihe dir
Voll Lust und Schmerz
Zur Wohnung hier
Mein Aug und Herz.

Kehr ein bei mir,
Und schließe du
Still hinter dir
Die Pforten zu.

Treib andern Schmerz
Aus dieser Brust!
Voll sei dies Herz
Von deiner Lust.

Dies Augenzelt
Von deinem Glanz
Allein erhellt,
O füll es ganz!

Du bist meine Sehnsucht, mein Sehnsuchtsschmerz, Du kannst allein diese Sehn-Sucht stillen. Ein tiefer Atem, für den Schubert einen Takt lang innehält, führt in die dringliche Bitte zurück. »O füll es ganz!« Dabei berührt mich Rückerts Bild vom Augenzelt in besonderer Weise, heißt es doch nicht: Ich schaue nach dir, ich möchte dich wiedersehen. Hier wird der andere ganz von innen nach innen genommen, wird Auge und Herz als Wohnstatt angeboten. »Du bist die Ruh« steht in Es-Dur und ist so dominantisch zum letzten Lied.

Das As-Dur von »Lachen und Weinen« charakterisiert Christian Friedrich Daniel Schubart mit »Gräberton, Tod, Grab, Verwesung, Gericht, Ewigkeit liegen in seinem Umfange«. Dabei ist es scheinbar ein munteres Stückchen, das oft in frühen Studiensemestern gesungen wird.

Lachen und Weinen zu jeglicher Stunde
Ruht bei der Lieb auf so mancherlei Grunde.
Morgens lacht ich vor Lust,
Und warum ich nun weine
Bei des Abends Scheine,
Ist mir selb' nicht bewusst.

Weinen und Lachen zu jeglicher Stunde
Ruht bei der Lieb auf so mancherlei Grunde.
Abends weint ich vor Schmerz;
Und warum du erwachen
Kannst am Morgen mit Lachen,
Muß ich dich fragen, o Herz.

Doch wird Schuberts Anweisung »Etwas geschwind« in seiner Atemlosigkeit beachtet, ist der Pianist innerlich schon vor der ersten Note in der Drehbewegung, die diese pausenlose Musik schwindeln macht, beginnt man dieses irisierende zweigestrichene Es im Gesang zu hören, das in den Melodien immer wieder umspielt wird. Ein Ton, der Kopfschmerz macht, der ähnlich auch in »Gretchen am Spinnrade« zu finden ist, der wie ein Tinnitus zum Wahnsinn treibt. Nicht ohne Grund dominiert auch dieses Lied das Pianissimo. Neben Decrescendo verwendet Schubert hier einmal auch Diminuendo: Die Energie schwindet, für einen Moment bleibt die Welt stehen in einer Viertelfermate, um dann unvermittelt im Mezzoforte wieder loszubrechen. Auch im Nachspiel kommt keine Lösung. Die Musik bleibt einfach stehen.

Ich höre, empfinde und spiele vom Ende her. Schubert hat noch zwei Jahre zu leben. Geschrieben, umfasst hat er als »Compositeur« das ganze Leben, als »Tondichter« mit Tönen malend (Vogl: »Sprache, Dichtung in Tönen, Worte in Harmonien, in Musik gekleidete Gedanken«) der Seele Räume geöffnet, die mit Worten nicht zu benennen sind, hat überbewusst schon in jüngsten Jahren das ganze Leben bedenken können. Was er für den Druck zusammenstellt und freigibt, ist sein persönlicher Wille, seine eigene Wahl. Er reagiert damit auf seine Zeit und auch auf sein Leben. Nach dem zweiten Besuch in Zseliz werden seine Veröffentlichungen zunehmend zu Kassibern seiner Sehnsucht.

In Erinnerung und genauer Kenntnis von Schuberts Lebensumständen malt Moritz von Schwind, der als 17-Jähriger den Wiener Komponisten kennenlernte, später Eduard Mörike nahe war, 1868 eine Sepiazeichnung »Ein Schubert-Abend bei Joseph von Spaun«. Der Blick sucht Schubert, stößt zuerst auf den lässig neben dem Flügel sitzenden Vogl, findet ihn halb verdeckt am Flügel dahinter. Doch die Bildmitte, und dennoch sieht man zu leicht darüber hinweg, ist ein Frauenporträt an der Wand über dem Flügel, unverkennbar gezeichnet nach dem Gemälde Joseph Teltschers: »Caroline Comtesse Esterházy von Galantha«. Friedrich Dieckmann hat die schwierigen Umstände dieser Liebe umfassend beschrieben und dokumentiert. Caroline, geboren 1805, steht im Zentrum von Schuberts Sehnsucht, ihr ist nach seinen eigenen Worten alles gewidmet; einige Autografe schenkt Schubert ihr, darunter auch zwei Lieder, das erste erschien gedruckt 1868, Schillers »Das Geheimnis« erst 1872:

Die Blumensprache

Es deuten die Blumen des Herzens Gefühle,
Sie sprechen manch' heimliches Wort,
Sie neigen sich traulich am schwankenden Stiele,
Als zöge die Liebe sie fort.
Sie bergen verschämt sich im deckenden Laube,
Als hätte verraten der Wunsch sie dem Raube.

Sie deuten im leise bezaubernden Bilde
Der Frauen, der Mädchen Sinn;
Sie deuten das Schöne, die Anmut, die Milde,
Sie deuten des Lebens Gewinn:
Es hat mit der Knospe, so heimlich verschlungen,
Der Jüngling die Perle der Hoffnung gefunden.

Sie weben der Sehnsucht, des Harmes Gedanken
Aus Farben ins duftige Kleid,
Nichts frommen der Trennung gehässige Schranken,
Die Blumen verkünden das Leid.
Was laut nicht der Mund, der bewachte, darf sagen,
Das waget die Huld sich in Blumen zu klagen.

Das Geheimnis

Sie konnte mir kein Wörtchen sagen,
Zu viele Lauscher waren wach;
Den Blick nur durft' ich schüchtern fragen,
Und wohl verstand ich was er sprach.
Leis' komm' ich her in deine Stille,
Du schön belaubtes Buchenzelt,
Verbirg in deiner grünen Hülle
Die Liebenden dem Aug' der Welt!

Von Ferne mit verworr'nem Sausen
Arbeitet der geschäft'ge Tag,
Und durch der Stimmen hohles Brausen
Erkenn' ich schwerer Hammer Schlag.
So sauer ringt die kargen Himmel ab;
Doch leicht erworben, aus dem Schoße
Der Götter fällt das Glück herab.

Dass ja die Menschen nie es hören,
Wie treue Lieb' uns still beglückt!
Sie können nur die Freude stören,
Weil Freude nie sie selbst entzückt.
Die Welt wird nie das Glück erlauben,
Als Beute wird es nur gehascht,
Entwenden musst du's oder rauben,
Eh dich die Missgunst überrascht.

Leis auf den Zehen kommt's geschlichen,
Die Stille liebt es und die Nacht,
Mit schnellen Füßen ist's entwichen,
Wo des Verräters Auge wacht.
O schlinge dich, du sanfte Quelle,
Ein breiter Strom um uns herum,
Und drohend mit empörter Welle
Verteidige dies Heiligtum.

Nach Schuberts Rückkehr vom zweiten Aufenthalt in Zseliz Ende Oktober 1824
berichtet Spaun, Schubert sei »gesund und himmlisch leichtsinnig. Neu verjüngt
durch Wonne und Schmerzen und heiteres Leben«. Doch schufen Liebe und

Verehrung zur Comtesse Caroline eine innere Bindung, die keine Erfüllung finden konnte, wiewohl anzunehmen ist, dass Caroline diese Liebe erwiderte. Spaun schreibt später von einer »durch die Verhältnisse hoffnungslosen Neigung«. Allein die Standesunterschiede waren unüberwindlich. Caroline selbst heiratete spät. Noch im gleichen Jahr wurde die Ehe annulliert; sieben Jahre später, 1851, starb sie und liegt in Zseliz begraben.

Immer wieder wird in Schuberts Liedzusammenstellungen die Vereinigung nach dem Tod zum Thema – eine Hoffnung über das Leben hinaus. In der »Winterreise« ist die Geliebte eine reiche Braut. Im »Der Hirt auf dem Felsen« fügt Schubert – ich folge hier Friedrich Dieckmann – zwei tieftraurige Strophen ein, die dem Lied eine ganz entscheidende Wendung geben. Es sind Worte des Abschiednehmens.

In tiefem Gram verzehr ich mich,
Mir ist die Freude hin,
Auf Erden mir die Hoffnung wich,
Ich hier so einsam bin.

So sehnend klang im Wald das Lied,
So sehnend klang es durch die Nacht,
Die Herzen es zum Himmel zieht
Mit wunderbarer Macht.

Sehn-Sucht, eine Krankheit zum Tode.

Am 6. August 1827 werden als 87. Werk angekündigt:

Der Unglückliche (Karoline Pichler)
Die Hoffnung (Friedrich von Schiller)
Der Jüngling am Bache (Friedrich von Schiller)

Schubert greift hier auf Lieder zurück, die bereits 1819/21 entstanden waren. Nach der Trennung von Caroline – Schubert war bei der überstürzten Abreise so aufgewühlt, dass er das Rückfenster der Kutsche zerbrach – kann ich diese Texte nur in seinem Lebenszusammenhang lesen. So werden diese Lieder für mich zu kraftvollen Herzensäußerungen seines Schmerzes.

Der Unglückliche

Die Nacht bricht an, mit leisen Lüften sinket
Sie auf die müden Sterblichen herab;
Der sanfte Schlaf, des Todes Bruder, winket,
Und legt sie freundlich in ihr täglich Grab.

Jetzt wachet auf der lichtberaubten Erde
Vielleicht nur noch die Arglist und der Schmerz,
Und jetzt, da ich durch nichts gestöret werde,
Laß deine Wunden bluten, armes Herz.

Versenke dich in deines Kummers Tiefen,
Und wenn vielleicht in der zerrissnen Brust
Halb verjährte Leiden schliefen,
So wecke sie mit grausam süßer Lust.

Berechne die verlornen Seligkeiten,
Zähl' alle, alle Blumen in dem Paradies,
Woraus in deiner Jugend goldnen Zeiten
Die harte Hand des Schicksals dich verstieß.

Du hast geliebt, du hast das Glück empfunden,
Dem jede Seligkeit der Erde weicht.
Du hast ein Herz, das dich verstand, gefunden,
Der kühnsten Hoffnung schönes Ziel erreicht.

Da stürzte dich ein grausam Machtwort nieder,
Aus deinen Himmeln nieder, und dein stilles Glück,
Dein allzuschönes Traumbild kehrte wieder
Zur besser'n Welt, aus der es kam, zurück.

Zerrissen sind nun alle süßen Bande,
Mir schlägt kein Herz mehr auf der weiten Welt.

Hoffnung

Es reden und träumen die Menschen viel
Von bessern und künftigen Tagen;
Nach einem glücklichen, goldenen Ziel
Sieht man sie rennen und jagen.
Die Welt wird alt und wird wieder jung,
Doch der Mensch hofft immer Verbesserung.

Die Hoffnung führt ihn ins Leben ein,
Sie umflattert den fröhlichen Knaben,
Den Jüngling begeistert ihr Zauberschein,
Sie wird mit dem Greis nicht begraben;
Denn beschließt er im Grabe den müden Lauf,
Noch am Grabe pflanzt er – die Hoffnung auf.

Es ist kein leerer, schmeichelnder Wahn,
Erzeugt im Gehirne des Toren.
Im Herzen kündet es laut sich an:
„Zu was Bessern sind wir geboren!"
Und was die innere Stimme spricht,
Das täuscht die hoffende Seele nicht.

Der Jüngling am Bach

An der Quelle saß der Knabe,
Blumen wand er sich zum Kranz,
Und er sah sie fortgerissen,
Treiben in der Wellen Tanz.
»Und so fliehen meine Tage
Wie die Quelle rastlos hin!
Und so bleichet meine Jugend,
Wie die Kränze schnell verblühn!

Fraget nicht, warum ich traure
In des Lebens Blütenzeit!
Alles freuet sich und hoffet,
Wenn der Frühling sich erneut.
Aber diese tausend Stimmen

Der erwachenden Natur
Wecken in dem tiefen Busen
Mir den schweren Kummer nur.

Was soll mir die Freude frommen,
Die der schöne Lenz mir beut?
Eine nur ist's, die ich suche,
Sie ist nah und ewig weit.
Sehnend breit' ich meine Arme
Nach dem teuren Schattenbild,
Ach, ich kann es nicht erreichen,
Und das Herz ist ungestillt!

Komm herab, du schöne Holde,
Und verlaß dein stolzes Schloß!
Blumen, die der Lenz geboren,
Streu ich dir in deinen Schoß.
Horch, der Hain erschallt von Liedern,
Und die Quelle rieselt klar!
Raum ist in der kleinsten Hütte
Für ein glücklich liebend Paar.«

Das 88. Werk erscheint am 22. Dezember 1827.

Abendlied für die Entfernte (August Wilhelm von Schlegel)
Thekla (Friedrich von Schiller)
Um Mitternacht (Ernst Schulze)
An die Musik (Franz von Schober)

Ein Jahr nach dem Abschied von Caroline geschrieben – im September 1825 –
heißt es im ersten Lied

Wenn Ahnung und Erinnerung
Vor unserm Blick sich gatten,
Dann mildert sich zur Dämmerung
Der Seele tiefster Schatten.
Ach, dürften wir mit Träumen nicht
Die Wirklichkeit verweben,
Wie arm an Farbe, Glanz und Licht
Wärst du, o Menschenleben!

Wie das »Abendlied« ist auch »Um Mitternacht« 1825 entstanden. Schubert verbindet diese beiden Lieder mit zwei Kompositionen von 1817. »Thekla (eine Geisterstimme)«, durchwegs pp, »sehr langsam« ist fürs Konzertpodium kaum zu gestalten – das Versprechen einer Zusammenkunft im Jenseits.

»Um Mitternacht« tröstet mit einem Sternenbild nächtlicher Zwiesprache. Die Tonart ist B-Dur, das D. F. Schubart so benennt: »heitere Liebe, gutes Gewissen, Hoffnung, Hinsehnen nach einer bessern Welt«.

Keine Stimme hör' ich schallen,
Keine Schritt auf dunkler Bahn,
Selbst der Himmel hat die schönen,
Hellen Äuglein zugetan.

Ich nur wache, süßes Leben,
Schaue sehnend in die Nacht,
Bis dein Stern in öder Ferne
Lieblich leuchtend mir erwacht.

Ach, nur einmal, nur verstohlen
Dein geliebtes Bild zu seh'n,
Wollt' ich gern in Sturm und Wetter
Bis zum späten Morgen steh'n!

Seh' ich's nicht von ferne leuchten!
Naht es nicht schon nach und nach?
Ach, und freundlich hör' ich's flüstern:
Sieh, der Freund ist auch noch wach.

Süßes Wort, geliebte Stimme,
Der mein Herz entgegenschlägt!
Tausend sel'ge Liebesbilder
Hat dein Hauch mir aufgeregt.

Alle Sterne seh' ich glänzen
Auf der dunkeln blauen Bahn,
Und im Herzen hat und droben
Sich der Himmel aufgetan.

Holder Nachhall, wiege freundlich
Jetzt mein Haupt in milde Ruh,
Und noch oft, ihr Träume, lispelt
Ihr geliebtes Wort mir zu!

Darauf folgend verliert »An die Musik« alles übliche Pathos. »Hast du mein Herz
zu warmer Lieb entzunden« benennt, was als »bess're Welt« empfunden wird, der
Dank ist ein ganz persönlicher. Diese realistische Schlichtheit gelingt umso mehr,
wenn die Ausführenden das Alla breve beachten und vielleicht sogar bedenken,
dass die Tempobezeichnung im Autograf »etwas bewegt« war.

Du holde Kunst, in wieviel grauen Stunden,
Wo mich des Lebens wilder Kreis umstrickt,
Hast du mein Herz zu warmer Lieb entzunden,
Hast mich in eine beßre Welt entrückt!

Oft hat ein Seufzer, deiner Harf' entflossen,
Ein süßer, heiliger Akkord von dir
Den Himmel beßrer Zeiten mir erschlossen,
Du holde Kunst, ich danke dir dafür!

Schubert ist wiederum ganz genau mit den dynamischen Bezeichnungen: Der
anfängliche, in die Vergangenheit gerichtete Gedanke ist pp notiert, die »bess're
Welt« ganz gegenwärtig im Piano. In der zweiten Strophe wächst aus der
Erinnerung (pp) in einem langen Crescendo der tief empfundene Dank (fp).
    Apropos »Ausführende«: Von Interpretation war damals noch nicht die Rede.
Angekündigt wurden die »vorkommenden Stücke«, diese wurden »ausgeführt«.
    Der in dieser Zusammenstellung des 87. Werkes der holden Kunst dankt, hat die
»Winterreise« bereits komponiert, ist längst in ganz andere Welten aufgebrochen.
Liest man Schuberts letzte eigene Liedveröffentlichungen, Opus 106 und 108,
genau und eingedenk seiner Lebenssituation, ist offensichtlich, dass er seinen
Lebensbogen als ausgeschritten empfand. All dies sind Lieder einer verzweifelten
Sehnsucht, persönlicher Rückschau und der tröstenden Hoffnung auf ein
jenseitiges Glück, das im Leben nicht zu finden war. Die Lieder Opus 95, alle
nach Gedichten von Johann Gabriel Seidl und wohl im Sommer 1828 entstanden,
kontrastieren dieses Bild nur auf den ersten flüchtigen Blick.

Die Unterscheidung
Bei Dir allein
Die Männer sind méchant
Irdisches Glück

Getragen wird diese Gruppe vom zweiten Lied, dessen erste Zeile alles benennt: »Bei dir allein empfind ich, dass ich lebe«. Das Lied ist kurzatmig in 2/4 notiert. Die Melodie des Klaviers liegt in der rechten Hand, erklingt immer zweistimmig oder in Akkorden geführt, synkopiert unablässig in nicht nachlassender Herzensunruhe. Die linke Hand spielt Bassnoten in Achteln mit Pausen, verstärkt den auf das andere Du zustürmenden Charakter. Nur bei den Worten »bei dir allein« gewinnt der Bass kurzzeitig Boden, werden die Achtel zu Vierteln. All dies ist piano notiert, was sagt: so ist es!, und steigert sich innerhalb von nur vier Takten zum ff.

Bei dir allein empfind' ich, dass ich lebe,
dass Jugendmut mich schwellt
dass eine heit're Welt
Der Liebe mich durchhebe;
Mich freut mein Sein
Bei dir allein!

Was sich bei Seidl als Beschreibung eines ganz gegenwärtigen Lebensglückes liest, wird durch Schuberts Musik zum Sehnsuchtstraum. Im pp geht es weiter, auch die linke Hand malt nun in Vierteln sicheren Grund:

Bei dir allein weht mir die Luft so labend,
Dünkt mich die Flur so grün,
So mild des Lenzes Blüh'n,
So balsamreich der Abend,
So kühl der Hain,
Bei dir allein!

Die Gesangsstimme spannt immer weit ausgreifende Bögen; große Intervalle, Sexten und Dezimen schaffen der Melodie Raum, die das grundtönige As lange umspielt, nicht zur Ruhe kommt.

Bei dir allein verliert der Schmerz sein Herbes,
Gewinnt die Freud an Lust!
Du sicherst meine Brust
Des angestammten Erbes;
Ich fühl' mich mein
Bei dir allein!

22 Takte lang ist der Gesang ohne jede Pause notiert, wiederholt die letzten zwei Zeilen, wächst immer wieder vom Piano zum Forte, erreicht das letzte lange »dir« auf einem schmerzlichen verminderten Akkord, der aber so kurz ist, dass der Gesang dieses »dir« alleine in die Welt schreit; ein weicher Dominantseptakkord, dem Schubert zusätzlich durch Pedalisierung Schwingung verleiht, löst die Stimme, die aber, um dieses »allein«, nur bei Dir!, zu unterstreichen, nochmals in einer kurzen Fermate innehält.

Eingeleitet wird dieses Opus von einer spätpubertären Belanglosigkeit. Das Lied steht in G-Dur, doch der Text gibt sich anders, als es nach Schubarts Charakterisierung dieser Tonart zu erwarten wäre: »jede sanfte und ruhige Bewegung des Herzens lässt sich trefflich in diesem Tone ausdrücken«.

Die Mutter hat mich jüngst gescholten
Und vor der Liebe streng gewarnt,
»Noch jede«, sprach sie, »hat's entgolten;
Verloren ist, wen sie umgarnt.«
D'rum ist es besser, wie ich meine,
Wenn keins von uns davon mehr spricht;
Ich bin zwar immer noch die Deine –
Doch lieben, Hans! – kann ich dich nicht!

Vor allem, Hans, vergiss mir nimmer,
Dass du nur mich zu lieben hast.
Mein Lächeln sei dir Lust nur immer,
Und jeder Andern Lächeln Last!
Ja, um der Mutter nachzugeben,
Will ich mich, treu der Doppelpflicht,
Dir zu gefallen stets bestreben,
Doch lieben, Hans! ... kann ich dich nicht.

Bei jedem Feste, das wir haben
Soll's meine größte Wonne sein,
Flicht deine Hand des Frühlings Gaben
Zum Schmucke mir in's Mieder ein.
Beginnt der Tanz, dann ist, wie billig,
Ein Tanz mit Gretchen deine Pflicht;
Selbst eifersüchtig werden will ich
Doch lieben, Hans! – kann ich dich nicht!

Und sinkt der Abend kühl hernieder
Und ruh'n wir dann recht mild bewegt,
Halt' immer mir die Hand an's Mieder
Und fühle, wie mein Herzchen schlägt!
Und willst du mich durch Küsse lehren,
Was stumm dein Auge zu mir spricht,
Selbst das will ich dir nicht verwehren
Doch lieben, Hans! – kann ich dich nicht!

Wie dieses erste Lied ist auch das dritte des Werks ein Frauenlied. Denen stehen
das zweite und vierte als »seine« Stimme entgegen.

Du sagtest mir es, Mutter:
Er ist ein Springinsfeld!
Ich würd' es dir nicht glauben,
Bis ich mich krank gequält!
Ja, ja, nun ist er's wirklich;
Ich hatt' ihn nur verkannt!
Du sagtest mir's, o Mutter:
»Die Männer sind méchant!«

Vor'm Dorf im Busch, als gestern
Die stille Dämm'rung sank,
Da rauscht' es: »Guten Abend!«
Da rauscht' es: »Schönen Dank!«
Ich schlich hinzu, ich horchte;
Ich stand wie festgebannt:
Er war's mit einer Andern –
»Die Männer sind méchant!«

O Mutter, welche Qualen!
Es muss heraus, es muss! -
Es blieb nicht bloß beim Rauschen,
Es blieb nicht bloß beim Gruß!
Vom Gruße kam's zum Kusse,
Vom Kuß zum Druck der Hand,
Vom Druck, ach liebe Mutter! –
»Die Männer sind méchant!«

Natürlich hat es Schubert keine Mühe gekostet, zu solchen Texten kokett-neckische Musik zu schreiben. Doch welche Abgründe liegen zwischen diesen beiden Liedern und dem zwischen sie gezwängten Ruf nach Leben, denn das heißt doch das »Bei dir allein ...«: Ohne Dich geht nichts. Die Tonarten dieser Lieder steigen chromatisch nach oben: G-Dur – As-Dur – a-Moll. Das vierte aber erklingt in d-Moll. Es ist dies beinahe dieselbe Wendung, nur diesmal Moll und nicht Dur, wie im siebten Werk. Damals ging eine Lebensreise zu Ende und löste sich ins d-Moll von »Der Tod und das Mädchen«. Hier ist das vierte Lied ein resignatives Sich-selbst-Bescheiden mit einem tumben, vorgetäuschten Lächeln. D. F. Schubart kennzeichnet d-Moll so: »schwermüthige Weiblichkeit, die Spleen und Dünste brütet.«

So mancher sieht mit finst'rer Miene
Die weite Welt sich grollend an,
Des Lebens wunderbare Bühne
Liegt ihm vergebens aufgetan.
Da weiß ich besser mich zu nehmen,
Und fern, der Freude mich zu schämen,
Genieß' ich froh den Augenblick:
Das ist denn doch gewiß ein Glück.

...

Und ruft der Bot' aus jenen Reichen
Mir einst, wie allen, ernst und hohl,
Dann sag ich willig, im Entweichen,
Der schönen Erde »Lebe wohl!«
Sei's denn, so drücken doch am Ende
Die Hand mir treue Freundeshände,
So segnet doch mich Freundesblick:
Und das ist, Brüder, doch wohl Glück!

Schubert hat nicht biografisch komponiert. Er war Tonsetzer, reagierte mit seiner Musiksprache auf andere Musik, auf Texte, auf seine Zeit und natürlich auch auf sein Leben. Doch geht sein Werk wie alle große Kunst weit über das Private hinaus. Dass wir seine Musik als hinreißend schön, als »natürlich« empfinden, darf nicht den Blick verstellen, tiefer in dieses Werk hineinzuschauen, auch seinen geistigen Körper zu erfassen. Als Interpreten versuchen wir alle nach dem ersten Lesen, den Charakter, die innere Kraft eines Werkes zu erfassen, es wirkungsvoll zu gestalten. Besonders bei Schubert reicht aber sich einzufühlen keineswegs.

205

Seinen Werken mit ihren vielerlei inneren Bezügen ist so vieles in aller Deutlichkeit eingeschrieben – die wortgenaue Melodiebildung, die textgenaue Harmonisierung, die musikalisch-rhetorischen Figuren, die tonartlichen Bezüge, das wirklich verstanden werden muss und auch verstanden werden kann. Die Zusammenstellung der 108 Opera gibt darüber hinaus einen so starken Einblick in seine bewusste künstlerische Kraft, dass ich gerade aus diesem Begreifen heraus meinen Weg finde, diese Werke zu musizieren.

Im Nachdenken über das 95ste Werk kommt einen bitter an, wie »Thad.Weigl, Kunst- und Musikalienhändler in Wien, am Graben Nr. 1144« am 13. August 1828, drei Monate vor Schuberts Tod, dieses Opus dem Publikum anempfahl: »Schon lange hegte das Publicum den Wunsch, aus der Feder dieses genialen Liederdichters einmal eine Composition heiteren komischen Inhaltes zu erhalten. Diesem Wunsche kam Herr Schubert durch gegenwärtige vier Lieder, welche theils echt komisch sind, theils den Charakter der Naivität und des Humors an sich tragen, auf eine überraschende Weise entgegen«. Die Wiener allgemeine Theaterzeitung befindet am 30. August 1828, das Opus sei »geeignet für gesellschaftliche Erheiterung«.

Opus 106
Heimliches Lieben (Karoline Louise von Klenke)
Das Weinen (Karl Gottfried von Leitner)
Vor meiner Wiege (Karl Gottfried von Leitner)
An Silvia (William Shakespeare)

Opus 108
Über Wildemann (Ernst Schulze) – März 1826
Todesmusik (Franz von Schober) – September 1822
Die Erscheinung (Ludwig Theobul Kosegarten) – 7. Juli 1815

Es sind dies die letzten Liedgruppen, die Schubert zusammenstellte. Komponiert sind die Lieder aus Opus 106 fast alle 1827/1828, »An Silvia« schon 1826, erschienen sind beide Opera erst nach Schuberts Tod. Schon beim Lesen dieser sieben Titel spürt man, dass hier alles zusammenkommt: die Gegenwärtigkeit einer unmöglichen Liebe, der Trost im Weinen, die Rückschau auf das eigene Leben, die Erinnerung an eine geliebte Frau, der Wanderer der Winterreise, die Erlösung im Tod, der Verweis auf ein größeres Glück nach dem irdischen Leben. Mich bewegen diese Liedgruppen ungemein, machen mich in all ihrer Deutlichkeit frösteln.

Heimliches Lieben

O du, wenn deine Lippen mich berühren,
Dann will die Lust die Seele mir entführen.
Ich fühle tief ein namenloses Beben
Den Busen heben.

Mein Auge flammt, Glut schwebt auf meinen Wangen;
Es schlägt mein Herz ein unbekannt Verlangen;
Mein Geist, verirrt in trunkner Lippen Stammeln
Kann kaum sich sammeln.

Mein Leben hängt in einer solchen Stunde
An deinem süßen, rosenweichen Munde,
Und will, bei deinem trauten Armumfassen,
Mich fast verlassen.

O! dass es doch nicht außer sich kann fliehen
Die Seele ganz in deiner Seele glühen!
Dass doch die Lippen, die voll Sehnsucht brennen,
Sich müssen trennen!

Dass doch im Kuß' mein Wesen nicht zerfließet
Wenn es so fest an deinen Mund sich schließet,
Und an dein Herz, das niemals laut darf wagen
Für mich zu schlagen!

Das Vorspiel von »Heimliches Lieben« hat anfangs wieder einmal staccatierte, bodenlose Bässe. Die Melodie umspielt die zärtliche Terz in aller Enge. Dies ist auch musikalisch gemeint: Gelöst und blühend, nachgiebig frei dynamisiert wird aus diesem sehr eigenen Lied schnell ein schlechter Chopin. »Das Weinen« beginnt mit einem auftaktigen fp. Wie der Augenblick, den es braucht, bis die Tränen sich lösen, hält diese erste Note inne, um dann einer langen abwärtssinkenden Phrase ohne alle Akzentuierung ihren Raum zu geben. Ich meine, dieses Lied hat alle Tränenbewegungen von Schumanns »Mein Herz ist schwer« oder dem zweiten Lied aus der »Dichterliebe« bis hin zu Hugo Wolfs »Mir ward gesagt« vorgezeichnet. »Vor meiner Wiege« beginnt mit leisem Humor, sieht dennoch im »engen Schrein« schon ein Bild des Sarges, erinnert sich in zärtlichster Weise der Mutterliebe, um dann erst in verhaltenem Moll, danach in erlöstem Dur die »lange, letzte und tiefeste Ruh« vorauszuahnen. Dass nach solchen Todesgedanken ein so frisches Lied wie »An Silvia« folgt, mag überraschen. Doch ist es nicht Rossini, sondern Schubert. Was ist dieses Lied anderes als ein rückwärtsgewandter Traum im Pianissimo, die Erinnerung und der Lobpreis einer guten und schönen geliebten Frau. War »Heimliches Lieben« »ihr« Lied, beschließt damit »seine« Stimme das 106. Werk. Wer aber kann dieses Lied im pp auf das Podium bringen? Da verweigert sich Musik der Öffentlichkeit, wird zur persönlich-privaten Chiffre.

Über Wildemann

Die Winde sausen am Tannenhang,
Die Quellen brausen das Tal entlang;
Ich wandre in Eile durch Wald und Schnee,
Wohl manche Meile von Höh' zu Höh'.

Diese Wintermusik windet sich in kleinen Sekunden zwischen D und Cis, quält sich im Voranschreiten sozusagen auf der Stelle, Akzente zerren und reißen, die Dynamik wechselt ständig zwischen Piano und Forte/Fortissimo.

Für einen kurzen Moment drängt ein Gegenbild sich auf, Schubert notiert pp:

Und will das Leben im freien Tal
Sich auch schon heben zum Sonnenstrahl

Doch der Wanderer reagiert abweisend:

Ich muss vorüber mit wildem Sinn
Und blicke lieber zum Winter hin.

Auf grünen Heiden, auf bunten Au'n,
Müßt ich mein Leiden nur immer schaun,
Dass selbst am Steine das Leben sprießt,
Und ach, nur eine ihr Herz verschließt.

Dann aber blüht Schuberts Melodie voller Zärtlichkeit auf und wiederum im pp hören wir ihn noch einmal gegen den Winter singen:

O Liebe, Liebe, o Maienhauch,
Du drängst die Triebe aus Baum und Strauch,
Die Vögel singen auf grünen Höh'n,
Die Quellen springen bei deinem Wehn.

Doch zurück ins Eis auf den Höhen des Harzes:

Mich lässt du schweifen im dunklen Wahn
Durch Windespfeifen auf rauher Bahn.
O Frühlingsschimmer, o Blütenschein,
Soll ich denn nimmer mich dein erfreu'n?

Die Antwort auf diese Frage geben Franz von Schobers Zeilen im darauf folgenden Lied:

Hebe aus dem ird'schen Ringen
Die bedrängte reine Seele

»Todesmusik« war ursprünglich wie »Wanderers Nachtlied« in Ges-Dur notiert, nach dem d-Moll von »Über Wildemann« schließt Schubert es in G-Dur an – eine »sanfte, ruhige Bewegung des Herzens«. Dies nun ist ein Lied, das wie viele andere Lieder Schuberts auf den ersten Blick einfach erscheint. Doch was hier beinahe im Volkston singt, wird magisch durch die eingewobene gelassene Zeit, die unerwarteten Harmonien, die überraschenden Verwebungen von Melodie und Klavierpart, beinahe meint man, eine Erinnerung ans Sterben zu hören. Alles in der tonalen Kadenz strebt zur Tonika hin; hier kommen alle Energieströme auf null, wird ein Zustand der Ruhe, der unbelebten Schwere erreicht, herrschen die Gesetze der Gravitation. So empfinden wir physikalische Gesetze in der musikalischen Bewegung – ein kleiner Rest Verständnisses von Musik, das einmal die Astronomie dominierte. Vielleicht schwebt Mozarts Musik wirklich – wie man sagt – in sich selbst. Doch Schuberts Melodien und Klänge sind in ihrer inneren Struktur immer erdverbunden, menschengemäß, müssen um zu klingen und ihren Zauber entfalten zu können, getragen werden, müssen, um schweben zu können, die nötige Energie sängerisch und pianistisch zugeführt bekommen, können so auf wichtige Worte zugehen, Pausen schwebend überbrücken, aussagekräftige, wichtige Momente formen. »Todesmusik« ist ein solches Lied, das in diesem Bemühen zu großartigem Klingen kommt, das unmittelbar Bedeutung gewinnt. Wie sonst ließe sich ein Augenblick darstellen, der jenseits irdischer Vorstellungskraft liegt? Schubert ruft in der Todesstunde die Quellnymphe Kamöne, die Muse der Begeisterung, an, ahnt voraus, schildert den Todeskampf und endet in wundersamer Verklärung.

In des Todes Feierstunde,
Wenn ich einst von hinnen scheide,
Und den Kampf, den letzten, leide,

Senke, heilige Kamöne,
Noch einmal die stillen Lieder,
Noch einmal die reinen Töne
Auf die tiefe Abschiedswunde
Meines Busens heilend nieder.

Hebe aus dem ird'schen Ringen
Die bedrängte, reine Seele,
Trage sie auf deinen Schwingen,
dass sie sich dem Licht vermähle.
O da werden mich die Klänge
Süß und wonnevoll umwehen,
Und die Ketten, die ich sprenge,
Werden still und leicht vergehen.

Alles Große werd' ich sehen,
Das im Leben mich beglückte,
Alles Schöne, das mir blühte,
Wird verherrlicht vor mir stehen.
Jeden Stern, der mir erglühte,
Der mit freundlichem Gefunkel
Durch das grauenvolle Dunkel
Meines kurzen Weges blickte,
Jede Blume, die ihn schmückte,
Werden mir die Töne bringen.
Und die schrecklichen Minuten,
Wo ich schmerzlich könnte bluten,
Werden mich mit Lust umklingen,
Und Verklärung werd' ich sehen,
Ausgegossen über allen Dingen.
So in Wonne werd' ich untergehen,
Süß verschlungen von der Freude Fluten.

Dass Schubert ein Lied ans Ende des Werks setzt, das bereits 1815 komponiert wurde, also in der Zeit, als seine Liebe zu Therese Grob ihm die Liebeslieder ermöglichte, die er als 5. Werk veröffentlichte, dies überrascht und ist dabei in seiner inneren Bedeutung so deutlich, dass ich jedes Mal innehalte, wenn ich diese Folge bedenke. Wieder einmal – in der himmlischen Tonart E-Dur, Mahler hat die »himmlischen Freuden« seiner IV. Sinfonie so harmonisiert – schaut Schubert über das Leben hinaus.

Die Erscheinung

Ich lag auf grünen Matten,
An klarer Quellen Rand;
Mir kühlten Erlenschatten
Der Wangen heißen Brand.
Ich dachte dies und jenes,
Und träumte sanft betrübt
Viel Gutes und viel Schönes,
Das diese Welt nicht gibt.

Und sieh! dem Hain entschwebte
Ein Mägdlein sonnenklar.
Ein weißer Schleier webte
Um ihr nußbraunes Haar.
Ihr Auge feucht und schimmernd,
Umfloß ätherisch Blau,
Die Wimpern nässte flimmernd
Der Wehmut Perlentau.

Ein traurig Lächeln schwebte
Um ihren süßen Mund.
Sie schauerte! Sie bebte!
Ihr Auge tränenwund,
Ihr Hinschau'n liebesehnend,
So wähnt' ich, suchte mich
Wer war, wie ich, so wähnend!
So selig, wer, wie ich!

Ich auf sie zu umfassen!
Und ach, sie trat zurück.
Ich sah sie schnell erblassen,
Und trüber ward ihr Blick.
Sie sah mich an so innig,
Sie wies mit ihrer Hand,
Erhaben und tiefsinnig,
Gen Himmel und verschwand.

Fahr wohl, fahr wohl, Erscheinung!
Fahr wohl, ich kenn' dich wohl!

211

Und deines Winkes Meinung
Versteh' ich, wie ich soll!
Wohl für die Zeit geschieden,
Eint uns ein schönres Band;
Hoch droben, nicht hienieden,
Hat Lieb' ihr Vaterland!

3

»Schwanengesang« – kein Zyklus • »Die schöne Müllerin« • Schuberts Pianissimo • »Winterreise« – Gedankenmusik

Ich frage mich, was ich am stärksten erinnere, was mir am deutlichsten im Ohr klingt, wenn ich an verschiedene Komponisten denke. Bei Brahms ist es sein reich strömender Klang, die harmonische und rhythmische Fülle seiner Musik, die viel wagt und sich dabei manchmal um Wortdetails nicht wirklich kümmert. Ich denke an die epische Kraft der »Magelone«, an die tief menschlichen und gottlos gegenwärtigen »Vier ernsten Gesänge« mit ihrem menschheitsumfassenden Mitempfinden, Mitleiden und dem starken, geradezu politischen Protest gegen Gewalt, Unrecht und Kälte. Bei Schumann zeigt sich ganz deutlich, wie viel mehr über Mensch und Welt nur mit Tönen und eben nicht mit Worten zu fühlen, denken und zu sagen ist.

Bei Schubert empfinde ich anders: Beim ersten Anschauen sind seine Lieder oft einfach, wirken oft beinahe naiv. Elisabeth Schwarzkopf formulierte dieses Schubert-Gefühl so: »Es ist so etwas wie ein Stück Heimat für alle.« Doch all dies sind Rätselstücke, die nicht mehr loslassen, wenn man angefangen hat, sie genauer zu befragen. Die Klarheit seiner Symbolsprache hilft beim Entschlüsseln, öffnet Schicht um Schicht dem immer tiefer dringenden forschenden Sinn und weite Räume dem verständigen Geist. Wer Schubert denkt, meint meist sogleich »Die schöne Müllerin«, die »Winterreise« und den »Schwanengesang«.

Letzterer ist kein Zyklus, sondern ein dauernder Irrtum. Dieser beruht auf einer Werbung vom Januar 1829. Angezeigt wurde damals nach seinem Tod »Franz Schubert's Schwanen-Gesang mit Begleitung des Pianoforte. Seinen Gönnern und Freunden geweiht. Letztes Werk. In 2 Abtheilungen. Auf sehr schönem weissen Papier, und im geschmackvollen Umschlag gebunden.« So sind die Lieder nach Rellstab und Heine »die letzten Blüthen seiner edlen Kraft«. Auffällt eine rhythmische Formel, die es in solcher Aussagekraft so zuvor nicht gab: das überpunktierte Viertel mit anschließendem Sechzehntel, oder verdoppelt, die überpunktierte Halbe mit anschließendem Achtel. Ich habe in anderem

Zusammenhang schon im ersten Kapitel darauf hingewiesen. Das Ich versucht den Panzer der Unfreiheit aufzubrechen, versucht, wieder Atem zu gewinnen. Denn die Welt ist nicht mehr schön: Lebensfeindlich ist der Aufenthalt auch da, wo er sich scheinbar gefällig gibt. So ist das »Ständchen« seit Richard Tauber im öffentlichen Bewusstsein verhunzt. Dabei ist es ein verzweifelt-sehnsüchtiges Lied, man muss nur das große Decrescendo im Gesang am Ende hören: Hier geht einem Liebenden mit der Luft die Hoffnung aus. Und der muntere »Abschied« ist vielleicht das tieftraurigste von allen, meint doch dieser Abschied von den Bäumen, der Liebe, der Sonne, dem Zuhause, zuletzt von den Sternen auch einen Abschied von der Welt, vom Leben. Fritz Wunderlich singt dieses »Ade« in wunderlich tiefsinnigem und dabei immer variiertem Ausdruck (»Wunderlich privat«, DG 476 5244).

Die Heine-Vertonungen überraschen mit enormer Kargheit. Hier ist die Musik gänzlich zu Ausdruck verdichtet. Ein Lied allerdings scheint nicht hineinzupassen: »Das Fischermädchen«. Lange hatte ich Schwierigkeiten mit diesem schmeichelnden Liebeston. Doch wieder einmal half das pp: All diese zärtlich-koketten Worte sind ein Sehnsuchtsgedanke, nicht laut übers Wasser gerufen, sondern leise am Ufer in sich selbst hineingesprochen.

Zur »Müllerin«, die als 25. Werk im März 1824 erschien, habe ich zuvor schon etwas geschrieben, die Genauigkeit von Schuberts Fermaten, die inneren Bezüge der Harmonien zueinander genannt. Elmar Budde hat zu all dem und zu viel mehr sich detailliert geäußert.

Noch einmal aber möchte ich auf Schuberts Pianissimo zurückkommen, denn es ist bei Schubert eine wichtige Möglichkeit, den Text befragend zu verstehen, die Liedsituation zu erkennen.

Dass das zweite Lied »Ich hört' ein Bächlein rauschen« im pp notiert ist, ergibt sich aus dem inneren Gedanken, dem Überlegen und Wähnen, wohin es gehen soll, eigentlich von selbst. Doch im dritten Lied überrascht das pp bei:

Und das Haus, wie so traulich!
Und die Fenster, wie blank

will sagen: Ist dies wirklich meine Bestimmung, kann ich trauen? Denn in blanken Fenstern spiegelt sich die Sonne und macht ein Hineinsehen unmöglich. In der »Danksagung an den Bach« singt das Klavier im Vorspiel und dem Zwischenspiel »piano« gegenwärtig sicheren Dank. Alles andere ist in einem Gewissheit suchenden pp notiert, ebenso ganz überraschend auch die letzten zwei Takte des Nachspiels. Da verliert – verstärkt durch das zusätzlich notierte Diminuendo – der lebenskräftige Dank, der Arbeit für Hände und Herz umschließt, plötzlich an Zuversicht.

Guten Morgen, schöne Müllerin!
Wo steckst du gleich das Köpfchen hin,
Als wär dir was geschehen?
Verdrießt dich denn mein Gruß so schwer?
Verstört dich denn mein Blick so sehr?
So muss ich wieder gehen.

Nach dem Gruß des Müllerburschen folgt für mich das »Wo steckst du gleich das Köpfchen hin« immer zu unvermittelt. Schuberts Musik, die zu kurz notierte Pause, lässt nicht Zeit zum angemessenen Reagieren. Doch im Kopf geht alles schneller, und das pp zeigt, dass auch diese morgendliche Begegnung nur im Kopf stattfindet, dass der Müller im Vorbeigehen mit dieser Situation nur spielt.

Überhaupt: Die schöne Müllerin kommt in diesem großen Werk kaum vor, spricht nur ein einziges Mal persönlich und direkt – bei Wilhelm Müller und Schubert in Anführungszeichen gesetzt – vor allem aber, niemals erklärt die Müllerin mit ihren blonden Haaren und blauen Augen dem jungen Müllerbuschen ihre Liebe. Nur dieses einzige Mal spricht sie in direkter Rede und sagt ganz ungezwungen und frei die Wahrheit, benennt ihre persönliche Zuneigung:

»Schad um das schöne grüne Band,
dass es verbleicht hier an der Wand,
Ich hab das Grün so gern!«

Alle anderen Stellen, an denen die Müllerin erwähnt wird, sind Tag- und Nachtträume des Müllerburschen. Dieser erscheint mir in seiner Empfindsamkeit oft hilflos naiv. Wilhelm Müller nennt ihn im ironischen – unvertonten – Prolog mit Recht einen »Monodramisten«. Ist das nicht einer, der den Bezug zur Wirklichkeit verloren hat?

»Des Müllers Blumen«, der »Tränenregen« – auch diese Lieder sind pp ausgezeichnet: Kopfwanderungen eines Verliebten, für die Vortragenden eine lange Durststrecke.

»Die schöne Müllerin« ist bis heute für mich in ganz besonderer Weise ein fast unauflöslich vielschichtiges und vieldeutiges Werk. Das betrifft Wilhelm Müllers Dichtung mit ihren vor allem gegen Ende zahlreichen symbolträchtigen Formulierungen, noch mehr aber Schuberts Komposition. Was die Dichtung betrifft, halte ich den Titel eigentlich für bewusst verfehlt. Denn was hat das Mädchen mit dem Unglück des Müllerburschen zu tun? Vielleicht wäre in Anlehnung an Robert Musil als Titel angemessener »Die Verwirrungen des Müllerburschen T.«.

Dass die Wassermühle anders als die Windmühle zu Schuberts Zeit dem Rotlichtbezirk zugerechnet wurde, ist bekannt. So lässt mich der Gedanke nicht los, wie sehr gerade im »falschen« Titel, in der Gestaltlosigkeit der ersehnten Frau, im Desaster dieser Sehn-Sucht Schuberts eigenes Schicksal aufscheint, der die »Müllerin« 1824 nach seiner syphilitischen Erkrankung komponierte. Dieser Zyklus schildert den traurigen Irrtum eines Müllerburschen, eine sehnsüchtige Verirrung, die tödlich endet.

So verrückt wie diese Lebenssituation ist auch die Musik: »Mein!« ist ein Maschinenlied, das in all den Koloraturen versucht, das Glück herbeizuzwingen – unfrei, bemüht, besessen. Es braucht Mut, dies auf dem Podium spüren zu lassen. Wie überhaupt die »Müllerin« eine gewaltige Aufgabe ist. Vom ersten Augenblick an muss man sich beim Musizieren der Doppelbödigkeiten, der Vieldeutigkeit dieser Musik bewusst sein. Man muss vieles wagen, was – angemessen verwirklicht – das Publikum schwerlich erfreuen würde.

Ganz eng ist der Bach mit diesem Werk verbunden. Er ist die leitende Kraft, ihn befragt, ihm vertraut der junge Müller, er symbolisiert die Lebensbestimmung, er ist die innere Stimme, ist als Naturelement für den Menschen eine schicksalsmächtige Kraft. Für mich gehören Schuberts Wanderer, sein Bach und die Sehnsucht zusammen. Und was meint Sehnsucht anderes, als Erfüllung finden, eins werden mit sich, dem anderen und der Welt? Ankommen und ruhig werden gehört auch zum Bild des Baches, der mit den Strömen sich vereinigend ins weite Meer mündet.

In Opus 93 vermischt Schubert die Themen: Der Wanderer singt seine Sehnsucht, die Sehnsucht beflügelt für die Reise.

Im Walde
Auf der Bruck

Beide Gedichte von Ernst Schulze, einem Zeitgenossen, hat Schubert 1825 vertont, 1828 sind sie erschienen. »Im Walde« ist ein Lied von gewaltigem Ausmaß und nie nachlassender, vorwärtsstürmender Energie. Dabei sind bis zu sieben Stimmen in den Akkordfolgen verbunden. Die Musik drängt und versucht, Raum zu gewinnen. So stark quält die Liebessehnsucht den Wanderer, und der Schmerz verlässt ihn nie.

Ich wand're über Berg und Tal
Und über grüne Heiden,
Und mit mir wandert meine Qual,
Will nimmer von mir scheiden.
Und schifft' ich auch durch's weite Meer,
Sie käm' auch dort wohl hinterher.
…

Ich wand're hin, ich wand're her,
Bei Sturm und heiter'n Tagen,
Und doch erschau' ich's nimmermehr
Und kann es nicht erjagen.
O Liebessehnen, Liebesqual,
Wann ruht der Wanderer einmal?

Die Tonart ist das seltene b-Moll, das D. F. Schubart so kennzeichnet: »Ein Sonderling, mehrentheils in das Gewand der Nacht gekleidet. Er ist etwas mürrisch, und nimmt höchst selten eine gefällige Miene an. Moquerien gegen Gott und die Welt; Mißvergnügen mit sich und allem; Vorbereitung zum Selbstmord – hallen in diesem Tone«.

»Auf der Bruck« ist ein herrlich zu musizierendes Lied, steht in As-Dur und hat auch einen forschen männlichen Charakter.

Frisch trabe sonder Ruh und Rast,
Mein gutes Roß, durch Nacht und Regen!
Was scheust du dich vor Busch und Ast
Und strauchelst auf den wilden Wegen?
Dehnt auch der Wald sich tief und dicht,
Doch muss er endlich sich erschliessen;
Und freundlich wird ein fernes Licht
Uns aus dem dunkeln Tale grüßen.

Wohl könnt ich über Berg und Feld
Auf deinem schlanken Rücken fliegen
Und mich am bunten Spiel der Welt,
An holden Bildern mich vergnügen;
Manch Auge lacht mir traulich zu
Und beut mit Frieden, Lieb und Freude,
Und dennoch eil ich ohne Ruh,
Zurück zu meinem Leide.

Denn schon drei Tage war ich fern
Von ihr, die ewig mich gebunden;
Drei Tage waren Sonn und Stern
Und Erd und Himmel mir verschwunden.
Von Lust und Leiden, die mein Herz
Bei ihr bald heilten, bald zerrissen
Fühlt ich drei Tage nur den Schmerz,
Und ach! die Freude musst ich missen!

Weit sehn wir über Land und See
Zur wärmer Flur den Vogel fliegen;
Wie sollte denn die Liebe je
In ihrem Pfade sich betrügen?
Drum trabe mutig durch die Nacht!
Und schwinden auch die dunkeln Bahnen,
Der Sehnsucht helles Auge wacht,
Und sicher führt mich süßes Ahnen.

Von Peter Härtling stammt die Überlegung, wo eigentlich der Bach der »Müllerin« versiege. In »Auf dem Flusse« der »Winterreise« befragt der Wanderer den zugefrorenen noch einmal, voller Trotz und Bitterkeit. Doch später folgt er dem ausgetrockneten Flussbett, tröstet sich in bitterer Ironie mit einem Bild des Meeres wie des Grabes. Peter Härtling folgend, endet hier die Romantik, beginnt unter dem vieldeutig eindeutigen Titel »Irrlicht« die Orientierungslosigkeit – unsere moderne Zeit.

Schuberts Vermerk über dem ersten Lied zeigt, dass er den ersten Teil der »Winterreise«, die zwölf Gedichte »Gute Nacht« bis »Einsamkeit«, im Februar 1827 beendet hatte. Die Freigabe der Stichvorlage durch den Zensor ist mit dem 24.10.1827 datiert, acht Monate später. Am 14. Januar 1828 wird der erste Teil als 89stes Werk annonciert; in der Anzeige der Amtlichen Wiener Zeitung wird bereits auf den zweiten Teil verwiesen, der aber erst nach Schuberts Tod, im Dezember 1828 gedruckt vorliegt. Elmar Budde wies darauf hin, dass jedes Lied eine eigene Plattennummer erhielt: Der Verleger Haslinger hatte geplant, die Winterreise auch in Einzelausgaben zum Kauf anzubieten – Marketing.

Wie es Schubert erging, als er bei Schober im Sommer 1827 die zweiten zwölf Gedichte der Müller'schen »Winterreise« in die Hände bekam? Die auch im Faksimile vorliegende erste Niederschrift der »Wetterfahne« zeigt, mit welchem Furor Schubert am Werke war. Da gibt es wild durchgestrichene Passagen, eine Sequenz ist stolpernd um einen Takt zu kurz, an anderer Stelle hat die Feder ein Loch ins Papier gebohrt. Der zweite Teil aber, die Lieder »Die Post« bis »Der Leiermann«, liegen uns nur in Reinschrift vor, ebenso das erste Lied »Gute Nacht«. »Die Wetterfahne« in Urschrift beginnt auf einer rechten Seite, die linke aber ist frei. Elmar Budde hat darauf aufmerksam gemacht: Als Schubert den zweiten Teil beendet hatte oder aber schon während der Arbeit an diesen Gedichten, fühlte er, dass der ursprüngliche Aufbruch zu dieser Reise nicht mehr stimmte. Hatte er doch hinter das zwölfte Lied »Fine« notiert. Da brach einer in seiner Liebe verletzt auf und machte sich fremd und wie das ursprünglich letzte, zwölfte Lied sagt, einsam. Doch im zweiten Teil passiert viel mehr; da verliert dieser Winterwanderer nach der Liebe auch die Hoffnung; er wendet sich verächtlich ab von den unersättlichen, saturierten Bürgern, schließt sich endgültig aus jeder Gemeinschaft aus, darf nicht ankommen, selbst ein Grab wird ihm verwehrt; spottend gibt er den Glauben auf. So passt das erste Lied nicht mehr und Schubert schlägt die hinteren Seiten nach vorn und schreibt das anfängliche Gedicht neu: »Fremd bin ich eingezogen,/Fremd zieh ich wieder aus.«.

Fast hat man den Eindruck, als sei die Energie des eröffnenden Gesanges ganz vom Ende, von der aufsteigenden Schlussphrase des »Leiermanns« gewonnen. Jedenfalls hilft es dem Sänger, mit der Schlussphrase des »Leiermanns« anzufangen; so findet man die für den Anfang nötige Energie viel leichter. Die »Winterreise« beginnt mit einer absteigenden Phrase, die schon im Anfang ein Ende bezeichnet; alles ist im pp notiert – Gedankenmusik. Das zweite Lied nennt den Auslöser dieser Flucht, die »reiche Braut«. Dann beginnt nach einer inneren Zäsur der Weg in den Winter. »Erstarrung« dreht sich schneeblind im Kreise und ist dem Wahnsinn nah. Eine einfache Fortführung der Basslinie in der Melodie verbindet dieses Lied eng mit dem Lindenbaum, der wiederum mit zwei abschließenden Phrasen beginnt. Silcher hat in seiner Version einen einzigen Ton geändert und damit die musikalische Grammatik »richtig« gestellt! »Der Lindenbaum«, ein Evergreen, dabei meist unerkannt ein Lied voller Todessehnsucht. Thomas Mann hat darüber im »Zauberberg« geschrieben. »Rückblick« macht in seiner Musik das Auf-der-Stelle-Treten ganz deutlich. Im »Frühlingstraum« zeigt ein einzelnes, überflüssiges Wort die böse Ironie dieses Wanderers: »Ich träumte von bunten Blumen/Wie sie <u>wohl</u> blühen im Mai«. Solch kleine Hinweise gibt es viele in der »Winterreise«. Denn dieser Wanderer ist jung, schwarzhaarig, aufbegehrend und zynisch. Die Textwiederholungen zeigen es von Anbeginn: »Das Mädchen sprach von Liebe, die Mutter gar von Eh'. Das Mädchen sprach von Liebe, die Mutter gar von Eh'.« Da wächst die Bitterkeit, und in der Abkehr wünscht er der mit einem anderen Schlafenden vieldeutig eine »gute Nacht«. »Die Post« nennt zum letzten Mal das »Liebchen«, danach ist die Liebesverletzung nicht mehr Thema. Der Spott des Wanderers gilt dem Tod, der ihn bis jetzt nicht holen wollte. »Letzte Hoffnung« ist ein ganz aus der Zeit fallendes Stück mit kühnen Figurationen: Man sieht das letzte Blatt hörend fallen, zittert mit der Musik, spürt die herzzerreißende Klage. »Täuschung« – hier verfremdet Schubert wieder einmal eine typisch wienerische Musik, so dass dem Hörer schnell das Vergnügen vergeht. »Die Nebensonnen« schließlich geben manche Rätsel auf. Verminderte Klänge waren ein wichtiges musikalisches Mittel Schuberts für vielfältige Charakterisierung im ganzen Werk. Dies nun ist das einzige Lied der »Winterreise« ohne eine einzige solche Harmonie. Vom Vorspiel an spürt man, wie sehr dieses Lied singen möchte, noch einmal singen! Ähnlich wie beim vorletzten Lied der »Müllerin« scheint der Wanderer ein letztes Mal alle Kraft zusammenzunehmen, um der Sehnsucht Stimme zu geben. Dass mancher

Sänger hier schon müde ankommt, verstärkt im Bemühen den Eindruck dieses verzweifelten letzten Versuches. Ob die »Nebensonnen« ein mystisches oder aber reales Ereignis sind, wird viel diskutiert.

Drei Sonnen sah ich am Himmel steh'n,
Hab' lang und fest sie angeseh'n;
Und sie auch standen da so stier,
Als wollten sie nicht weg von mir.

Ach, meine Sonnen seid ihr nicht!
Schaut Andern doch ins Angesicht!
Ja, neulich hatt' ich auch wohl drei;
Nun sind hinab die besten zwei.

Ging nur die dritt' erst hinterdrein!
Im Dunkeln wird mir wohler sein.

Was als Naturschauspiel beginnt, wird ein symbolträchtiges Bild für den Wanderer. Ob dieses den Verlust von Glaube, Liebe, Hoffnung meint, ob es eine hellsichtige Weltsicht artikuliert, man muss es offenlassen, da dieses Bild Leben, Welt und Jenseits gleichermaßen einschließt. In jedem Fall aber singt hier einer seinen endgültigen Abschied vom Licht, das Schubert früh schon als Lebensspender besungen hat. Waren doch Schuberts enorme Nachtlieder beinahe immer Lieder der »Nachthelle« und der Herzenssehnsucht.

Dass Schubert den »Leiermann« ursprünglich in h-Moll notiert hat, ihn also aus dem A-Dur der »Nebensonnen« heraushebt, hat Mitsuko und mich lange beschäftigt. Üblicherweise, von A-Dur nach a-Moll wechselnd scheint die »Winterreise« monoton zu Ende zu gehen. Doch einen Ton höher antwortet der »Leiermann« dem Wunsch nach Dunkelheit in fahlem, aber unerwartet aufgehelltem Licht.

Dieser Schritt erschien uns zu schwer. Wir wagten lange nicht, die letzten Lieder der »Winterreise« in dem Tonartenverhältnis auf dem Podium zu musizieren, das Schubert ursprünglich vorgesehen hatte. Dass der »Leiermann« einen Ton tiefer transponiert wurde, war ja das Werk des Verlegers, der dies wohl als »gemeinnützig« ansah. Im Herbst 2005 endlich versuchten wir es bei einer Aufführung in Tokyo.

Wieder einmal half das genaue Studium von Schuberts dynamischen Angaben. Weithin üblich ist es, die erste Strophe der »Nebensonnen« in einem reichen Piano, die Reprise mit den letzten zwei Gedichtzeilen wie ein Echo leiser zu musizieren. Doch Schubert schreibt anders. Er beginnt die ersten zwei Verszeilen pp als Erinnerung: »Drei Sonnen sah ich am Himmel stehn,/Hab lang und fest sie angesehn«. Der Wunsch aber »Ging nur die dritt' erst hinterdrein!« steht ganz real im p, erst auf »wohler sein« schließt sich die Seele in einem Decrescendo. Nun kann der »Leiermann« als etwas ganz Neues aufscheinen. Uns den Rücken zugedreht wie bei Caspar David Friedrich schaut der Wanderer »Ins stille Land«, in ein »stilles Gebiet«. Uns Zurückbleibenden aber ist dieser Blick (noch) verschlossen.

Man sagt, die Hoffnung stürbe zuletzt. In seiner späten und selten aufgeführten Rellstab-Vertonung »Herbst« hat Schubert all dies komponiert: die verlorene persönliche Mitte, die Klage über den Verlust von Liebe, Hoffnung und Leben.

Es rauschen die Winde
So herbstlich und kalt;
Verödet die Fluren,
Entblättert der Wald.

Ihr blumigen Auen!
Du sonniges Grün!
So welken die Blüten
Des Lebens dahin.

Es ziehen die Wolken
So finster und grau;
Verschwunden die Sterne
Am himmlischen Blau!

Ach wie die Gestirne
Am Himmel entflieh'n,
So sinket die Hoffnung
Des Lebens dahin!

Ihr Tage des Lenzes
Mit Rosen geschmückt,
Wo ich die Geliebte
Ans Herze gedrückt!

Kalt über den Hügel
Rauscht, Winde, dahin!
So sterben die Rosen
Der Liebe dahin!

Doch auch dieses trostlos-depressive Lied gäbe es nicht ohne eine letzte Sehnsucht. Diese ist es, die erst mit dem Leben stirbt. Der Harfner hat davon gesungen, dies war auch Mignons Thema. Schubert hat es mehrfach, 1819 in einem großen A-capella-Gesang für Männerquintett in unglaublich eindringlicher und kühner Harmonisierung vertont.

Nur wer die Sehnsucht kennt
Weiß, was ich leide!
Allein und abgetrennt
Von aller Freude,
Seh ich ans Firmament
Nach jener Seite.

Ach! der mich liebt und kennt,
Ist in der Weite.
Es schwindelt mir, es brennt
Mein Eingeweide.
Nur wer die Sehnsucht kennt
Weiß, was ich leide!

Und so schreibt er ein letztes Wort an die ferne Geliebte, versteckt sich hinter dem Text von Johann Gabriel Seidl. Wer in der »Taubenpost« die Sehnsucht von Anfang an denkt, spürt, wie verdreht diese Sätze sind. Die Treue der Brieftaube ist der bohrende und nie nachlassende Sehnsuchtsschmerz. Wenn dann das Lied die Wahrheit bekennt und die Sehnsucht beim Namen nennt, kommen eben diese Worte nur zögernd, durch Pausen unterbrochen, als ob da einer Angst hätte, sich zu offenbaren.

Ich hab' eine Brieftaub' in meinem Sold,
Die ist gar ergeben und treu,
Sie nimmt mir nie das Ziel zu kurz
Und fliegt auch nie vorbei.

Ich sende sie viel tausendmal
Auf Kundschaft täglich hinaus,
Vorbei an manchem lieben Ort,
Bis zu der Liebsten Haus.

Dort schaut sie zum Fenster heimlich hinein,
Belauscht ihren Blick und Schritt,

Gibt meine Grüße scherzend ab
Und nimmt die ihren mit.

Kein Briefchen brauch ich zu schreiben mehr,
Die Träne selbst geb ich ihr,
Oh, sie verträgt sie sicher nicht,
Gar eifrig dient sie mir.

Bei Tag, bei Nacht, im Wachen, im Traum,
Ihr gilt das alles gleich,
Wenn sie nur wandern, wandern kann,
Dann ist sie überreich!

Sie wird nicht müd, sie wird nicht matt,
Der Weg ist stets ihr neu;
Sie braucht nicht Lockung, braucht nicht Lohn,
Die Taub' ist so mir treu!

Drum heg ich sie auch so treu an der Brust,
Versichert des schönsten Gewinns;
Sie heißt – die Sehnsucht! Kennt ihr sie? –
Die Botin treuen Sinns.

Im Familien-Verzeichnis des Vaters findet sich: »[Franz Peter] gest. Mittwoch, den 19. November 1828, nachmittags 3 Uhr (am Nervenfieber), begraben Samstag, 22. November 1828«.

4

Das blaue Blümchen

Wie ging es weiter nach den 108 Werken, die Schubert selbst für die Veröffentlichung bestimmt und zusammengestellt hatte? Ich denke, es ist kein Zufall, dass Franz von Schobers Gedicht als erstes für Opus 109 posthum ausgewählt wurde. Hier ist das Eis der »Winterreise« aufgebrochen, hier wird wieder Klang, was in Schuberts Werken lange schon verstummt war – die »allgemeine Blüte«, hier beginnt der Frühling wieder, der im »Hirt auf dem Felsen« nur ein ferner Traum war, hier trauern die Freunde, hier wächst die blaue Blume der Erinnerung. Dieses Lied ist mir wichtiger als alle Nachrufe.

Am Bach im Frühling

Du brachst sie nun, die kalte Rinde,
Und rieselst froh und frei dahin.
Die Lüfte wehen wieder linde,
Und Moos und Gras wird neu und grün.

Allein, mit traurigem Gemüte
Tret' ich wie sonst zu deiner Flut.
Der Erde allgemeine Blüte
Kommt meinem Herzen nicht zu gut.

Hier treiben immer gleiche Winde,
Kein Hoffen kommt in meinem Sinn,
Als dass ich hier ein Blümchen finde:
Blau, wie sie der Erinn'rung blühn.

XIII

Melancholie – Urgrund aller Kunst

S eit dem März 2004 habe ich einen Sohn, einen wunderbaren – wie wohl jeder Vater sagt. Zwei Jahre später bekam ich eine engelschöne Tochter geschenkt. Geduld habe ich durch die Kinder gelernt. Zudem sieht die ganze Welt heute anders aus, spricht anders zu mir durch sie. Und Shin Suk ordnet mein neues Leben, stärkt mir den Rücken, sorgt liebevoll für unsere Familie. Natürlich überlege ich manchmal, ob Shin Boaz und Yun Laura einmal interessieren wird, was mir wichtig ist. Auch beim Schreiben dieser Seiten denke ich oft, ob die beiden später einmal diese Seiten lesen werden, ob sich durch sie in die Zukunft verlängert, was mir unersetzlich scheint für ein lebendiges Gespräch der Menschen miteinander, für eine weltverändernde und vielleicht dadurch welterhaltende Empfindsamkeit jedes einzelnen Menschen. Damit meine ich nicht, dass die Kinder Künstler werden sollen. Alle Wege sind ihnen frei.

Wie großartig, was Kinder einfach mitgegeben ist: ihre unermüdliche Energie, etwas Wichtiges immer und immer wieder zu wiederholen, ihr Glück, wenn es endlich gelingt, ihre Neugier, ihre große Konzentration, wenn sie »ihr« Thema gefunden haben, ihre Phantasie, die aus einem Stein einen Specht macht, die ein Stück Holz ein Schiff werden lässt. Aus dem Beobachten der Ameisen wuchs in Boaz die Lust, selbst eine Ameise zu sein. Die eigene Kraft fühlte er, wenn er wie ein Löwe brüllte oder biss, doch ebenso lebensvoll war es für ihn, sanft wie eine Schnecke zu kriechen oder wie ein Schmetterling zu tanzen. Er hörte den Wind, fühlte das Wasser wie die Hitze des Feuers, genoss die Angst beim Donner, jauchzte beim Licht des Blitzes, roch die Erde nach dem Regen. Die Sommermonate in der finnischen Natur waren für ihn eine herrliche Zeit. Einmal fasste er alles zusammen: »Wasser, Baum, Himmel!«. So wuchsen in einem kaum Zweijährigen Erlebensräume, die weit über das Materielle hinausgehen.

Warum ist es so schwer, auf dem Weg zum Erwachsenwerden dieses sinnlich-seelische Erleben zu erhalten? Aus dem Vollen zu schöpfen, maßlos und gierig kennenzulernen, Neues zu erfahren, die Kraft zu besitzen, sich tief auf etwas einzulassen – warum lassen wir zu, dass uns die Welt nur in harte Münze umgerechnet begreifbar erscheint? Effizienz ersetzt Phantasie. Doch ohne Phantasie, ohne Sinn für Schönes, ohne Erinnerungen oder Zukunftsträume verliert Leben sein Lebendiges, wird zur bloßen Existenz, und wir leben zunehmend in einer kalten Zeit. Der persönliche Traum der Zuhörenden, nicht eigentlich unser beider Leistung, machte das Ostberliner Konzert mit Fischer-

Dieskau so unverwechselbar besonders. Wie viele Entdeckungen der Wissenschaft nur durch ästhetisches Empfinden zustande kamen, hat Ernst Peter Fischer dargelegt. 1824 schreibt Schubert in seinem Tagebuch:»O Phantasie! Du höchstes Kleinod des Menschen, du unerschöpflicher Quell, aus dem sowohl Künstler als Gelehrte trinken! ...« Und – ich habe es bereits erwähnt – Hans-Georg Gadamer hat in wunderbarer Weise beschrieben, wie Spiel und Ernst ureigentlich zum Menschen gehören und ihn auszeichnen.

Ganz eigenartig berührt den Hörer, wenn Sänger vom Singen singen, wenn im Lied vom Lied die Rede ist, wenn die Stimme sich in der Stimme spiegelt, das Singen den Gesang bedenkt. Dass dies ein nicht endendes Thema ist, davon künden viele Gedichte und Lieder.»Ach nur in dem Feenland der Lieder lebt noch deine fabelhafte Spur« beantwortet sich und uns Friedrich Schiller seine Frage »Schöne Welt, wo bist du?«. In der Kunst ist das Bild eines Besseren aufgehoben. Und Melancholie ist der Urgrund aller Kunst.

Melancholie? Heute ist uns allen vom Zeitgeist verordnet, die Welt »cool« zu finden, bei der großen Party nicht abseits zu stehen, beschwingt und heiter Nachdenklichkeit erst gar nicht aufkommen zu lassen. Alle sprechen von »Entwicklung« und »Weiterentwicklung«. Das heißt immer auch, dass etwas aus dem kulturell-gesellschaftlichen Bestand aufgegeben wird. Die Kunst aber bewahrt in ihren Bildern, Klängen und ihren Symbolen Vergangenheit und schenkt Entwürfe für die Zukunft. In der Kunst stirbt die Sehnsucht nie. Wie die Seele sich so selbst berührt, hat Schubert in einer vibrierenden Musik nach einem Gedicht von Seidl komponiert.

Sehnsucht

Die Scheibe friert, der Wind ist rauh,
Der nächt'ge Himmel rein und blau.
Ich sitz' in meinem Kämmerlein
Und schau' ins reine Blau hinein.

Mir fehlt etwas, das fühl' ich gut,
Mir fehlt mein Lieb, das treue Blut;
Und will ich in die Sterne seh'n,
Muß stets das Aug' mir übergeh'n.

Mein Lieb, wo weilst du nur so fern,
Mein schöner Stern, mein Augenstern?
Du weißt, dich lieb' und brauch' ich ja,
Die Träne tritt mir wieder nah.

Da quält' ich mich so manchen Tag,
Weil mir kein Lied gelingen mag,
Weil's nimmer sich erzwingen lässt
Und frei hinsäuselt wie der West.

Wie mild mich's wieder g'rad' durchglüht!
Sieh' nur, das ist ja schon ein Lied!
Wenn mich mein Los vom Liebchen warf,
Dann fühl' ich, dass ich singen darf.

Dieses Lied wurde als letztes von Opus 105 an Schuberts Todestag veröffentlicht. Und das Singen hat wundersame Kraft. Aila Gothóni erzählte mir früh davon: In der Kalevala werden die Feinde einfach in den Sumpf gesungen.

Kunst ist immer ein Gespräch – mit dem Werk, mit sich selbst, mit dem Publikum. Ein Lied von Johannes Brahms schildert dies in wunderbarer Weise. Viele Studenten, die ich befragte, meinten, ohne weiter zu überlegen, dies sei ein Frühlingslied. Doch dieses Gedicht von Klaus Groth zeigt in einprägsamer Weise, wie Kunst entsteht und wirkt.

Wie Melodien zieht es
Mir leise durch den Sinn,
Wie Frühlingsblumen blüht es,
Und schwebt wie Duft dahin.

Doch kommt das Wort und faßt es
Und führt es vor das Aug',
Wie Nebelgrau erblaßt es
Und schwindet wie ein Hauch.

Und dennoch ruht im Reime
Verborgen wohl ein Duft,
Den mild aus stillem Keime
Ein feuchtes Auge ruft.

Melodien, Frühlingsblumen und Düfte benennen die Inspiration, die Berührung durch Welt, aus der die Kreativität ihre Kraft gewinnt. In Reimen geformt und mit Druckerschwärze auf weißes Papier gebannt, erstarrt die Phantasie zur Grafik. Ein feuchtes Auge aber kann allein den Bann lösen, die Zeilen durch die eigene Empfindsamkeit wieder mit Leben füllen, erspüren, welche seelische Bewegtheit dieses Gedicht einmal entstehen ließ. So wird Kunst zeitlos, ist nie alt oder neu, sondern immer gegenwärtig im Erleben verständiger Menschen. Was sich im Gedicht schnell liest, findet bei Brahms besondere Beachtung: Dreimal wiederholt er in reicher harmonischer Modulation »ein feuchtes Auge«. Es ist für ihn das Wesentliche. Ich muss gestehen, ich habe es lange nicht bedacht. Doch wer genau liest, versteht plötzlich, dass dieses Auge nicht erst beim Lesen feucht wird, sondern dass die Träne früh schon die offene Seele zeigt. Solche Menschen, solch ein Publikum wünscht, ersehnt sich Brahms mit seiner Musik für die Kunst. Und dies gilt heute umso mehr, wo alles schon verloren scheint: Menschen, die sensibel genug sind, genau zu hören, genau zu lesen; die sich Zeit dafür nehmen; die bereit sind, sich anrühren zu lassen; die ohne Scheu ihre Empfindungen und ihr Verständnis von Welt spüren lassen, die bereit sind, andere in ihre Empfindung hineinzunehmen.

So wird Musik zu einer Weltsprache, wie es Yehudin Menuhin oft beschwor. Doch ist dies keine sentimentale Weltflucht, sondern ein Akt der Mit-Menschlichkeit, des Miteinander-Denkens und Fühlens. Wir leben in einer kalten Zeit.

Und?

Rose Ausländers schlichte Verse »Und« machen in wunderbarer Weise Hoffnung:

Und Wiesen gibt es noch
und Bäume und
Sonnenuntergänge
und
Meer
und Sterne
und das Wort
das Lied
und Menschen
und

ANHANG

Diskografie
(Alle Aufnahmen sind gemäß ihrer ursprünglichen Veröffentlichung vermerkt.)

Mitsuko Shirai • Hartmut Höll

Capriccio

Wolfgang Amadeus Mozart
21 Lieder
Capriccio 27117 (Aufnahme 1985/1986)

Robert Schumann
Eichendorff-Liederkreis op. 39
Lieder der Mignon op. 98, der Maria Stuart op. 135
Lieder nach Justinus Kerner op. 35
Capriccio 27118 (Aufnahme 1985/1986)

Johannes Brahms
21 Lieder
Capriccio 27204 (Aufnahme 1987)

Franz Schubert
Ausgewählte Lieder
Capriccio 10171 (Aufnahme 1988)

Franz Liszt
Ausgewählte Lieder
Capriccio 10294 (Aufnahme 1988/89)

Hugo Wolf
Manuel Venegas und Lieder aus dem Spanischen Liederbuch
Josef Protschka u.a.
Capriccio 10362

Alban Berg
Ausgewählte Lieder
Capriccio 10419 (Aufnahme 1992)

Robert Schumann
Myrten op. 25 (Auswahl)
Lenau-Lieder op. 90
und ausgewählte Lieder
Capriccio 10445 (Aufnahme 1992)

Gesänge nach Friedrich Hölderlin
von Ullmann, Komma, Eisler, Reutter, Fortner, Jarnach, Hauer, Fröhlich,
Pfitzner, Cornelius und Britten
Capriccio 10445 (Aufnahme 1986/1993)

Richard Strauss
Ausgewählte Lieder Opus 10 – Opus 67
Capriccio 10497 (Aufnahme 1993)

Arnold Schönberg
Cabaret-Lieder; ausgewählte frühe Lieder; Opus 2;
Auswahl aus op. 3, 6, 8; Jane Grey op. 12; Volkslieder op. 48
Capriccio (Aufnahme 1993)

Robert Franz
Ausgewählte Lieder nach Gedichten von Heine, Lenau, Eichendorff, Mörike,
Goethe u. a.
Capriccio 10515 (Aufnahme 1994)

Gustav Mahler
Ausgewählte Lieder aus »Des Knaben Wunderhorn« und nach Friedrich Rückert
(zusammen mit Sir Neville Marriner und Hartmut Höll)
Capriccio 10712 (Aufnahme 1994)

Franz Schubert
Lied-Opera Volume 1 – Opus 1–24 (zusammen mit Christian Elsner, Stephan
Genz, Peter Lika)
Capriccio 491101 (Aufnahme 1996)

Hugo Wolf
Ausgewählte Lieder nach Gedichten von Eduard Mörike
Capriccio 10830 (Aufnahme 1997)

231

Hugo Wolf
Ausgewählte Goethe-Lieder
Capriccio 10855 (Aufnahme 1998)

Anton Webern
Ausgewählte frühe Lieder, frühe Dehmel-Gesänge, Lieder Opus 3, Opus 4,
Opus 12
Capriccio (Aufnahme 2001)

Europäisches Liederbuch
Ausgewählte Lieder von Schoeck, Krenek, Webern, Respighi, Debussy,
Poulenc, Nummi, Britten, Szymanowski, Killmayer u. a.
Capriccio (Aufnahme 2003)

Musikproduktion Dabringhaus und Grimm (MDG)

Louis Spohr
Lieder op. 72 und ausgewählte Lieder
Norbert Burgmüller
Ausgewählte Lieder
MDG 1244 (Aufnahme 1985)

Bayer Records

Lili Boulanger
Vier Lieder für Mezzosopran und Klavier
BR 30041 (Aufnahme 1988)

Karl Michael Komma – Portrait
BR 100047/48

Camerata Tokyo

Robert Schumann
Frauenliebe und Leben op. 42
Eichendorff-Liederkreis op. 39
CMT 1075 (Aufnahme 1982)

Joseph Haydn
Arianna a Naxos
Englische Kanzonetten
CMT 4005 (Aufnahme 1984)

Eurodisc

Hugo Wolf
Lieder nach Mörike und Goethe
25908 KK (Aufnahme 1978)

Mark Lothar
Acht Haikus op. 85
200467-366 (Aufnahme 1979)

Mitsuko Shirai • Hartmut Höll • Tabea Zimmermann (Viola)

Capriccio

Franz Schubert
2 x Winterreise (2 CDs)
mit Tabea Zimmermann, Peter Härtling
Capriccio 10382/83 (Aufnahme 1990)

Lieder für Gesang, Viola und Klavier
von Brahms, Strauss, Loeffler, Reutter, Marx, Gounod u.a.
mit Tabea Zimmermann
Capriccio 10462 (Aufnahme 1993)

Dietrich Fischer-Dieskau • Mitsuko Shirai • Hartmut Höll

Claves

Othmar Schoeck
Das holde Bescheiden
nach Gedichten von Eduard Mörike (2 CDs)
Claves 50-9308/9 (Aufnahme 1992/1993)

Mitsuko Shirai

Camerata Tokyo

Wolfgang Amadeus Mozart
Exsultate, jubilate KV 165
Giovanni Battista Pergolesi
Orfeo Kantate
Frankfurter Kammerorchester
Dirigent: Hans Koppenburg
CMT 32CM-142 (Aufnahme 1977)

Capriccio

Robert Schumann
Spanisches Liederspiel op. 74, Spanische Liebes-Lieder op. 138,
Duette op. 34/op. 78
Lipovsek, Protschka, Hölle, Shetler, Deutsch
Capriccio 10079 (Aufnahme 1986)

Gustav Mahler
Sinfonie Nr. 4
Radio-Sinfonieorchester Stuttgart
Sir Neville Marriner
Capriccio 10358 (Aufnahme 1989)

Hugo Wolf
Lieder mit Orchesterbegleitung
Radio-Symphonieorchester Berlin
David Shallon
Capriccio 10335 (Aufnahme 1991)

Philips

Louis Spohr
Die letzten Dinge
Radio-Sinfonieorchester Stuttgart, Gustav Kuhn
Philips 416 627-2 (Aufnahme 1984)

Wolfgang Amadeus Mozart
Diverse Messen, Litanien etc.
Radio-Sinfonieorchester Leipzig
Herbert Kegel
Philips 426 893-2 und 426 894-2 (Aufnahmen 1983–88)

EMI Classics

Felix Mendelssohn Bartholdy
Sinfonie Nr. 2
Berliner Philharmoniker
Wolfgang Sawallisch
EMI 7 497642 (Aufnahme 1988)

Robert Schumann
Messe op. 147
Berliner Philharmoniker
Wolfgang Sawallisch
EMI 7 497632 (Aufnahme 1988)

Dietrich Fischer-Dieskau • Hartmut Höll

Orfeo

Hans Pfitzner
Ausgewählte Lieder
S 036821 A (Aufnahme 1982)

Maurice Ravel
Ausgewählte Lieder
S 061831 A (Aufnahme 1983)
Louis Spohr
Lieder op. 154, op. 10 und ausgewählte Lieder
(zusammen mit Julia Varady, Sopran, Dmitrij Sitkovetsky, Violine
und Hans Schöneberger, Klarinette)
S 103 841 A (Aufnahme 1985)

Lieder der Romantik
von Neukomm, Kreutzer, Donizetti, Reissiger, Berlioz, Gounod, Wolf u. a.
(zusammen mit Dieter Klöcker, Klarinette, und Klaus Wallendorf, Horn)
S 153 861 A (Aufnahme 1986)

EMI-Electrola

Edvard Grieg
Ausgewählte Lieder
EMI 270219 1 (Aufnahme 1984)

Ludwig van Beethoven
Lieder (3 LP)
EMI 2700423 (Aufnahme 1984)

Ludwig van Beethoven
Volkslieder
(zusammen mit Yehudi Menuhin, Violine, und Heinrich Schiff, Violoncello)
EMI 270045 1 (Aufnahme 1985)

Claves

Othmar Schoeck
Unter Sternen
Claves 50-86606 (Aufnahme 2/86)

Hugo Wolf
Lieder aus der Jugendzeit
Claves 50-8706 (Aufnahme 1986)

Othmar Schoeck
Das stille Leuchten
Claves 50-8910 (Aufnahme 1989)

Claude Debussy
Mélodies
Claves 50-8809 (Aufnahme 1989)

Felix Mendelssohn Bartholdy
Ausgewählte Lieder
Claves 50-9009 (Aufnahme 1991)

Carl Maria von Weber
Ausgewählte Lieder
Claves 50 9118 (Aufnahme 1992)
Bayer Records

Johannes Brahms
Ausgewählte Lieder
BR 30006 (Aufnahme 1985)

Teldec

Carl Loewe
Ausgewählte Lieder und Balladen
8.43753 ZK (Aufnahme 1985/86)

Mélodies de la Belle Epoque
von Gounod, Franck, Saint-Saens, Bizet, Chabrier u. a.
6.43754 AZ (Aufnahme 1985/86)

Erato

Franz Schubert
Ausgewählte Lieder
4509-98493-2 (Aufnahme 1992)
Robert Schumann
Heinevertonungen u. a.
4509-98492-2 (Aufnahme 1992)

Sabine Meyer • **Tabea Zimmermann** • **Hartmut Höll**

EMI-Electrola

Wolfgang Amadeus Mozart
Kegelstatt-Trio KV 498
Robert Schumann
Märchenerzählungen op. 132
Max Bruch
4 Stücke aus op. 83
EMI 7 49736 1 (Aufnahme 1987)

Tabea Zimmermann • **Hartmut Höll**

EMI-Electrola

Dmitrij Schostakowitsch
Sonata op. 147
Benjamin Britten
Lachrymae
EMI 7 54394 2 (Aufnahme 1990)
Johannes Brahms
Sonaten für Klavier und Viola op. 120
Robert Schumann
Märchenbilder op. 113 für Klavier und Viola
EMI 7 54841 2 (Aufnahme 1992)

Capriccio

Robert Schumann
Adagio und Allegro op. 70
Fantasiestücke op. 73
Romanzen op. 94
Sonate a-Moll op. 105
Märchenbilder op. 113
Capriccio (Aufnahme 2005)
Ars Musici

Beethovens Bratsche
Hartmut Höll am Hammerflügel

Ludwig van Beethoven
Notturno D-Dur op. 42
Johann Nepomuk Hummel
Sonate Es-Dur op. 5,3
AM 1350-2 (Aufnahme 2005)

Hartmut Höll und andere

Bayer Records

Hugo Wolf
Italienisches Liederbuch
Fassung für Kammerorchester von Ralf Gothóni (2002/03)
Jae Eun Lee, Sopran • Colin Balzer, Tenor
Seila Tammisola (Violine I), Ville Koponen (Violine II), Anni Tiainen (Viola),
Tuomas Lehto (Violoncello), Juho Vikman (Kontrabass), Sami Junnonen
(Piccoloflöte), Anna-Kaisa Pippuri (Oboe/ Englischhorn), Aino Salo
(Klarinette/Bassklarinette), Kari Tikkala (Fagott), Johan Feldtman (Horn),
Kyösti Varis (Trompete), Lily-Marlene Puusepp (Harfe). Das Kammerorchester
besteht aus Teilnehmern der »Savonlinna Music Academy« des Sommers 2005 •
Dirigent: Hartmut Höll
BR 140 008 (Aufnahme 2005)

Roman Trekel • Hartmut Höll

Capriccio

Ludwig Thuille
Ausgewählte Lieder
Capriccio 5058 (Aufnahme 2011)

Nachweis

Rose Ausländer
Gesammelte Werke in sieben Bänden
Herausgegeben von Helmut Braun
S. Fischer, Frankfurt 1985

Elmar Budde
Schuberts Liederzyklen: Ein musikalischer Werkführer
C. H. Beck, 2003

Friedrich Dieckmann
Franz Schubert
Eine Annäherung
Insel, Frankfurt 1996

Dietrich Fischer-Dieskau
Texte deutscher Lieder
Ein Handbuch
Deutscher Taschenbuch Verlag 1968

www.recmusic.org/lieder/
(Liedtexte)

Hans-Georg Gadamer
Gesammelte Werke
J. C. B. Mohr, 1985

Peter Härtling
Horizonttheater
Neue Gedichte
Kiepenheuer & Witsch, 1997

Peter Härtling
Noten zur Musik
RadiusBibliothek 1990

Ingo Metzmacher
Keine Angst vor neuen Tönen
Rowohlt, 2005

Franz Schubert
Dokumente 1817–1830
Erster Band
Herausgegeben von Till Gerrit Waidelich
Hans Schneider, Tutzing 1993

Franz Schubert
Lieder op. 1–op. 108
Neue Ausgabe in vier Bänden (Fischer-Dieskau/Budde)
Urtext
C. F. Peters Frankfurt • New York • London

Dank

Mein Dank gilt in besonderem Maße Dr. Rolf und Elisabeth Hackenbracht. Sie beide haben mich seit über vier Jahrzehnten begleitet, gefördert und beschützt, haben freundschaftlich beraten und in vielen gemeinsamen Stunden „das Entstehen des Gedankens im Gespräch" befördert. Elisabeth Hackenbracht hat bei der Endfassung des Manuskriptes zu diesem Buch entscheidend geholfen.

Hartmut Höll

Klangsinn, Sensibilität und das Vermögen, »hinter« den Tönen zu denken, Atmosphäre zu schaffen, Empfindungen im timbrierten Klang unmittelbar erleben zu lassen, zeichnen das Spiel Hartmut Hölls aus. Seit Jahrzehnten gehört er zu den gefragten Klavierpartnern. Dabei weiß er um den Wert kammermusikalischer Zusammenarbeit und ist klug genug, langjährige Partnerschaften zu pflegen.

Seit 1973 gibt er Liederabende mit Mitsuko Shirai in aller Welt. Als Liedduo haben Mitsuko Shirai und Hartmut Höll Maßstäbe der Liedinterpretation gesetzt.

Von 1982 bis 1992 war er Partner von Dietrich Fischer-Dieskau. Liederabende bei den Salzburger Festspielen, den Festivals von Edinburgh, Florenz, München und Berlin, in der New Yorker Carnegie Hall wie auch in Japan begründeten die viel gerühmte Zusammenarbeit.

In der Kammermusik ist Hartmut Höll der Bratschistin Tabea Zimmermann seit 1985 eng verbunden. Konzerte führten die beiden Künstler durch ganz Europa, nach Israel, in die USA und Kanada. Gemeinsam nahmen sie CDs mit Werken von Schumann, Brahms, Schostakowitsch und Britten für Capriccio auf.

Seit 2001 begleitet Hartmut Höll Renée Fleming bei Konzerten in Europa, Australien, Asien und den USA. Weitere Sängerpartner waren und sind u. a., Jochen Kowalski, Urszula Kryger, Hanno Müller-Brachmann, Yvonne Naef, René Pape, Leila Pfister, Christoph Prégardien, Hermann Prey, Jadwiga Rappé, Peter Schreier, Roman Trekel.

Rund sechzig CD-Produktionen liegen vor, viele davon wurden international ausgezeichnet.

Als Professor an der Hochschule für Musik Karlsruhe ist Hartmut Höll nach früheren Professuren in Frankfurt und Köln der jungen Künstlergeneration zugewandt. Meisterklassen für Lied gab er in Finnland, beim Internationalen Musikseminar Weimar, beim Schleswig-Holstein Musikfestival, am Mozarteum Salzburg, in Jerusalem und in den USA. 1998/1999 war Hartmut Höll Gastprofessor in Helsinki, von 1994 bis 2003 Gastprofessor an der Universität Mozarteum in Salzburg. Seit Oktober 2004 hat er auch eine Dozentur für Liedgestaltung an der Zürcher Hochschule der Künste inne. Seit Oktober 2007 ist er als Rektor für die Hochschule für Musik Karlsruhe verantwortlich.

1990 erhielt Hartmut Höll den Robert-Schumann-Preis der Stadt Zwickau. Er ist Ehrenmitglied der Robert-Schumann-Gesellschaft Zwickau und der Philharmonischen Gesellschaft St. Petersburg. 1997 erhielt er gemeinsam mit Mitsuko Shirai den ABC International Music Award.

Als Juror bzw. Juryvorsitzender wurde er zum Robert-Schumann-Wettbewerb Zwickau, zum Naumburg Competition New York und zum Internationalen ARD-Musikwettbewerb München eingeladen.

Hartmut Höll war von 1985 bis 2007 künstlerischer Leiter der Internationalen Hugo-Wolf-Akademie für Gesang • Dichtung • Liedkunst e.V. Stuttgart, die unter seiner Leitung eine exemplarische kulturelle Arbeit leistete.